作者简介

刘名俭，男，汉族，湖北大学旅游发展研究院副院长、教授、经济学博士，第十一届霍英东教育基金会青年教师奖获得者；国家级教学成果奖获得者；兼任湖北大学发展规划与重点学科建设办公室副主任、中国生态经济学会教育专业委员会副秘书长、湖北省旅游学会副会长兼秘书长、湖北省节庆会展研究会副秘书长；曾主持参与国家级、省部级课题及各类旅游规划项目 20 余项，发表学术论文 50 余篇。主要从事旅游管理与旅游经济可持续发展研究。

可持续性经济科学系列丛书|刘思华⊙主编

旅游经济发展方式转变路径研究

Research on the transition path of the tourism economic development pattern

刘名俭⊙著

中国环境科学出版社·北京

图书在版编目（CIP）数据

旅游经济发展方式转变路径研究/刘名俭著. —北京：中国环境科学出版社，2012.12
（可持续性经济科学系列丛书）
ISBN 978-7-5111-1088-6

Ⅰ. ①旅… Ⅱ. ①刘… Ⅲ. ①旅游经济学－研究 Ⅳ. ①F590

中国版本图书馆 CIP 数据核字（2012）第 187642 号

责任编辑 陈金华
文字编辑 刘　杨
责任校对 唐丽虹
封面设计 玄石至上

出版发行 中国环境科学出版社
（100062　北京市东城区广渠门内大街 16 号）
网　　址：http://www.cesp.com.cn
电子邮箱：bjgl@cesp.com.cn
联系电话：010-67112765（编辑管理部）
010-67113412（教材图书出版中心）
发行热线：010-67125803，010-67113405（传真）
印　　刷 北京市联华印刷厂
经　　销 各地新华书店
版　　次 2012 年 12 月第 1 版
印　　次 2012 年 12 月第 1 次印刷
开　　本 787×960　1/16
印　　张 11.25
字　　数 200 千字
定　　价 35.00 元

序 言

重视我国可持续性经济科学的深入研究

2008 年 5 月，在世界政治经济学学会第 3 届论坛上，我提交了《关于发展可持续性经济科学的若干理论思考》一文，并在论坛第一次全体大会上就这个新问题作了会议主题演讲。我的论文和演讲在国际国内率先提出了“可持续性经济科学”的新观念，引起与会的 15 个国家的学者关注。会后，我同中国环境科学出版社的陈金华女士商议，将原来计划出版的一套有关可持续发展经济学方面的丛书，拟定为《可持续性经济科学系列丛书》。现在，第一批书就要付梓了。这是在 2002 年该社出版的《经济可持续发展论丛》基础上又一新的发展，为繁花似锦的现代经济科学园地增添了一朵新花。

一

自 1980 年代《我们共同的未来》正式提出了可持续发展的概念与理论之后，全世界各国学者从理论形态上，如何精确地表述可持续发展，如何准确地把握它的本质内涵及其价值取向，似乎成为世界性的难题。但这并不影响可持续发展已经成为 21 世纪世界现代文明发展的战略纲领。因此，2001 年 4 月，由 23 个世界著名学者在美国《科学》杂志上发表了《可持续性科学》一文，将可持续发展思想提升到一门科学——“可持续性科学”，希望综合现有各学科及领域可持续发展的研究成果，促进可持续性科学建设与发展。在 20 世纪末期，可持续发展经济学在国际国内产生与兴起，这是可持续性经济科学的典型理论形态。可持续性经济科学是个经济学科群体，从我国情况来看，至少要包括生态经济学、可持续发展经济学、绿色经济学、循环经济学、低碳经济学及它们的马克思主义形态的生态马克思主义经济学。它是现代经济学“绿化”的最高形态。

近20年来，笔者从3个视角来研究可持续发展问题:

（1）从人类文明发展的创新转型的角度研究可持续发展观。1992年联合国环境与发展大会确认了著名报告《我们共同的未来》中提出的可持续发展的新观念、新思想、新发展战略，标志着当代人类最终理智地选择了可持续发展观，是人类文明历史发展进入可持续发展新时代的开始。这是人类文明发展观从传统发展观向可持续发展观的划时代大转变。这个转变的本质，是人类文明发展观由传统的工业文明发展观向现代的生态文明发展观的历史性飞跃。这是人类文明发展观的创新转型，是一种划时代的全新的人类文明发展观。

（2）从马克思主义的自然—历史观来考察可持续发展文明观。可持续发展文明观实现了人类中心主义和生态中心文明的辩证整合，而又在相当程度上向生态中心主义倾斜，是一种人、社会与自然复合生态系统的生态整体主义世界观。或者说，它是一种生态经济社会整体和谐协调发展文明观，“在本质上是生态文明发展观。然而，可持续发展概念与理论自从提出后的20多年间，‘它更多地被人们视作走出经济发展的误区，克服工业文明弊端的一种新的发展战略和发展模式’。换言之，‘可持续发展所推动的变革仅仅被理解为工业文明自身的变革，而不是要超越工业文明的文明变迁’。因此，停留在这个层次去定位和实践可持续发展，它就被功利化了，使其仅具有一种表层或工具意义。这样，可持续发展文明观的本质是生态文明发展观的深层内涵被遮蔽，指导人类实践活动的根本观念不能转变，因而，无论是当今世界，还是当代中国，都仍然使现代文明无法摆脱生态不可持续发展的困境”。（引自刘思华著《生态马克思主义经济学原理》第457-458页）

（3）从新兴、交叉经济学的视角解读可持续发展的经济观。可持续发展作为一种划时代的全新发展观，在经济学领域里则是个全新的经济发展观，即可持续发展经济观或可持续经济发展观。“历史和现实都告诉我们，20世纪人类最根本性的观念变革之一，就是经济发展观念的变革。它从传统经济学的发展观向生态经济协调可持续发展观的转变，就如当年用哥白尼的日心说取代托勒密的地心说，是划时代的伟大革命。”（引自《刘思华文集》第621页）因此，可持续性经济发展观正是人类文明发展从工业文明时代走向生态文明时代必然的思想理论表现。它的学理表述是可持续性经济科学，或者说，可持续性经济的理论形态是可持续性经济科学，这是人、社会与自然和谐统一，生态与经济协调可持续发展的生态文明时代的必然理论形态。

二

任何科学思想理论都是时代的产物，并服务于时代的发展。可持续性经济科学，是适应新时代发展的需要而产生，是为解决21世纪新时代发展的新问题而发展的，具有强烈的时代特征。1990年代中期以来，我多次阐述，21世纪是生态文明、知识经济与可持续发展经济“三位一体”的新时代。因此，21世纪发展与经济发展的新时代，既是生态文明时代，又是知识经济与生态经济可持续发展的经济时代。它们有机统一的整体的现实形态与形象概括，就是生态文明与绿色经济时代。

在当代中国，党的十七大具有里程碑的意义，就在于它开启了这个新时代的新航程。这突出表现在党的十七大首次把“建设生态文明”的理念与价值取向写入代表大会报告，确立了生态文明是一种独立的崭新的社会主义现代文明形态，标志着我国开启了建设生态文明与和谐生态经济社会发展的新航程。因此，我们完全可以说，在科学发展观指导下，建设社会主义生态文明，是中华文明发展的一个建设中国特色社会主义生态文明的新时代正在到来。从国际上看，自国际金融危机爆发以来，国际社会和世界各国都把绿色经济发展提升到前所未有的战略高度。2009年2月，联合国环境规划署郑重地提出了“实行绿色新政、应对多种危机”的倡议，一些西方发达国家和地区，应对经济和生态危机以及“后危机”时代“建立可持续经济”，并提出打造“绿色知识经济体”的战略构想，促进全球经济绿色低碳转型，已成为当今世界经济发展的新趋势、新潮流。正如李克强同志所说的“目前世界经济正在发生大变革大调整，发展绿色经济已经成为一个重要趋势”。习近平同志强调“绿色发展和可持续发展是当今世界的时代潮流”。因此，21世纪人类文明和世界经济发展面临第三次巨大变革：从工业文明的黑色、高碳经济的黑色、高碳发展时代走向生态文明的绿色、低碳经济的绿色、低碳发展时代。这就为形成、丰富、发展符合生态文明与绿色经济时代背景的可持续性经济科学提供了实践基础；并且对加强可持续性经济科学综合的理论平台建设指明了新方向和提出了新要求。因此，我们必须以马克思主义经济学说为指导，以当今世界正在日益发展的新兴、交叉经济学为基础，科学地综合古今中外一切经济学说的合理成分，构建一种超越当今世界主流经济学（又叫“新自由主义经济学”）的可持续性经济学的新范式，即创建在生态文明与绿色经济发展背景中科学揭示生态文明与绿色经济时代的现代经济运行机制和发展规律的经济学范式。

"它的理论实质是以人为本和以生态为本的有机统一、人与自然和谐发展、生态与经济协调发展、人的发展和自然发展都是经济发展目的的新范式。"（引自刘思华《关于发展可持续性经济科学的若干理论思考》，《经济纵横》2008 年第 7 期）这是发展可持续性经济科学面临的重大任务，是建设生态文明、发展绿色、低碳经济赋予我们的崇高历史使命。这是一次真正的伟大的历史课题。

三

加强可持续性经济理论与实践研究，是加快转变经济发展方式，开创以绿色发展、和谐发展与创新发展为基本内容的科学发展新局面的迫切需要。在 21 世纪的第一个十年间，我国经济总量增加，先后超过意大利、法国、英国和德国，直到 2010 年超过日本，跃居世界第二，成为世界第二经济大国。对此，人们首先是喜，这是因为我国确实迅速成长为工业文明大国：物质生产力迅速发展，社会物质财富迅速增长，经济实力迅速增强，中国经济迅速崛起。但冷静思考后则有忧，在此，仅讲两点：

第一，这十年间我国 GDP 年均增长率近 10%，有些年份超过 10%，这样的高速、超高速增长，必然使我国经济发展规模迅速扩大，当代中国生态系统已由"空的世界"迅速发展成为"满的世界"，这是世所罕见的。另外，我们在取得经济发展奇迹与辉煌成就的同时，付出的"人—社会—自然"的巨大代价也是世所罕见的。从马克思主义广义生产力学说来看，当今中国的确存在着以生态生产力、人的生产力、精神生产力的巨大牺牲为代价换取物质生产力的高速增长，实现经济总量的迅速增加。物质世界大大发展，而人的世界贬值和自然的世界衰败，导致我国发展与经济发展的"反人性"和"反生态"问题日益严重，使我国发展与经济发展中不平衡、不协调、不可持续问题十分突出，极大地制约着经济发展方式的根本转变和中国经济的科学发展。

第二，虽然中国经济总量的世界位次不断上升，但中国仍然是发展中国家的属性没有变，这就是说，当今中国仍属较贫穷的国家。这是因为，今日中国的基本国情，是一个经济总量大国、人口大国、资源小国、生态弱国、生态经济穷国（人均生态财富很少）。根据有关国际组织数据，我国人均 GDP 在世界排名第 100 位左右，尤其是在医疗、教育、生态环境等领域仍然比较落后。据世界卫生组织的综合性评估排名，我国卫生筹资与分配公平位居世界第 188 位，在 191 个成员国中倒数第 4。按照联合国标准，每日收入 1 美元为绝对贫困，2 美元以下为低收入，都属于穷人之列。现在有的学者估计中国有1.5亿人口的每日收入在1美元以下；有4亿多人每日收入在2美元以下，这就是说当今中国有5.5亿之多的穷人。中国人民大学教授周孝正估算，城乡合计每日收入2美元以下的人口达10亿。我国生态环境可持续指数在世界排第133位。可见，我国经济高速增长，GDP总量迅速增加，但平民百姓生活水平及增长速度却不能与之匹配，尤其是居民生活质量没有相应提高，使人民的幸福感降低。据盖洛普调查公司最新一项调查，只有6%的中国人感到幸福，在全球排第125位。因此，我国发展与经济发展，不仅需要“生态化的GDP”，而且需要“人性化的GDP”，使全体人民过上真正的幸福生活，使人民的生态健康和自然的生态健康相互协调、和谐发展。这是我国加快转变经济发展方式，实现科学发展的双重价值取向与终极目标。

西方新古典经济学的一般理念认为，经济增长带来社会财富增长，必然会自动地逐步惠及所有社会阶层、所有人群，自然而然地形成帕累托最优状态。因此，新自由主义经济学编造了一个自由市场经济为大众创造财富的神话，允诺经济的无限增长可以拯救人间一切陷入苦难之中的生灵，穷人都会享受富裕的生活。然而，在现实世界中，不管制度社会形态如何，只要是工业文明高度发达、市场经济迅速发展总是以大众贫困为代价，不仅没有缩小收入差别，反而出现日益扩大的贫富两极分化。在今日之美国，精英垄断资本阶层5%的人占有社会财富高达60%，而社会底层50%（1.5亿）的穷人仅占有3%的财产，其中有620万个家庭生活在贫困线以下，据2010年9月16日美国人口普查局公布的报告称，2009年美国生活在贫困线以下的人口总数达4 360万，占全国总人口的14.3%，为50年来最多。因此，美国是当今发达国家两极分化最严重的国家，俄罗斯是新兴市场经济两极分化最严重的国家。而今日之中国则是1%的家庭掌握了全国41.4%的财富，10%的贫困人群仅占有全国1.4%的财富。因居民收入集中化程度急剧增高，基尼系数持续上升，从1981年的0.29上升到2008年的0.469，直到目前实际已超过了0.5。2011年“胡润百富榜”显示，在全球金融危机背景下，中国私营企业家的财富增长仍然很快，成为全球亿万富豪最多的国家。百亿美元富豪达到127位，比2009年增加62位；10亿美元富豪达到271位，比2009年增加142位，当年仅次于美国，居全球第二；10亿元人民币及以上的富豪人数从2010年的4 000人增至7 500人。中国富豪积累财富时间超短是世界任何一个国家难以相比的。事实表明，中国的财富集中度超过现代资本主义发达国家美国，中国富豪成长速度竟然使美国感到呼吸急促，让俄罗斯自叹弗如，这绝不是什么值得炫耀的好事情，而是社会生态关系恶化的令人担忧之事。德国学者威廉·魏特林在《和谐与自由》一书中明确指出："在富人最多的国家，穷人也最多，因为这是彼此不可分的。"贫富两极分化，是社会生态危机的核心标志。在当代中国"自然—人—社会"的有机整体中，不仅自然生态恶化，而且社会生态和人体生态也在恶化。从建设社会主义生态文明与构建社会主义和谐社会的要求来说，笔者认为，当今中国的社会生态问题要比自然生态问题更为严重、更为突出，使我国发展与经济发展中不和谐、不稳定、不包容性问题非常突出，极大地制约着经济发展方式的根本转变和中国经济的科学发展。

随着2007年"建设生态文明"首次写入党代会报告，成为我们党、国家、政府治国理论的新理念；其后，以胡锦涛为总书记的中央领导集体提出了绿色经济与绿色发展的一系列新思想、新观点、新论断，使一种新的经济学范式——包括生态经济学、绿色经济学在内的可持续性经济科学正在从非主流经济学科走向主流经济学科。但还没有上升为一种自觉的社会意识，构成以马克思主义为指导的中国特色社会主义主流经济意识形态。因而马克思主义生态经济可持续性发展理论，可以说是中国特色社会主义意识形态体系中的短板。按照马克思主义的观点，理论只要彻底，就能掌握群众，转化为科学发展的实践。因此，我们必须以马克思主义为指导，深入研究可持续性经济理论与实践，加强可持续性经济科学综合的理论平台建设，使马克思主义可持续性经济发展观成为中国特色社会主义经济意识形态的强板，并充分发挥其指导作用，使我国发展与经济发展沿着可协调性、可和谐性、可包容性、可持续性的绿色道路奋勇前进。

四

恩格斯在《自然辩证法》中说得好："一个民族想要站在科学的最高峰，就一刻也不能没有理论思维。"中国环境科学出版社站在生态文明与绿色经济时代的前列，邀请我主编出版这套《可持续性经济科学系列丛书》，它代表了当今中国可持续性经济科学研究的主流方向，是对当今世界主流经济学的一种突破，是对今日中国现存的经济学的一种创新。本丛书对可持续性经济发展的理论前沿和现实前沿的8个方面，都进行了比较系统地研究和比较深入地探讨，提出了自己的独到见解，形成相互联系又相对独立的各有侧重的8本学术专著，它们都具有时代性、学术性、理论性、实践性、探索性和超前性的共同特点。当然，每部著作保持了各自的内涵、外延、主题、风格及特色。大致可以分两种情况：

第一种情况是可持续性经济的理论前沿与学科建设问题研究。中共中央党校贾华强著的《经济资源的可持续性运行与发展》曾以“可持续性经济学概论”为名，是他过去出版的《可持续经济学导论》一书的姐妹篇，是对现存的国际国内可持续发展经济学的创新与发展。广西大学李欣广著的《生态文明与马克思主义经济理论创新》，属于生态马克思主义经济学著作，是对现存的纯马克思主义经济学理论的创新与发展，丰富了马克思主义经济学的理论内涵和当代价值。大连民族学院马林著的《绿色产业经济学导论》，创建了绿色经济学的一门分支学科。21 世纪初，他主持的国家社会科学基金项目“内蒙古绿色产业体系与经济可持续发展研究”，完成了研究报告，请我为这个研究报告形成的专著作序，故写了题为“重视绿色产业经济学研究”的序言。此序在国内外率先提出了绿色产业经济学的新概念，明确阐述了绿色产业经济学的研究对象，为绿色产业经济学成为一门学科提供了科学依据。马林教授经过七八年的努力，终于写成了《绿色产业经济学导论》一书，是值得庆贺的事情。湖北民族学院张新平著的《循环经济价值理论探索》，是对生态经济价值理论的新探索，也是可持续性经济价值理论研究的新进展。

第二种情况是可持续性经济的现实前沿与重大实践问题探讨。北京大学、卫生部苗艳青著的《生态·健康·经济协调发展论》，中国地质大学（武汉）刘江宜著的《可持续性经济的生态补偿论》，中南财经政法大学唐静著的《生态旅游经济关系和谐发展论》，湖北大学刘名俭著的《旅游经济发展方式转变路径研究》，分别对人的可持续生存与全面发展和自然的生态安全与生态系统健康发展进行生态经济学研究，从可持续性经济发展的新视角，回答人与人的发展和自然与生态发展面临的时代课题。

总之，这套丛书的出版，必将推动工业文明时代的黑色增长经济学向生态文明时代的绿色增长经济学的根本转变；对我国建设生态文明、发展绿色经济、加快经济发展方式转变、推进经济科学发展也将发挥重要的指导作用。最后，我要指出的是，每部著作所研究的主题，都有相当大的难度，由于我和作者的水平有限，总会存在许多不尽如人意的地方，恳请广大读者批评指正。

刘思华

2011 年 4 月 1 日

摘　要

伴随着世界旅游业的空前繁荣，各种因旅游目的地过度开发而产生的消极效应也开始出现，并逐渐显示出其巨大的潜在威胁，如对旅游资源的过度甚至掠夺性开发，旅游景区的粗放式经营，旅游设施建设的病态膨胀，环境质量急剧恶化等。所有这些都不同程度地威胁着旅游业的可持续发展。经历了世界旅游业的重大变革，可持续发展的观念日益为人们所接受，并在旅游业中得到广泛应用，转变旅游经济发展方式也已成了当前旅游理论界与业界普遍关注的现实迫切问题。

转变旅游经济发展方式是旅游经济领域对旅游经济发展规律的重新认识与发展战略方针的重要调整，也是解决旅游经济高速发展中的非持续问题突出的现实客观要求；是以科学发展观指导旅游经济和谐发展的现实客观要求；是构建生态文明时代绿色经济社会的现实客观要求；还是旅游业发展对党的十七大精神最有效的贯彻和最积极的响应。真正实现旅游经济发展方式的转变具有重要的理论与实践意义。

以往诸多对于旅游经济的研究，大多集中在对其经济指标、经济效益的考察上，重点解决怎样提高旅游经济的发展速度和水平，至于旅游经济的发展和社会进步、文明发展以及生态改善之间的关系则很少体现。这实际上是将旅游经济作为一个单向度的孤立系统来研究，割断了其与社会系统、生态系统之间的天然联系，导致了旅游经济在某种程度上的畸形发展。鉴于此，本书首先从系统角度对旅游经济发展复合系统进行全面深入的考察，寻找旅游经济发展复合系统运行状态和旅游经济发展方式之间的内在关联。

旅游经济的发展方式与旅游经济的发展状态、发展轨迹和发展趋势密切相关，选择什么样的旅游经济发展方式，直接决定了旅游经济的发展走向与发展质量。现实表明，诸多困扰我们的旅游经济发展现实问题可以说就是单纯追求经济增长的以生态外生为特征的旅游经济发展方式所造成的恶果。这种旅游经济发展方式对应的是工业文明时代的发展观和经济理论，是导致当前旅游经济发展中各种不可持续问题的重要根源。所以，将生态要素排除在发展框架之外的传统旅游经济发展方式正面临严重危机，必将被新型的旅游经济发展方式所取代。

生态文明的兴起与发展，已经成为现代经济发展的大趋势。解决人、社会与自然之间的尖锐矛盾，实现旅游生态经济的协调发展，是转变旅游经济发展方式的根本方向。建立可持续的旅游经济发展方式是人们在对传统发展观和发展模式反思的基础上所选择和设计的一种新的旅游经济发展方式，它旨在探索一条自然、经济、社会和文化诸方面协调发展之路，意味着传统旅游经济发展方式的根本性转变。

在整个研究过程中，坚持以生态马克思主义经济学的理论主线生态内因论为理论指导，借鉴和吸取国内外相关研究成果，综合运用生态马克思主义经济学、可持续发展经济学、循环经济学、旅游可持续发展等多种理论和方法来分析问题；在继承已有研究成果的基础上，运用规范研究、综合归纳、比较分析相结合的方法，密切结合当前旅游经济发展的实践来展开研究工作。

本书以生态马克思主义经济学的理论主线生态内因论为研究视角和理论平台，深刻地揭示了旅游经济运行系统与旅游经济发展方式之间的关系，提出了要解决旅游生态经济社会复合系统存在的基本矛盾，必须实现从生态外生型的传统旅游经济发展方式向生态内生型的可持续旅游经济发展方式的彻底转变，在两种旅游经济发展方式深入比较的基础上，对旅游经济发展方式转变的动因及约束进行了探讨，并以生态内因论为核心理论构建了一个较为完整、系统的旅游经济发展方式转变的理论研究框架，从理论和实践层面探索了旅游经济发展方式转变的具体路径和保障措施。全书主要内容（包括第 1 章 导论）共分 6 章。

第 2 章：旅游经济发展复合系统的理论辨识。阐述了旅游生态经济社会复合系统的理论基础、内在关系及有机构成，揭示了旅游生态经济社会复合系统的矛盾运动，指出旅游生态经济社会复合系统矛盾的解决必须依靠旅游经济发展方式转变，并提出了可持续旅游经济发展方式的三维动力机制。

第 3 章：两种旅游经济发展方式的比较分析。首先对生态外生型的传统旅游经济发展方式进行了反思；其次对生态内生型的可持续旅游经济发展方式进行系统解析；最后对两种旅游经济发展方式从 4 个方面进行了深入比较：①时代背景的比较：从工业文明时代的传统旅游经济发展方式到生态文明时代的可持续旅游经济发展方式；②理论基础的比较：生态外生型的传统旅游经济发展方式以传统经济学为理论基础，而生态内生型的可持续旅游经济发展方式以新经济学为其理论基础；③发展理念的比较：从传统旅游经济发展方式的经济无限增长到可持续旅游经济发展方式的生态经济协调发展；④生态向度的比较：从传统旅游经济发展方式的生态外生特征到可持续旅游经济发展方式的生态内生特征。

第 4 章：旅游经济发展方式转变的动因考察。转变旅游经济发展方式有来自政治、经济、社会和自然等多方面的动因。政治动因主要表现在科学发展观的全面落实、生态文明时代的到来以及和谐社会、“两型”社会建设的要求等；经济动因主要表现在旅游经济自身发展面临升级转型、旅游市场生态需求不断升温、旅游生态补偿机制有望完善以及旅游循环经济正在逐步推广等方面；社会动因主要表现在社会环保意识的觉醒、旅游方式的绿色转变等方面；自然动因主要表现在旅游经济发展对生态基础的需求量和依赖度增大与旅游经济发展对生态基础的破坏十分明显等方面。

第 5 章：旅游经济发展方式转变的多重约束。对旅游经济发展方式转变的思想、利益及制度等多重约束进行详细分析。具体表现为，在旅游经济发展方式的转变中在思想约束上存在理论弊端、观念误区和认识偏差等状况；在利益约束上存在生态经济利益博弈的尴尬困局与社会经济利益主体的多重矛盾等情况；在制度约束上主要表现在旅游生态要素的产权制度需要革新、旅游资源的生态补偿机制尚未建立等问题。

第 6 章：旅游经济发展方式转变的路径研究。在旅游经济发展方式转变的动因考察和约束分析的基础上探寻旅游经济发展方式转变的具体路径，包括理论路径、技术路径和市场路径；从政策、法律和社会等方面给予路径转变以支持和保障措施，确保在旅游经济发展方式转变过程中减少各种利益冲突，实现旅游经济复合系统中自然生态系统与社会经济系统的和谐有序发展。

总之，本书以生态马克思主义经济学的理论主线生态内因论为研究视角和平台对旅游经济发展方式的转变路径进行了研究，得出了一些有益的结论，但旅游经济发展方式转变研究是一个很大的课题，本书虽然对当前旅游经济发展方式转变问题进行了多方面的探索，但仍然有很大的研究空间，且存在不少需要进一步改善的地方。

Abstract

With the international tourism reaching an unprecedently thriving point on the one hand, the negative impacts of immoderate exploitation of tourism destinations are also beginning to be felt on the other hand. For example, the extensive style of management of tourism sites, the mordid expansion of construction of tourism facilities, and the progressive deterioratin of environment- all these are gradually showing signs of their enormous potential threats to the sustainable development of the tourism industry. Against such a background, a proper transition of the tourism economy development pattern has emerged as urgently in need in the eyes of both tourism theorists and practioners.

To realize a transition of the tourism economy development pattern means for the tourism economy industry to have a new understanding of the laws governing the tourism economy development, and to make some major strategic readjustments accordingly. Objectively, it is the pre-requisite to solving those unsustainable problems that emerged in the high-speed development of tourism economy, to developing a harmonious tourism economy under the guideline of scientific development and to constructing a society featured by a green economy. In addition, it is the most effective implementation of and the most active responce to the spirit of the 17th CPCN National Congress by the tourism industry.

Given the close connections of development patterns with the development state, development trajectories and development trends, what development patterns to adopt may have a an immediate and decisive effect on the inclination and quality of further tourism economy development. As it is, the various practical problems we are faced with and plagued by are simply a result of the traditional development pattern featured by its sole persuit of enconomical development, its refusal to take factors of eco-environment into consideration and its belief in survival and development beyond eco-environment. As the development outlook and economical guidelines of the industrial ages, such a development pattern is the root of the various unsustainable factors impeding the current development of tourism economy and, plunged into such a crisis as it is in, is bound to give way to a new development pattern. Against a background where the emergence of an prosperity of ecological civilization have become a major trend in developing modern economy, the fundamental direction of the transition of tourism economy development patterns should therefore be towards the solution of the acute contradictions between human, society and nature, and towards the realization of a coordinated tourism ecology economy development.

The sustainable development pattern of tourism economy, designed and adopted on the basis of a profound reflection of the traditional development outlook and pattern and with a view to exploring a new path towards a harmonious development of nature, economy, culture and society, signifies a foundational convert of the traditional pattern.

This paper, with Internal Factor of Eco-environment, the main thread of the ecological Marxist economics theory, as its study perspective and theoretical basis, gives an in-depth explannation of the interrelations between the opterational system and development patterns of tourism economy, with the proposal that to solve the basic contradictions inside the compound system of a tourism economy and ecology society, a thorough transition should be made from the traditional development pattern to a sustainable one. And by an in-depth comparison between the two development patterns, this paper tries to make an exploration of the dynamics for as well as constricions of such a transition, and has, with Internal Factor of Eco-environment theory as its main guideline, established a complete and systematic theoretical study framework to to explore a concrete path towards such a transition as well as the measures to guarantee its smooth realization.

The body of this paper sonsists of the six chapters as follows, including Chapter 1, Introductory theory.

Chapter 2 is devoted to the theoretical identification of the compound system of tourism econology economics development, by giving an elaboration of its theoretical bases, the relations between its internal parts, and its organic composition, giving a disclosure of its paradoxical movements, pointing out that the resolution of the contradcitions must come from a transition of the tourism economy development pattern, and proposing a three-demensioned dynamics system of the sustainable tourism economy development pattern.

Chapter 3 makes a comparative analysis of the two development patterns mentioned above. It begins by making a thorough reflection on the tradional pattern, then makes a systematical analysis of the sustainable pattern, and finally makes a profound comparison between the two in terms of times, theoretical bases, eoclogical concepts and ecological dimensions.

Chapter 4 is an attempt to explore from the perspectives of society, politics, economy and nature the dynamics for the transition of the tourism economy development pattern.

Chapter 5 focuses on the multiple restrictions on the transition of the tourism economy development pattern. It makes a thorough analysis of the restrictive impacts from ideology, benefits and systems involved in the transition.

Chapter 6 is an explration of the specific path torwards the transition in terms of theory, technology and market; and of support and guarantee measures from aspects like policy, society and legislation for the transition.

目　录

第 1 章　导论 1
1.1　研究起因和研究背景 1
1.2　相关文献研究综述 9
1.3　研究思路和框架内容 18

第 2 章　旅游经济发展复合系统的理论辨识 22
2.1　旅游经济发展复合系统的理论审视 22
2.2　旅游生态经济社会复合系统的矛盾运动 35

第 3 章　两种旅游经济发展方式的比较分析 45
3.1　生态外生型的传统旅游经济发展方式反思 45
3.2　生态内生型的可持续旅游经济发展方式解析 51
3.3　两种旅游经济发展方式的深入比较 57

第 4 章　旅游经济发展方式转变的动因考察 68
4.1　旅游经济发展方式转变的政治动因 68
4.2　旅游经济发展方式转变的经济动因 72
4.3　旅游经济发展方式转变的社会动因 79
4.4　旅游经济发展方式转变的自然动因 82

第 5 章　旅游经济发展方式转变的多重约束 85
5.1　旅游经济发展方式转变的思想约束 85
5.2　旅游经济发展方式转变的利益约束 94

5.3 旅游经济发展方式转变的制度约束......102

第6章 旅游经济发展方式转变的路径研究......108

6.1 旅游经济发展方式转变的理论路径......109

6.2 旅游经济发展方式转变的技术路径......120

6.3 旅游经济发展方式转变的市场路径......129

6.4 旅游经济发展方式转变路径的保障措施......139

结论......145

参考文献......148

后记......156

第1章

导　论

全球旅游业已进入空前的繁荣阶段。在世界各地人们期待着旅游经济创造利润奇迹，并努力回避“旅游发展不当会带来灾难性后果”的警告。然而，对旅游经济高速发展带来的生态问题，世界各国也有太多的教训。事实上，实现可持续旅游经济发展无论对于哪个国家或地区都是一件非常困难的事情。现实表明，诸多困扰我们的旅游经济发展的现实问题就是单纯追求经济增长的以生态外生为特征的旅游经济发展方式所造成的恶果。这种旅游经济发展方式对应的是工业文明时代的发展观和经济理论，是导致当前旅游经济发展中各种不可持续问题的重要根源。所以，将生态要素排除在发展框架之外的传统旅游经济发展方式正面临严重危机，必将被新型的旅游经济发展方式所取代。因此，积极探寻旅游经济发展方式转变的理论前提与具体路径具有重要意义。

1.1　研究起因和研究背景

1.1.1　研究起因

随着社会经济的迅速发展和人民生活水平的普遍提高，人们对旅游消费的需求大幅度上升，从而刺激了现代旅游业的迅速发展。作为1960年代发展起来的新兴产业，在过去的30多年间，全球旅游业收入以每年6%的增长率增长，经过几十年的发展，已进入空前的繁荣阶段，跃升为世界最大和最具有潜力的朝阳产业。目前，旅游业收入约占全球生产总值的6%，约3.5亿美元，从业人员占全球就业人员的25%。然而，对旅游经济发展带来的生态问题，世界各国已有太多的教训。

在世界各地人们期待着旅游经济创造利润奇迹，并努力回避“旅游发展不当会带来灾难性后果”的警告，渴望加速旅游经济发展，无法冷静下来看看别人走过的弯路，减少自己的失误。事实上，实现可持续旅游经济发展无论对于哪个国家或地区都是一件非常困难的事情。在传统的工业经济和增长方式饱受诟病的背景下，旅游经济一度被视为“朝阳产业”、“无烟工业”，我国旅游经济发展的时间虽然不长，但是取得的成就却是有目共睹的，许多地方政府更是将旅游经济作为当地经济发展的龙头和支柱产业来看待，追求旅游经济发展的纯经济效益指标。这种现象的持续使得旅游业界的警报频传，“无烟工业冒烟”的惊呼不得不让人们反思：旅游经济对 GDP 的贡献是不是纯净绿色无污染的？在日益严重的生态环境问题中，旅游经济的高速发展是否也助了“一臂之力”？怎样对旅游经济的影响作全面客观的评价？应该如何追求旅游经济的健康和持续发展？传统旅游经济的发展方式应该作出怎样的回应和变革呢？

1.1.2 研究背景

1.1.2.1 现实背景

（1）转变旅游经济发展方式是旅游业积极响应与贯彻国家发展战略的现实要求。党的十七大报告强调指出：“加快转变经济发展方式，推动产业结构优化升级。这是关系国民经济全局紧迫而重大的战略任务。要坚持走中国特色新型工业化道路，坚持扩大国内需求特别是消费需求的方针，促进经济增长由主要依靠投资、出口拉动向依靠消费、投资、出口协调拉动转变，由主要依靠第二产业带动向依靠第一、第二、第三产业协同带动转变……”2009 年 12 月 5 日至 7 日的中央经济工作会议再次强调了转变经济发展方式的问题，提出“更加注重推动经济发展方式转变和经济结构调整”的要求。

而旅游业作为第三产业的龙头产业，大力发展旅游业正是当前经济社会状况下拉动消费需求的最有效手段。旅游业作为促进经济增长的动力产业，应当在经济结构调整中被凸显出来，并且应当将旅游业培育成国民经济的战略性支柱产业和人民群众更加满意的现代服务业。因此，加强和重视旅游经济发展方式转变的问题首先是旅游业发展对党的十七大精神的最有效的贯彻和最积极的响应。

转变旅游经济发展方式就是要形成一种能使旅游业实现可持续发展的、全新的旅游发展模式，它不只是旅游发展的一种新方法，而是代表着旅游经济发展的一个崭新阶段，实质就是旅游业发展的全面生态化，包括旅游生产的生态化、旅游管理与服务的生态化以及旅游消费的生态化。

（2）转变旅游经济发展方式是解决旅游经济高速发展中的非持续问题突出

的现实客观要求。中国旅游业是改革开放以后发展起来的新兴产业，近30多年来，旅游产业以高于国民经济的增长速度发展，然而在这种极度繁荣的背后，也遇到了旅游经济发展带来的世界性困境，因对旅游资源过度开发而导致的消极影响日益威胁旅游业的进一步发展：对旅游资源的过度甚至掠夺性开发、对旅游区点的粗放式管理、旅游设施建设的病态膨胀、旅游业赖以存在的生态环境被极度破坏等。正是这些问题引起人们对生活与旅游服务质量的高度关注，政府也提出了要实施旅游业可持续发展战略，促进旅游资源的永续利用和旅游业的健康成长。

由于传统旅游经济的发展遵循工业文明的管理思想和方法，对旅游对象采用“掠夺式”的开发利用，使得旅游活动的范围和程度超过了自然环境的承载力，破坏了旅游地的生态环境，造成旅游资源的旅游价值降低，阻碍了旅游业的持续发展，相伴而来的一些社会和环境问题甚至已经威胁到旅游业自身的生存和发展。因此，必须转变传统的旅游经济发展方式，彻底解决旅游经济高速发展中的主要矛盾，寻求旅游经济可持续发展的道路。

（3）转变旅游经济发展方式是以科学发展观指导旅游经济和谐发展的现实客观要求。当前人们已经越来越认识到自然界生态平衡的重要性，只有保护环境、善待自然、科学开发和利用自然资源，才有人类的可持续发展。旅游经济和谐发展是一种以和谐为基本价值取向的旅游经济发展模式，倡导和谐的旅游观念与消费意识，营造和谐的旅游环境与竞合关系，促进人与自然、人与社会、人与人相和谐，促进旅游发展与经济、政治、文化、社会建设和环境保护相协调。①

发展旅游经济和谐发展是以科学发展观指导旅游业发展的客观要求。旅游业发展的主要矛盾，就是旅游业的快速发展与人的观念、产业环境和资源状态不能完全适应的矛盾。要解决这一矛盾，必须深入贯彻落实科学发展观，大力发展和谐旅游，把发展的速度与社会可以承受的程度有机统一起来，不断增强发展的协调性与可持续性，既坚持能快则快，又绝不以牺牲环境为代价来谋求一时之快；既坚决保住青山绿水，又绝不把它们与世隔绝封存起来，始终用和谐发展的理念来谋划和指导旅游业健康发展，用健康发展的旅游业促进经济社会全面发展。

旅游发展与经济、社会、文化、环境都有密切关系，这就决定了其发展必然会给旅游目的地的社会、经济、环境等各方面带来积极或消极的影响。旅游经济的和谐发展要求物态和谐、人态和谐、生态和谐和心态和谐。

① http：//blog.tianya.cn/blogger/post_show.asp？BlogID=1257562&PostID=17768846。

- 旅游经济发展中物态和谐要求：经济的可持续发展注重经济发展与资源、环境之间的协调性，使经济发展保持在自然与生态的承载力范围之内。旅游经济的可持续发展追求的是不降低环境质量和不破坏自然资源基础前提下的经济发展，应在保持旅游资源的品位和生态环境良性循环的前提下，最大限度地增加经济的净利益。因此，转变旅游经济发展方式就是要防止对生态旅游资源的过度甚至掠夺式开发，对生态旅游景点实行粗放式管理，以及旅游项目的病态扩张，综合考虑旅游业的经济效益、社会效益和生态效益，以保证旅游经济发展中的物态和谐。
- 旅游经济发展中生态和谐要求：旅游资源的可持续性是旅游业健康成长的主要前提，良好的生态环境是旅游业可持续发展的物质基础。严峻的现实警示我们，旅游经济发展必须与资源条件和生态环境相适应，对于旅游资源的开发利用要遵循动态开放和可持续的原则；对于生态环境的保护要以生态承载力为限，不超越生态环境系统的更新能力。旅游业的发展离不开自然资源和生态环境的支持，旅游经济发展的可持续性又取决于环境和资源的可持续性。只有通过转变旅游经济发展方式，旅游业才能真正成长为符合生态文明时代特征的绿色产业；成长为与环境保护一致的良性增长的产业；成长为取之自然、回归自然的可持续型产业。
- 旅游经济发展中人态和谐要求：旅游经济可持续发展强调人与人之间、人与社会之间的和谐，要考察其发展是否有利于改善当地居民生活质量，提高综合素质，保护悠久的历史遗存和民族文化，促进地区之间的文化交流，维持社会稳定。然而，不合理的旅游发展也带来了严重的社会和文化问题，特别是对传统独特文化产生了巨大的冲击，威胁着生态旅游业长远的发展，也影响了社会经济的可持续发展。因此，旅游经济要和谐发展，必须转变旅游经济发展方式，要协调好和旅游目的地居民之间的关系，鼓励当地居民的积极参与，才能实现旅游发展和居民之间的良性互动。
- 旅游经济发展中心态和谐要求：人是可持续发展最重要的资源，得到发展的心态和谐的“人”，又可以进一步发展社会生产力和生态生产力，完善生产关系，建设和谐社会，实现人类的可持续发展。人的心态和谐，不仅包括人与外在自然的和谐，也包括人与内在自然的和谐。旅游业呈现给人们的，既有良好的生态环境，优美的自然风光，也有独特的人文风情，悠久的历史文明。人们的旅游活动，既是一次欣赏自然风光和分享人类文明成果的身体之旅，也是一次净化精神、升华灵魂的心灵之旅。

旅游经济的可持续发展不仅重视对生态环境、对社会文化的管理，还将人作为其中一个重要的相关主体来考虑，自然旅游资源和人文旅游资源都是极好的教育素材，人们可以从中体味天人合一的崇高境界。

（4）转变旅游经济发展方式是构建生态文明时代绿色经济社会的现实客观要求。生态文明是相对于农耕文明、工业文明而言的一种新型的文明形态，是一种物质生产与精神生产都高度发展，自然生态和人文生态和谐统一的更高层次的文明。它以绿色科技和生态生产为重要手段，以人、自然、社会共生共荣的深刻体会作为人类认知决策、行为实践的理论指南，以人对自然的自觉关怀和强烈的道德感、自觉的使命感为其内在约束机制，以合理的生产方式和先进的社会制度作为其坚强有力的物质、制度保障，以自然生态、人文生态的协调共生与同步进化为其理想目标。

绿色经济是以生态经济为基础、知识经济为主导的可持续经济发展模式，是经济发展模式的彻底变革。绿色经济时代的重要特征，就是改变高消耗、高污染、高投入与高损害的发展方式，代之以低消耗、轻污染与小损害的发展方式；不仅寻求当代经济与生态环境相协调的发展，而且保持自然生态的生存权和发展权的统一，保证后一代人至少能获得与前一代人同样的生态资本与经济福利。

旅游经济也应该成为绿色经济的重要组成部分。转变旅游经济发展方式就是要使旅游经济的发展不仅遵循市场经济原则，还要按照生态经济规律，将旅游经济发展的经济成本、生态代价和社会文化损失降到最低限度，使旅游经济走上健康发展的轨道，这也是构建生态文明时代绿色经济社会的客观要求。

1.1.2.2 理论背景

（1）生态马克思主义经济学理论。生态马克思主义经济学的产生源自于人们对生态环境危机的认识，它以生态经济系统为研究对象，从经济学角度来研究由社会经济系统和自然生态系统复合而成的生态经济社会系统运动规律，探索生态经济社会复合系统的协调和可持续发展的规律性。生态马克思主义经济学的理论框架是生态与经济相结合的经济学理论框架，力求将生态因素纳入经济学的分析体系，研究生态因素与经济现象的关系，寻求经济活动与生态变化的良性平衡及经济的可持续发展。

➢ 人与自然关系论。生态经济学批判工业革命以来人与自然之间的紧张、对立、分离的关系，强调建立人与自然之间的和谐关系。生态时代的到来要求人们改变对自然的掠夺性利用方式，以及不合理的生产方式和消费方式，掌握合理利用自然资源的度，提高生态经济意识。

- 生态与经济关系论。首先，在生态基础制约与经济发展主导之间存在着矛盾统一的关系。生态与经济之间的矛盾主要集中在当代经济发展对生态系统资源索取的无限性与生态系统资源供给的有限性之间的对立；生态与经济发展的统一主要体现在生态是经济发展的基础，保护生态系统就是保护生产力。因此，经济的发展不仅必须遵循经济规律，而且还必须遵循生态规律，以地球生物圈的承载能力为前提，实现经济与生态的协调发展。

  其次，在生态安全性与经济有效性之间存在着相互兼容的关系。生态安全性是指人们在发展经济的过程中，应当保护生态系统及其中的自然资源，使其具备能够继续存在和保持再生的能力。经济有效性是指在积极发展经济的过程中，需要最有效地利用自然资源，提高经济效率和效益，满足人们的物质文化需要。生态安全性使生态系统的运行得以保持平衡，其作为经济发展基础的作用也能得到有效的发挥；经济有效性原则要求发展经济时有效地而非最大限度地利用资源，维持生态系统的良好运转。两者在实现生态与经济协调发展的目标下是兼容的。

- 生态效益、经济效益与社会效益关系论。经济系统、社会系统和生态系统都是统一的生态经济系统的有机组成部分，三者之间是相互联系、不可分割的，因此，这决定着生态效益、经济效益和社会效益三者之间也是密不可分的，这三个效益之间也就必然结合成为统一的效益整体，从而发挥其共同的作用。

  生态效益、经济效益和社会效益的统一表现在现代经济发展的各个方面，它是生态经济发展的客观要求，人类要正确处理经济发展过程中的局部利益和全局利益、目前利益和长远利益之间的矛盾，把经济的发展置于生态与经济相协调的坚实基础上。

- 生态内因论。生态经济学克服传统经济学人与自然脱离、生态与经济分离的理论缺陷，确立了自然生态环境是人类物质生产实践活动的内在要素的理论内核，自然生态环境不仅被视为社会经济发展的自然前提与自然基础，而且也作为进入人类物质生产实践的自然形式和内在要素而存在，使自然生态系统和社会经济系统通过人与自然的生态关系和人与人的经济关系的统一——生态经济关系的形成而协调发展。

刘思华教授1994年在《当代中国的绿色道路》一书中论述了“生态内因论”的内容：健全的生态条件和优良的环境质量就是直接作为生态经济再生产过程的必要组成部分而存在的，它不仅是现代生产力运行的外部环境，而且是现代生产力发展的内在因素，成为现代生产力的基本要素，就应该包括在现代生产力系统之中。生态环境内因论鲜明地揭示了现代生产力是生态经济生产力，如实地反映了现代生产力运行的全过程。

在现代生态经济系统的运行与发展中，不仅只有技术创新和制度创新是内在变量，生态创新也应作为内在因素予以考察。制度创新是经济可持续发展的重要动力与保证，技术创新是经济可持续发展的主要驱动力与关键，生态创新是经济可持续发展的不竭源泉与基础。三种创新相互作用、相互推动的内生化运行机制模式，准确地揭示了“现代经济运行过程中制度演变—科技进步—生态改善之间的必然的、内在的、本质的联系，它不仅强调了制度在现代经济运行与发展中的保障作用和科技的主导作用，而且突出了生态在现代经济健康运行和可持续发展中的基础作用。”

（2）可持续发展经济学理论。可持续发展经济学是在全球环境恶化和资源日益短缺条件下，随着经济发展方式和社会经济形态转换而产生的新兴学科。可持续发展经济学试图从经济学的角度，在生态经济社会复合系统总体上研究可持续发展经济系统的矛盾运动和发展规律。

可持续发展经济理论重新审视和界定人与自然，个人与社会，过去、现在与未来之间的关系，提出使各种资源在不同使用方向之间的分配贯彻可持续发展原则，把同步提高经济效益、社会效益和生态效益作为预期目标，建立符合可持续发展要求的生态经济社会复合大系统。

- 可持续发展经济学的价值理论：可持续发展经济学的价值理论，是建立在生态经济价值理论基础上的价值理论，既注重资源环境价值有利于当代人目前的经济发展，更主张资源环境价值有利于后代人的长远经济发展，使生态价值总量在长期发展过程中不至于下降和大量损失，保证后一代人至少能获得与前一代人同样的经济福利。
- 可持续发展经济学的财富理论：可持续发展经济学的财富理论认为财富是由生态财富、人力财富、物质财富和精神财富这四大部分组成的，更进一步突出了生态财富和人力财富对于一个社会和国家与区域现代经济健康运行与可持续发展的极端重要性；指出生态财富不仅是国民财富的来源，而且本身就是一个社会或国家与地区的最基本财富；可持续发展经济学的财富衡量标准，不仅是对一国或地区现实经济能力的评判，而且更重要的是对一国或地区未来经济发展潜力的评估。
- 可持续发展经济学的资源理论：可持续发展经济学的资源理论提出人类在分配资源和占有财富方面必须实现时空公平，不仅要保证资源在代内的公平合理配置，更要考虑资源在代际的公平合理配置，当代人不应为自己的发展与需要而损害今后世世代代满足需要的条件，要给后代人以公平利用资源的权利。

（3）循环经济理论。循环经济理论的出现，完全改变了亚当·斯密和李嘉图的经济思想，提倡最大限度地优化配置自身资源，最大限度地提高自然资源利用效率，以及最大限度地提高自然资源的利用效益；强调不需要消费更多的物质资源来实现经济增长，从而实现环境与经济的良性发展。

相对于传统经济学理论，循环经济不仅研究资本和劳动力的循环，而且还研究资源的循环。循环经济实行的是"3R"原则：资源利用的减量化（Reduce）原则，即在生产的投入端尽可能少地输入自然资源；产品的再使用（Reuse）原则，即尽可能地延长使用周期，并在多种场合使用；废弃物的再循环（Recycle）原则，即最大限度地减少废弃物排放，力争做到排放的无害化，实现资源再循环、再利用。循环经济要求遵循生态规律，合理利用自然资源和环境，在物质不断循环利用的基础上发展经济，使经济系统和谐地纳入自然生态系统的物质循环过程之中，实现经济活动的生态化。

循环经济模式，倡导的是一种与环境和谐的经济发展模式：把传统的依赖资源消耗的线性经济增长方式，转变为依靠生态型资源循环的经济增长方式；改变传统的"消耗型经济"，而代之以休养生息的经济；改变数量型的物质增长，转向质量型的价值增长。

（4）旅游可持续发展理论。《可持续旅游发展行动战略》中对可持续旅游发展概念所作的阐述在目前应用最广泛、影响最大，即"可持续旅游发展被认为是在保持和增强未来发展机会的同时，满足外来游客和旅游接待地区当地居民的需要，在旅游发展中维护公平，它是对各种资源的指导，以使人们在保护文化的完整性、基本生态过程、生物多样性和生命维持系统的同时，完成经济、社会和美学需要"。

1990年，在温哥华召开的全球可持续发展大会旅游组织行动策划委员会会议上，提出了旅游可持续发展的目标：增进人们对旅游所产生的环境、经济效应的理解，强化其生态意识；促进旅游的公平发展；改善旅游接待地的生活质量；向旅游者提供高质量的旅游经历；保护未来旅游开发赖以存在的环境质量。

由此可见，旅游可持续发展的实质就是要求旅游业的发展能与自然、文化和人类生存环境有机统一起来，实现旅游、资源和环境的协调，促进旅游与社会经济、资源、环境良性共同发展，满足旅游业当前和未来发展的需要，保护旅游者和旅游地当前和未来的利益。所以，只有走可持续发展的道路，积极保护生态环境，科学规划和开发旅游资源，才能避免旅游业所带来的一些负面影响，实现经济效益、环境效益和社会效益的相结合。

可持续旅游发展实际上既包括旅游活动的可持续发展，也包括旅游业的可持续发展。在旅游活动的可持续发展方面，它所关心的是旅游活动的长期生存和发展，所强调的是旅游活动行为模式的优化，以避免对旅游接待地区的环境和社会文化造成破坏。在旅游业的可持续发展方面，它所关心的是旅游业的长期生存和发展，所强调的是旅游业的开发者、经营者和管理者应具有社会责任感，目的地旅游业的开发与经营必须考虑并致力于实现三大方面的协调，即旅游业发展与维护环境的协调、游客利益与居民利益的协调、当代人需要与后代人需要的协调。

旅游可持续发展使人类在经济发展、社会进步和环境保护三者之间找到了寻求平衡的办法，它的实施，将使人们改变对旅游业是“无烟工业”和“朝阳产业”的错误认识和片面理解，引发人们在旅游发展观念和操作实践上的重大变革，对转变旅游经济发展方式，保证生态环境和旅游资源的完整性和永续性，具有深远意义。

1.2 相关文献研究综述

1.2.1 旅游经济发展（增长）的研究

1.2.1.1 国外旅游经济增长研究

国外对旅游经济增长的研究主要是研究旅游经济发展与国民经济增长的关系。学者们一般都是从经济学、管理学和社会角度，对一国或者一个地区的旅游经济与区域经济增长的关系、旅游经济发展对区域经济、文化、环境的影响等方面进行研究。对于旅游发展与经济增长（发展）关系的研究，一开始就有实证和个案研究的传统。

如 Gary Camden Meyer（1975）以明尼苏达州为例揭示区域旅游在区域经济发展中的重要角色；U.S.Department of Commerce（1976）针对美国旅游发展状况，研究美国旅游经济发展潜力和问题；Eric E. Rodenburg（1980）以巴厘岛为实证对象，对旅游经济增长的影响范围进行研究；Rajasundram Sathiendrakumar Clem Tisdell（1989）探讨了马尔代夫旅游发展与经济增长；Barry P. Andrew（1997）、Clem Tisdell 和 Jie Wen（1991）研究中国入境旅游与经济发展战略的关系。近期的旅游经济研究与经济增长的研究反映了旅游发展的热点问题，如乡村旅游问题、大众旅游的负面效应及控制问题等，并将计量经济学的理论运用到旅游经济研究中，对旅游经济与区域经济的关系进行检验。

Archer B.（1995）对百慕大群岛的旅游经济的重要性进行了研究。Archer B.和 Fletcher J.（1996）探讨塞舌尔旅游对经济的影响。Henry E. W.和 Deane B.（1997）考察了爱尔兰 1990—1995 年旅游业对爱尔兰经济的贡献度。密歇根州立大学 Stynes 和 Daniel J.（1997，1999）的两篇文章详细给出了测算旅游影响的方法。Wager J. E.（1997）运用社会核算矩阵来检验旅游业对经济的影响。社会核算矩阵是一种分析和显示数据较系统全面的框架，能较好地测算区域经济的乘数效应。Xu Gang（1999）针对中国 20 世纪 90 年代旅游的发展，采用特定区域的分析方法，对不同经济类型的 3 个地区的旅游发展与经济发展关系进展的论述，较全面地评述了 90 年代中国旅游经济的发展，认为“在农村向城市移民过程中，旅游业是一个重要的拉动因素”。Jenny Briedenhann 和 Eugenia Wickens（2004）则注意到了近年来乡村旅游的热潮，对欠发达国家的农村地区将发展旅游作为经济发展的一条必由路径提出了自己的看法。两位学者认为，在乡村旅游开发过程中要注重社区居民的参与，注重地区间的合作，并批评了南非在发展乡村旅游过程中出现的问题。而 R. N. Ghosh（2003）等则较全面地为我们描述了环印度洋地区合作联盟国家开发旅游过程中的得与失，面对大众旅游给旅游目的地带来的文化冲突、社会问题和环境问题等方面影响，提出系统管理等方法。Tosun C. 和 Timothy D. J.（2003）以土耳其为实证研究了旅游增长、国家经济发展和区域不平等的问题。Chi-Chur Chao、Bharat Hazari（2005）等研究了在预付现金经济中旅游对福利的影响，发现旅游发展会使非贸易货物价格上升，从而增加贸易条件改进的风险。预付现金契约会引致消费扭曲。对旅游需求而言，当其贸易条件改善所得大于（或小于）因消费扭曲而导致的损失时，旅游业是福利增加（或降低）性质的。Hyun Jeong Kimed（2004）等运用 Granger 因果关系检验法测算了我国台湾地区旅游发展和经济增长的关系，结果显示我国台湾地区的旅游发展与经济增长直接相关，存在一个长期均衡，并且双向关联，即我国台湾地区的旅游发展与经济增长之间有互相加强的作用。香港理工大学（The Hong Kong Polytechnic University）酒店与旅游管理系 Julie Jie Wen 和 Clement A. Tisdell.（2001）编著论文集《旅游与中国发展：政策、区域、经济增长与生态旅游》（*Tourism and China's development：Policies，regional economic growth and ecotourism*）比较系统地研究了旅游与中国经济发展。Chi-Ok Oh（2005）以韩国为实证，用 Engle-Granger 两步法、检验法和二向量自我回归法（VAR）检验了韩国旅游发展与韩国经济扩张的关系，发现旅游发展与韩国经济扩张没有长期的均衡关系。

综上所述，国外旅游经济与经济增长研究文献主要集中在：从旅游业产出的角度探索旅游产业对国民经济社会文化的影响；旅游产业对其他产业的引致影响；旅游的可持续发展方式等。对于探索旅游经济增长的内在原因、旅游经济发展的内在规律研究成果还较少。因此，在这方面还有很大的研究空间，有很多值得我们去探索的地方。

1.2.1.2 国内旅游经济增长研究

从文献检索的情况看，国内对旅游经济的研究主要集中在以下几个领域：旅游经济的特征，包括旅游经济的总体特征和时空特征的描述性研究；从产出角度对旅游经济的影响研究，主要是从旅游业对区域经济、就业、GDP 等影响的角度进行研究；从企业、行业和产业角度对旅游经济组织及其发展影响的研究；旅游业增加值的测算；区域旅游经济的竞争力、综合实力评价。研究主要是运用关联分析、主成分分析或者聚类分析等找出旅游经济增长的影响因素。对国内旅游经济增长的研究，成果主要是：探讨旅游增加值测算方法；对旅游经济的总量变化特征及各种乘数效应的研究；旅游经济增长与区域经济增长的关系研究；探讨入境旅游、制度因素、技术因素等对旅游产出的影响及对旅游经济影响因素的寻找等。

对旅游经济增长方式变革中的内容与机制的研究。赵云昌（1996）①认为旅游业增长内容与增长机制的变化及其和经济体制间的一定矛盾主要表现为缺少内在制约机制和有效的集中配置旅游业资金和资源的机制。它在今后可能将继续成为制约旅游业增长的主要方面。韩玫丽（1999）②认为旅游业经济增长方式的转变，可以从旅游产业结构的调整和优化着手，结合资源的有效配置、产权结构效率的提高、制度创新和技术进步等，通过建立和健全与这些因素在发展中的动态平衡相一致，并能促进旅游业经济增长的相应的机制来进行。

对区域旅游经济增长的特征进行研究，尤其运用定量方法测度了旅游收入、接待人数、政策路径对区域旅游增长的影响。郭鲁芳（2004）③认为浙江省近 10 年旅游增长的主要特征是数量型增长，进入 21 世纪，数量质量互动型增长应是浙江的必然选择。卢江勇、张玉梅、过建春（2005）④运用定量分析与定性分析相结合的方法，借助 SAS 8.1 软件对海南旅游经济增长进行了实证分析，建立了海南旅游收入增长的影响因素回归模型，并提出了进一步发展海南旅游业的对策建议。

① 赵云昌：《论旅游业增长方式的转变》，《财贸研究》1996 年第 6 期。

② 韩玫丽：《论旅游业增长方式的转变及其途径》，《北京第二外国语学院学报》1999 年第 2 期。

③ 郭鲁芳：《论浙江国内旅游增长方式的转变》，《江苏商论》2004 年第 2 期。

④ 卢江勇、张玉梅、过建春：《海南旅游经济增长的实证分析》，《安徽广播电视大学学报》2005 年第 2 期。

陈海波、刘洁、张瑾（2006）①通过构建江苏省区域旅游接待人数与旅游经济增长的 Panel-Data 模型，发现各地区每增加 1 万人次的旅游者，对地区旅游经济的影响存在一定的差异。刘华巧（2007）②利用依赖模型中变量次序的 Cholesky 分解进行脉冲响应分析，其结果显示旅游业的发展对其相关产业的发展确实有较强的拉动作用。王慧敏（2007）③在长三角区域面临社会经济转型的关键时期，旅游产业以优化产业结构、扩展消费市场规模、创造就业机会和提升城市品质等多重功能，成为区域内具有竞争优势和发展潜力的产业，为加快长三角实现经济增长方式的转变提供了新视角、新路径和新策动力。李海平（2009）④运用区域经济中趋同与趋异的分析方法对我国区域旅游经济增长的过程进行了实证分析。汪莉（2009）⑤通过建立计量回归模型和 Granger 因果检验的方法来探讨两者之间的关系，并为我国旅游业的发展提出一些建议。刘长生、简玉峰（2009）⑥从 3 个阶段分析了中国旅游业的政策路径，运用中国不同省份的面板数据进行了实证检验。结果显示，“政府主导”与“市场化改革”对旅游业发展、就业、收入分配、人们生活质量产生了显著影响，但这种影响在不同旅游经济区域具有显著差异性，研究结果为促进中国旅游业区域协调发展政策的制定提供了有益的启示。

针对国际旅游发展对旅游经济增长的影响研究。张愚（2008）⑦采用了回归方程分析法对国际旅游产业发展与经济增长的相关性进行了研究。刘桂玉、张战仁（2008）⑧运用动态计量经济学的单位根检验模型、协整分析模型、因果关系检验模型，以桂林市为例，对国际旅游业和地方经济增长之间的动态关系进行了实证分析。蒋满元（2008）⑨依据时间序列的平稳性检验判定：旅游外汇收入和经济增长两时间序列之间不是协整的。由于协整是时间序列之间存在长期均衡关系的一种表现方式，因此，与通常的认识相反，在长期的趋势方面，旅

① 陈海波、刘洁、张瑾：《基于 Panel-Data 模型的江苏省区域旅游接待人数与旅游经济增长研究》，《工业技术经济》2006 年第 7 期。

② 刘华巧：《旅游业与经济增长的实证分析》，山东大学硕士论文，2007 年。

③ 王慧敏：《旅游产业：转变经济增长方式的策动力》，《社会科学》2007 年第 9 期。

④ 李海平：《我国区域旅游经济增长趋同与趋异》，《社会科学家》2009 年第 3 期。

⑤ 汪莉：《我国旅游外汇收入与实际经济增长关系的实证研究》，《消费导刊》2009 年第 2 期。

⑥ 刘长生、简玉峰：《中国旅游业发展的政策路径及其经济影响研究——基于不同省份的面板数据分析》，《商业经济与管理》2009 年第 6 期。

⑦ 张愚：《重庆国际旅游产业发展与经济增长的相关性分析》，《时代经贸》2008 年第 3 期。

⑧ 刘桂玉、张战仁：《国际旅游收入与地方经济增长动态关系的实证分析——以桂林市为例》，《旅游论坛》2008 年第 8 期。

⑨ 蒋满元：《旅游外汇收入对国民经济增长的贡献分析》，《旅游学刊》2008 年第 8 期。

游外汇收入与经济增长之间其实并不存在长期的均衡关系。张丽峰（2008）[①]利用计量经济学中的协整理论对我国城镇居民旅游消费和经济增长之间的关系进行了研究，得出以下结论：我国城镇居民旅游消费和 GDP、第三产业增加值之间具有协整关系，我国城镇居民旅游消费每增加 1%，GDP 增加 0.79%，第三产业增加值增加 0.85%，进而提出了提高我国城镇居民旅游消费水平的对策。夏卫红、刘嗣明（2008）[②]阐述改革开放以来我国旅游业的发展背景和产业目标及功能的转变，分析了现有发展模式在新的时代背景下的缺陷，进而从宏观的国家政府层面、中观的区域层面和微观的企业层面，提出了以市场为导向的旅游业发展模式。

对旅游经济增长因素方面的研究。杨智勇（2006）[③]运用计量经济学的理论和方法，通过双对数模型从弹性的角度定量分析了中国国内旅游、入境旅游、出境旅游三大市场与经济增长之间的互动关系，在此基础上，提出了相关的政策建议。庞丽、王铮、刘清春（2006）[④]分析了入境旅游发展的区域差异，并用 Granger 因果检验来考察入境旅游和各区域经济增长之间是否存在相应的因果关系。结果表明，在东部地区，入境旅游和经济增长存在单向因果关系，东部地区的入境旅游对区域的经济增长产生显著影响。但是全国和中西部地区的入境旅游与经济增长之间不存在显著的因果关系。吴忠才（2007）[⑤]以实证研究方法论证了中国入境旅游与经济增长之间存在长期稳定的协整关系，并构建了一个协整模型，模型表明入境旅游增长 1%，能拉动国内生产总值增长 0.51%，但两变量之间不存在 Granger 因果关系，最后通过误差修正模型反映了变量之间的短期波动与长期均衡关系。尚林（2007）[⑥] 选取中国入境旅游人数、入境旅游收汇与国内生产总值的数据进行研究，通过实证分析表明，在所选取的样本区间内（1981—2005 年），这 3 个时间序列均为非平稳的，并且都是单位根过程。随后协整检验表明，中国经济增长与入境旅游人数、入境旅游收汇之间存在唯一的协整关系并对它们进行了因果关系检验，最后给出了相应的误差修正模型。因果关系检验结果表明，中国经济的增长是中国入境旅游业发展的重要原因，二者具有单向因果关系。张丽峰

---

① 张丽峰：《我国城镇居民旅游消费对经济增长影响的实证分析》，《消费经济》2008 年第 5 期。

② 夏卫红、刘嗣明：《转型时期中国旅游业的发展模式选择》，《桂林旅游高等专科学校学报》2008 年第 2 期。

③ 杨智勇：《旅游消费与经济增长的互动效应实证分析》，《内蒙古财经学院学报》2006 年第 2 期。

④ 庞丽、王铮、刘清春：《我国入境旅游和经济增长关系分析》，《地域研究与开发》2006 年第 3 期。

⑤ 吴忠才：《中国入境旅游对经济增长拉动作用的定量研究》，《北京第二外国语学院学报（旅游版）》2007 年第 9 期。

⑥ 尚林：《中国入境旅游与经济增长关系研究》，南京信息工程大学硕士论文，2007 年。

(2008)[①]利用 1978—2006 年的统计数据和状态空间模型对中国入境旅游与经济增长关系进行了研究，得出结论：中国入境旅游与经济增长之间存在一种随时间不断变化的长期均衡关系即变参数协整关系；基于状态空间模型的变参数估计很好地揭示了中国入境旅游对经济增长影响的时变规律。鹿磊、韩福文（2009）[②]以黑龙江为例，采用协整分析和 Granger 因果检验，以 1985—2006 年数据为样本，探讨黑龙江入境旅游与经济增长之间的关系。结果表明，黑龙江入境旅游发展与经济增长之间具有长期稳定的正向关系，并通过建立误差修正模型说明两者间存在的动态均衡关系。同时，Granger 因果检验表明黑龙江入境旅游与经济增长两者呈互为因果、互相促进的关系。

从目前的研究成果看，学者对我国旅游经济的研究主要是对总量经济变化的变化规律及其影响进行研究，如旅游业对国民经济、就业、财政收入等的影响研究；另外就是对旅游发展中的某些因素对国民经济影响的研究，如入境旅游、接待人次、旅游总收入等对 GDP 的影响。上述两种类型的研究其逻辑起点都是“旅游业（或旅游业的个别因素）对国民经济（或国民经济的个别因素）等的影响”。只有少数学者试图从另一个思维方向来探索旅游经济发展的影响因素。如杨新军用灰色关联法来计算不同因素与旅游经济增长的相关性，其研究实质是在探索旅游经济发展的内在规律性，是十分必要的。我们只有知道经济增长的内在规律，才能更好地引导经济增长前进的方向。就好比自经济学诞生以来，经济学家们从未间断对国民经济增长因素的探索一样，应该重视这个研究方向。

1.2.2 旅游经济发展方式转变的研究

1.2.2.1 通过发展旅游业来转变经济发展方式的观点

周媛、吴荣华（1997）[③]在对延边朝鲜自治州的地理特点、经济状况和产业现状等进行分析之后，提出通过加快第三产业（论文中主要指旅游业）发展，来转变当地的经济增长方式，即充分发挥第三产业对第一、第二产业发展的推动作用。并在其论文中指出了当地第三产业发展中存在的一些现实问题，包括整体素质差、经济效益低、增长方式粗放等，还针对性地提出了加快第三产业发展的思路。这些思路包括：①调整所有制结构，提倡个体私营等经济成分的健康快速发展；②依据延边的地理环境和民俗风情特点，针对当地第三产业发展的布局给出了

---

① 张丽峰：《我国入境旅游和经济增长关系的统计检验》，《统计与决策》2008 年第 21 期。

② 鹿磊、韩福文：《基于协整与 Granger 因果分析的黑龙江入境旅游与经济增长研究》，《中国林业经济》2009 年第 1 期。

③ 周媛、吴荣华：《转变经济增长方式促进第三产业发展》，《经济视角》1997 年第 10 期。

建议。

程松涛、钱进、庄勇（2006）[①]从乡村旅游解决“三农”问题的角度，以贵州省普定县的乡村旅游业为研究内容，阐述了发展乡村旅游业促进经济增长方式转变的可行性，并对乡村旅游业发展提出了如下思路：①充分挖掘“农村风味”、“乡村特色”；②将自然与文化有机结合；③将旅游与农业充分结合；④有效地进行政府投资和市场引导；⑤提升旅游产品的层次和丰富性。

钱津（2008）[②]通过解读党的十七大报告中关于加快转变经济发展方式方面的论述，讨论了非必需生活消费对于拉动内需的重要作用。他将非必需生活消费分成两类，一类是对生活必需品的非必需消费，如人对水的消费属于生活必需品消费，但现在许多人不喝自来水了，要喝矿泉水，这就是对生活必需品的非必需消费；另一类是对非生活必需品的消费。他还强调，现阶段扩大非必需消费主要是扩大非生活必需品消费，并特别指出旅游是现代非必需生活中最明显的部分。

1.2.2.2 旅游业自身经济发展方式转变的相关研究

可持续旅游发展理论对旅游经济发展方式的转变有深刻的影响。颜醒华（1996）[③]提出可持续旅游的发展将对推进旅游经济增长方式由粗放型向集约型转变具有重大意义。他提出可持续旅游应该在考虑到经济效益的同时，重视社会效益和环境效益，旅游业的发展应追求社会、经济、环境效益的和谐统一。并且在合理、充分、有效利用旅游资源，应用高科技和产品结构调整等方面对福建旅游经济增长方式转变提出了建议。

在生态文明导向下，低碳旅游成为旅游经济发展方式转变的重要内容。蔡萌等（2009）[④]提出“生态文明”导向下，“低碳旅游”是值得高度关注的一种旅游发展新方式，并对其实现路径与发展要点进行了相关论述，认为以构建低碳旅游吸引物、发展低碳旅游装备、营造碳汇旅游体验环境、倡导低碳旅游消费方式为主要内容的低碳旅游发展方式是全球气候变化背景下可持续旅游的一条新的实现途径。汪宇明（2009）[⑤]提出生态文明导向下的旅游发展方式转型。

---

① 程松涛、钱进、庄勇：《转变经济增长方式的新起点——普定县发展乡村旅游对策分析》，《理论与当代》2006年第9期。

② 钱津：《论加快中国经济发展方式的转变》，《学习与探索》，2008年第1期。

③ 颜醒华：《转变经济增长方式——福建可持续旅游发展战略的重要一环》，《福建论坛（经济社会版）》1996年第11期。

④ 蔡萌、汪宇明：《低碳旅游——一种新的可持续旅游发展方式》，《中国地理学会百年庆典学术论文摘要集》，2009年。

⑤ 汪宇明：《生态文明导向下的旅游发展方式转型——兼论榆社生态旅游发展战略》，2009年8月3日旅游论坛的演讲稿。

中国的旅游发展的确处在一个转型期，当前的转型意味着对过去的一种继承与摆脱、对现实的一种把握与创新、对未来的一种憧憬与追求。这一次的转型是在特定复杂的国际经济危机背景下的转型，它不是一种恢复性的转型，而是一种“破坏性”的转型和“破坏性”的创新。旅游需求在变，旅游供给必须改变，旅游发展方式必须改变。

李萌（2008）[①]认为对于蓬勃发展的旅游业而言，贯彻、落实科学发展观不仅是旅游业提高产业素质、推动产业转型、实现又好又快发展的必要前提，更是旅游业实现可持续发展这一根本发展目标的基本保证。而旅游产业贯彻落实科学发展观最为关键的环节则是切实转变旅游产业经济发展方式，不切实转变旅游产业经济发展方式，科学发展观、可持续旅游发展都只是空谈；并提出了只有明确了转变经济发展方式的方向与重点、困难与障碍、政策与措施等基本问题，旅游产业管理部门在推进旅游业转变经济发展方式的过程中才可能由自发走向自觉。张广瑞（2008）[②]指出旅游业作为国民经济的一个组成部分，其发展方式往往与整个经济的增长方式相类似，从数量型向质量型提升，并填补服务空白。

张警丹（1997）[③]从优化产品结构，建立各具特色，不同层次、档次和规模的产品体系；建设融观光、游览、娱乐、运动、购物、休养等为一体的旅游综合体——度假区，改变单以游览观光为主要功能的结构特点；调整旅游企业组织结构，组建和发展旅游企业集团；扩大开放，加快旅游业国际化进程 4 个方面阐述他对滇中旅游经济发展与增长方式转变的战略和意见。刘致良（2007）[④]通过实证研究分析了我国国际旅游发展的两种不同方式，一种是以入境旅游者的人次数量增长为中心的粗放型发展方式，另一种是讲求效率优先的质量发展道路。通过利用我国国际旅游发展与经济增长的相关统计数据，根据旅游乘数理论和经济学相关原理建立了 VEC 模型，得出结论认为我国国际旅游应该从注重数量增长向效率优先转变，走集约型的发展道路。文章最后还提出了相应的策略建议，如优化旅游产品结构，提高旅游产品的深度和附加值等。张文建、华建平（2008）[⑤]认为，在“后 WTO”时代，商务会展服务外包在现代旅游产业发展中，起着引领旅游产

---

① 李萌：《旅游业转变经济发展方式问题探讨》，《中国旅游报》，2008 年 8 月 20 日/第 11 版。

② 张广瑞：《中国旅游发展面临的五大转变》，张广瑞博客，2008 年。

③ 张警丹：《滇中旅游经济发展战略与增长方式的转变》，《昆明师范高等专科学校学报》1997 年第 3 期。

④ 刘致良：《论我国国际旅游发展方式的转变——基于 VEC 模型的实证研究》，《内蒙古科技与经济》2007 年第 3 期。

⑤ 张文建、华建平：《商务会展服务外包：实现旅游产业发展方式的转变》，《社会科学》2008 年。

业结构优化和能级提升的显著功能。他们对全世界外包业的发展现状进行分析，发现随着经济全球化的发展和全球产业结构调整，全球产业转移呈现出制造业外包向服务业外包转移的趋势，并且指出旅游会展服务外包呈现出集约型旅游经济增长特点，发挥着转变旅游经济增长方式的作用。

1.2.3 本书对上述问题的基本认识

旅游经济生存和发展既依赖于环境，同时又可能损害甚至破坏环境。这一事实迫使人们不得不认真思考能使旅游经济长期持续发展的途径，以期获得持续的经济和非经济利益。可持续发展观的兴起为旅游经济的未来发展指出了一条光明之路。其实，旅游经济与可持续发展之间有着一种天然的耦合关系（魏小安，2007）。因为，从旅游业对自然环境和文化遗产的依赖来看，旅游业是最需要贯彻，同时也是最能体现可持续发展思想的领域。在某种意义上，旅游业是一个在实现可持续发展方面直接受益最为明显的产业。另外，由于当今的旅游业已是世界上最大的产业，从道义上讲，旅游业也有责任带头实现可持续发展（《旅游业21世纪议程》）。因此，转变旅游经济发展方式对促进旅游经济可持续发展具有重要的实践意义。

当前，党中央、国务院高度重视加快经济发展方式转变，推动经济社会又好又快发展的工作。旅游业作为朝阳产业、战略性产业，资源消耗低、带动系数大、就业机会多、综合效益好。因此，进一步解放思想，深化改革开放，加强统筹协调，转变发展方式，提升发展质量，做好把旅游业培育成国民经济的战略性支柱产业和人民群众更加满意的现代服务业的工作的需求就显得更加迫切。然而，国内关于经济发展方式转变，尤其是旅游经济发展方式转变方面的学术研究成果还比较欠缺。通过对本书中提到的相关研究进行分析，可以发现大多集中在微观方面，如多数的研究是针对区域旅游经济发展的研究；又或者是对某一专项旅游进行研究。总体上说，在旅游经济发展方式转变方面的宏观研究和理论研究还很欠缺，尤其缺乏具备一定理论视角的研究成果，在国家宏观调控层面上很难对旅游产业的结构调整和发展方式的转变予以有效指导；以生态内因论视角对旅游经济发展方式转变问题的研究性成果更为缺乏。

因此，在建设生态文明的时代背景下，选择生态内生型可持续旅游经济发展方式，既是由旅游经济的发展目的和本质特征决定的，也是旅游业发展的实际需要所做出的必然选择。

1.3 研究思路和框架内容

1.3.1 研究思路

本书在生态马克思主义经济学和可持续发展经济学的理论平台上，对由自然生态系统和社会经济系统复合而成的旅游生态经济社会系统进行了深入分析，并揭示了旅游生态经济系统运行的主要矛盾，指出解决矛盾的核心在于旅游经济发展方式的转变。事实表明，当前，无论在理论界还是业界，转变传统的旅游经济发展方式都是必须解决的问题。

旅游经济的发展方式与旅游经济的发展状态、发展轨迹和发展趋势密切相关，选择什么样的旅游经济发展方式，直接决定了旅游经济的发展走向与发展质量。事实表明，诸多困扰我们的旅游经济发展的现实问题可以说就是单纯追求经济增长的以生态外生为特征的旅游经济发展方式所造成的恶果。这种旅游经济发展方式对应的是工业文明时代的发展观和经济理论，是导致当前旅游经济发展中各种不可持续问题的重要根源。所以，将生态要素排除在发展框架之外的传统旅游经济发展方式正面临严重危机，必将被新型的旅游经济发展方式所取代。

因此，深刻反思传统旅游经济发展方式的理论前提、具体表现以及现实危机，并全面探析生态内生的可持续旅游经济发展方式的理论前提、基本内涵及全面解读具有重要意义。本书同时通过对两种旅游经济发展方式的理论基础、时代背景、发展理念及生态向度等方面进行深入比较分析，提出选择生态外生的可持续旅游经济发展方式才能符合旅游经济发展的现实要求。

尽管转变旅游经济发展方式有来自政治、社会、经济和自然等多方面的动因，但是，任何一种经济发展方式都有其自身的惯性和惰性，因此，要实现旅游经济发展方式由传统到可持续的过渡，实现由生态外生到生态内生的根本变革，并非是一个一蹴而就的过程。来自旅游经济发展的理论和实践都表明，要实现旅游经济发展方式的转型，无论在思想观念还是具体操作方面都存在诸多约束和限制条件。不清楚地认识到这些约束条件的制约作用和负面影响，不对这些约束条件有清楚的认识和战略性的解决办法，就无法寻找到谋求旅游经济发展方式转变的科学路径。

旅游经济发展方式的转变面临着来自诸多约束条件的巨大挑战，同时也被政治、经济、社会和自然等因素赋予了多重动力。如何在阻力和动力之间找到节点，突破阻力约束的限制和束缚，充分发挥动力因素的驱动作用，积极探寻旅游经济发展方式转变的具体路径，并从政策、法律和社会等方面给路径转变以支持和保障措施，确保在旅游经济发展方式转变过程中减少各种利益冲突，从而实现旅游经济复合系统中自然生态系统与社会经济系统的和谐有序发展成为需要面临的主要问题。

1.3.2 研究框架

本书的研究以生态马克思主义经济学的理论主线生态内因论为研究视角和理论平台，以“基础研究—理论研究—现状研究—对策研究”为研究脉络，从探讨旅游生态经济社会复合系统的运行与旅游经济发展方式之间的关联入手，在理论层面上对生态外生型传统旅游经济发展方式与生态内生型可持续旅游经济发展方式进行系统反思和解构，在实践层面剖析旅游经济发展方式转变的主要动因和多重约束，探寻旅游经济发展方式转变的主要路径；并试图以生态内因论为理论核心构建一个较为系统完整的旅游经济发展方式转变的理论研究框架，如图 1-1 所示。

1.3.3 内容结构

第 1 章：导论。阐述了本书研究的现实背景和理论背景，对相关研究文献进行梳理和评价，确立本书的研究框架和基本内容。

第 2 章：旅游经济发展复合系统的理论辨识。阐述了旅游生态经济社会复合系统的理论基础、内在关系及有机构成，探讨旅游生态经济社会复合系统的矛盾运动，指出旅游生态经济社会复合系统矛盾的解决必须依靠旅游经济发展方式转变，并提出了可持续旅游经济发展方式的三维动力机制。

第 3 章：两种旅游经济发展方式的比较分析。首先对生态外生型的传统旅游经济发展方式进行了反思；其次对生态内生型的可持续旅游经济发展方式进行解析；最后对两种旅游经济发展方式从 4 个方面进行了深入比较：①时代背景的比较：从工业文明时代的传统旅游经济发展方式到生态文明时代的可持续旅游经济发展方式；②理论基础的比较：生态外生型的传统旅游经济发展方式以传统经济学为理论基础，而生态内生型的可持续旅游经济发展方式以新经济学为其理论基础；③发展理念的比较：从传统旅游经济发展方式的经济无限增长到可持续旅游经济发展方式的生态经济协调发展；④生态向度的比较：传统旅游经济发展方式的生态外生特征到可持续旅游经济发展方式的生态内生特征。

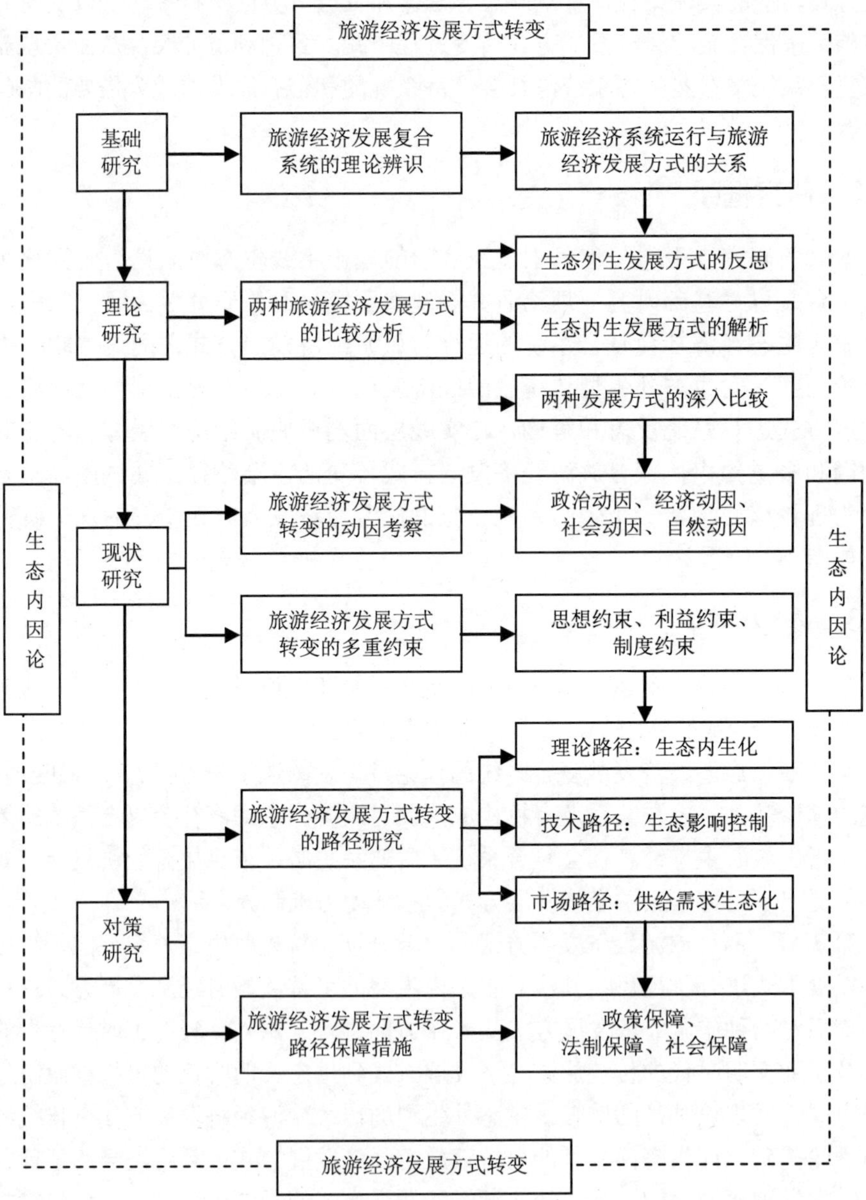
旅游经济发展方式转变
基础研究
旅游经济发展复合系统的理论辨识
旅游经济系统运行与旅游经济发展方式的关系
生态外生发展方式的反思
理论研究
两种旅游经济发展方式的比较分析
生态内生发展方式的解析
两种发展方式的深入比较
旅游经济发展方式转变的动因考察
政治动因、经济动因、社会动因、自然动因
生态内因论
现状研究
生态内因论
旅游经济发展方式转变的多重约束
思想约束、利益约束、制度约束
理论路径：生态内生化
旅游经济发展方式转变的路径研究
技术路径：生态影响控制
市场路径：供给需求生态化
对策研究
旅游经济发展方式转变路径保障措施
政策保障、法制保障、社会保障
旅游经济发展方式转变

图 1-1　研究框架

第 4 章：旅游经济发展方式转变的动因考察。转变旅游经济发展方式有来自政治、经济、社会和自然等多方面的动因。政治动因主要表现在科学发展观的全面落实、生态文明时代的到来以及和谐社会、“两型”社会建设的要求等；经济动因主要表现在旅游经济自身发展面临升级转型、旅游市场生态需求不断升温、旅游生态补偿机制有望完善以及旅游循环经济正在逐步推广等方面；社会动因主要表现在社会环保意识的觉醒、旅游方式的绿色转变等方面；自然动因主要表现在旅游经济发展对生态基础的需求量和依赖度增大与旅游经济发展对生态基础的破坏十分明显等方面。

第 5 章：旅游经济发展方式转变的多重约束。对旅游经济发展方式转变的思想、利益及制度等多重约束进行详细分析，具体表现在旅游经济发展方式的转变在思想约束上存在理论弊端、观念误区和认识偏差等状况；在利益约束上存在生态经济利益博弈的尴尬困局与社会经济利益主体的多重矛盾等情况；在制度约束上主要表现在旅游生态要素的产权制度需要革新、旅游资源的生态补偿机制尚未建立等问题。

第 6 章：旅游经济发展方式转变的路径研究。在旅游经济发展方式转变的动因考察和约束分析的基础上探寻旅游经济发展方式转变的具体路径，包括理论路径、技术路径和市场路径；并从政策、法律和社会等方面给予路径转变以支持和保障措施，确保在旅游经济发展方式转变过程中减少各种利益冲突，实现旅游经济复合系统中自然生态系统与社会经济系统的和谐有序发展。

结论部分对本书观点进行总结和概括，并指出不足之处。

第2章

旅游经济发展复合系统的理论辨识

导致旅游经济在某种程度上的畸形发展的重要原因是将旅游经济作为一个单向度的孤立系统来研究，割断了其与社会系统、生态系统之间的天然联系。现存的基于无限制的经济增长前提的经济范式和旅游经济发展方式将会使旅游经济的发展陷入不可持续的深渊。从系统学观点来看，旅游系统应该是一个由经济系统、社会系统和生态系统有机构成的复合系统（即旅游生态经济社会复合系统），三部分之间互相关联、作用和制约。本章力图揭示旅游生态经济社会复合系统的基本矛盾，以及寻找旅游复合系统运行状态和旅游经济发展方式之间的内在关联。

2.1　旅游经济发展复合系统的理论审视

对于旅游经济进行研究的文献，大多集中在对其经济指标、经济效益的考察上，重点解决怎样提高旅游经济的发展速度和水平，至于旅游经济的发展和社会进步、文明发展以及生态改善之间的关系则很少体现。这实际上是将旅游经济作为一个单向度的孤立系统来研究，割断了其与社会系统、生态系统之间的天然联系，导致了旅游经济在某种程度上的畸形发展。鉴于此，本书首先从系统角度对旅游经济系统进行全面深入的考察，以理清旅游经济系统与社会系统和生态系统之间的关系，揭示旅游生态经济社会复合系统的基本矛盾，探寻支配旅游生态经济社会复合系统的基本规律和准则，寻找旅游复合系统运行状态和旅游经济发展方式之间的内在关联。

2.1.1　旅游生态经济社会复合系统的建立

旅游经济的发展一直以来过分集中于经济系统的业绩增长和财富增加，而忽略了由经济发展所引起的生态系统健康与人类社会福利之间的冲突。然而无论是旅游经济的实践探索还是旅游经济的理论变革都越来越倾向于承认这样的事实：旅游经济系统是建立在更广大的生态环境系统之上的，继续以能够提供多少旅游产品、创造多少物质财富来衡量旅游经济成功与否的状态必将面临自然的极限和社会的极限，现存的基于持续的、无限制的经济增长前提的经济范式和旅游经济发展方式将会使旅游经济的发展陷入不可持续的深渊。

因此，旅游生态经济社会复合系统研究是将生态系统、经济系统和社会系统的发展整合在可持续发展框架中，考察经济系统、社会系统与生态系统之间的相互作用和反馈关系，以便深入探索旅游生态经济社会复合系统的复杂性和不确定性，真正解决旅游经济发展中的实际问题，为旅游经济发展的正确决策提供依据。

2.1.1.1　旅游生态经济社会复合系统的理论基础

旅游生态经济社会复合系统实际上就是把旅游经济运行作为一个系统来研究和运作，通过谋求旅游经济系统构成要素间和旅游经济与外部相关系统间联系的科学化、合理化，形成有序的、优化的系统结构，并在优化系统结构的追求中提高旅游经济系统的整体素质以谋求旅游经济整体功能的最大化。

（1）多维协调发展的系统理论。从系统学观点来看，旅游系统是一个由经济系统、社会系统和生态系统有机构成的复合系统，三部分之间互相关联、作用和制约。

旅游经济系统和社会系统从自然生态系统输入物质和能量，经过加工、处理和转化来满足旅游经济发展和人类自身的需要。同时，旅游经济社会系统也向自然生态系统输出物质和能量，其结果改变乃至破坏了自然生态系统的结构和正常功能，形成了对自然生态系统的污染。这种输入—输出关系就是旅游经济社会系统和旅游自然生态系统的相互关系问题，也就是通常所说的人与自然的关系或人与环境的关系。旅游经济发展中所面临的环境污染、资源破坏、生态退化等问题，都是经济社会系统和自然生态系统之间关系恶化和紧张的表现，其根源皆来自人类旅游经济活动本身。根据系统科学的理论，我们应从旅游生态经济社会复合系统整体演化规律、系统组成部分之间相互作用规律，特别是旅游经济活动对旅游自然生态系统相互影响出发，来处理旅游经济社会系统和旅游自然生态系统的关系，要使它们之间相互协调发展，形成良性循环，既能保证旅游经济长期稳定发展，又能实现旅游生态改善、资源保护和环境优化。

世界文明发展到今天，随着工业文明高度发展，人类实践活动的广化和深化，人类社会生产和生活过程和自然界的生态过程已经完全相互交织、相互融合而浑然一体。今天，在现实世界系统中，把它区分为自然界和社会只有相对意义，而人、社会和自然之间的相互交织和相互融合比它们之间的相互区别更为重要。因此，当今维系人类生命和非人自然生命形式的这个濒临失衡的球体上，客观存在的只是自然生态和社会经济互相依存、互相制约、互相作用、互相转化的生态经济社会有机整体，达到"生态—经济—社会"复合系统高度整合、整体优化、良性运行与协调发展。[①]

因此，旅游生态经济社会复合系统既不是单一的经济社会系统，也不是单一的自然生态系统，而是由于人类旅游经济活动介入生态系统，以劳动形式作用于自然生态系统所形成的自然生态要素和社会经济要素共存，并相互作用的对立统一体。它是一个具有独立要素、结构和功能，具备自身性质、特点和发展规律的复合系统。鉴于旅游生态经济社会复合系统的观念，人类的旅游经济活动必须在一定的生态空间进行，都必须依赖于旅游资源的供给和生态环境的消耗。旅游生态经济社会复合系统不能脱离自然生态系统而存在，在旅游生态经济社会复合系统中，自然生态系统是整个系统的基础；同时，经济社会系统则逐渐对整个系统的变化起着主导作用。自然生态系统对整个系统的基础作用表现在：生态系统为经济系统提供了物质基础。经济系统所有运转的物质和能量，都是人类通过劳动从生态系统中取得的，所以，旅游经济系统离开自然生态系统是无法存在的。与此同时，旅游生态经济社会复合系统也无法脱离经济社会系统而独立存在，因为它是由人的活动支配的，系统的结构、功能直接与人的活动有关，并且深受社会制度、经济条件、科技发展水平的制约；在尊重客观规律的前提下，旅游经济复合系统可以按照人的主观愿望进行适度改造，生态效益是经济效益的基础和前提，经济效益又是生态效益的必然和保证，撇开旅游经济活动的单一生态系统是不存在的。

（2）可持续发展理论的生态内因论。可持续发展理论在认识旅游生态经济社会复合系统的结构方面，主要关注永远处在变化之中的自然生态系统、经济系统和社会系统三者的耦合关系。在该复合系统的演化过程方面，主要关注自然生态系统、经济系统和社会系统形成的集合体演化的规律性；在该复合系统的功能方面，主要关注这一演化进程是否朝着和谐、公平与效率三者协同方向发展。同时，它认为虽然旅游经济复合系统的复杂结构及其复杂的演化过程是不依赖人们意志而转移的客观规律变动的客观过程，但它可以为人们所认识。但由于旅游经济复

① 刘思华：《刘思华文集》，湖北人民出版社，2003年第1版，第479页。

合系统结构及演化过程的复杂性，人们要在实践、认识、再实践、再认识过程中通过不断反复进行的信息反馈过程，才能逐渐掌握其客观规律。①

生态内因论作为可持续发展经济学主要的理论主线，深刻阐释了自然生态系统对于旅游经济复合系统的主要意义和作用。生态内因论克服了过去所有的经济增长与发展理论关于生态环境外生假定的根本缺陷，转向在生态环境内生假定下考察现代经济发展及可持续性的源泉，将生态变迁、生态创新这一长期经济可持续发展最基础的决定因素视为可持续发展经济系统的内在力量，指出生态环境不仅是现代生产力运行的外部环境，而且是现代生产力发展的内在因素，成为现代生产力稳定运行与健康发展的基本要素。生态环境与经济社会发展正在形成一种新型的关系，环境变迁、生态发展将日益决定现代经济发展模式、道路方向和发展趋势，使生态环境日益成为现代经济社会发展的内生力量。②

基于可持续发展理论的生态内因论的基本观点，旅游经济的复合系统得以可持续发展的基础，就是自然生态系统。因此，旅游经济的发展不可能脱离自然生态系统的支撑而独立存在，旅游经济不可能是一个单向度的独立系统，而必须是建立在生态系统基础之上的多维复合系统。

2.1.1.2　旅游生态经济社会复合系统的关系分析

旅游生态经济社会复合系统概念的提出即是要促进旅游经济社会系统与自然生态系统之间相互作用关系的协调、优化，促进旅游经济可持续发展。因此，必须深入研究系统之间的关系，使系统处于协调运转状态。

（1）系统之间的耦合关系。一直以来，旅游经济的传统发展方式正是忽视了经济系统、社会系统与生态系统的整体性和关联性，人为地割裂了自然生态系统与经济社会系统的内在联系。其价值取向必然是把对自然界的征服和改造程度视为人类超越自然界其他生物的标志，成为人的主体性上扬的表征。在旅游经济发展中的具体表现就是片面追求旅游经济效益最大化、旅游经济快速发展，最大限度地满足旅游者现实和潜在的旅游需求，甚至不惜掠夺式地开发旅游资源，无节制地拓展旅游市场需求，诱导和促进旅游消费，这些如果只在旅游经济子系统内部考虑，无疑都是符合经济学最基本的原理和规律的，但这种传统的旅游经济发展方式却忽略了系统的环境适应性。任何系统都处在特定的环境中，处在一定环境之中的系统永不止息地与外界进行物质、能量和信息的交流。这是系统与环境相互联系的具体表现。旅游经济子系统的发展也离不开一定的环境，微观的市场

---

① 蒋洪强、曹东、王金南：《环境-经济系统整合模型的构建研究》，《中国人口・资源与环境》2004 年第 4 期。
② 刘思华：《关于发展可持续性经济科学的若干理论思考》，《经济纵横》2008 年第 7 期。

与宏观的政策都是经济系统的外部环境，生态环境也是任何经济系统的一个不可忽视、具有强限定性的外部环境。旅游经济子系统对环境的作用和功能使经济系统的运行和过程都受到自然系统、生态环境的外部制约，忽视这种作用，任其发展，必然导致经济发展对生态系统的破坏。①

因此，旅游生态经济社会复合系统是由自然生态系统和经济社会系统相互交织、相互作用、相互耦合而成的，是具有特定功能和结构的复合系统，既包括自然要素、生态要素、环境要素、资源要素，也包括社会要素、技术要素和经济要素。自然生态系统是客观存在的，其自身能够自主地进行物流、能流的循环，并具有规律性。这是不以人的意志为转移的。人类的旅游经济活动只能遵循生态系统的固有规律，充分利用生态系统提供各种旅游资源和自然环境才能有效运行。资源和环境的差异性和多样性也是旅游经济子系统中旅游产品多样化的客观基础。旅游经济子系统通过各种科学技术手段，直接或间接地从生态系统中获取各种生态要素，产出社会所需的旅游产品及服务，生产和消费的剩余和残渣再输入自然生态系统。这种关系总的表现为自然生态系统是基础，经济社会系统是主导，这种主导既有正向的作用又有负向的作用。片面追求旅游经济效益和旅游经济发展速度，并不能保证使旅游生态经济社会复合系统整体处于最优状态，生态经济平衡、人与自然协调发展才是旅游生态经济社会复合系统发展的最终目标。

（2）系统之间的辩证关系。旅游自然生态系统和经济社会系统的关系既是对立的，又是统一的，但从根本上说是统一的。这是由旅游生态经济社会复合系统内部存在的基本矛盾及矛盾转化的条件所决定的。

旅游生态经济社会复合系统内部不同子系统存在着各自的运动规律，有质的差别。仅就经济系统而言，就是要达到最大产出水平，以满足旅游者日益扩张的旅游需求，即经济系统存在着经济增长不断扩张的驱动机制，这正是社会经济系统在整个旅游复合系统中主导性、能动性的表现。而自然生态系统是一个自然的供给系统，自然生态系统演替的目标是达到顶级稳定状态，并力求维持长期的相对稳定格局；自然生态系统的基础性作用还表现在经济系统的生产能力受到生态系统有限供给能力的制约，因此，旅游复合系统供给能力受到生态系统的有效制约，即存在有限性。自然生态系统供给有限性和经济社会系统需要扩张无限性之间的对立关系是旅游生态经济社会复合系统最基本的矛盾，而且这种矛盾存在着日益尖锐化的趋势：一方面在一定时期内形成前所未有的产出水平，提升了人类的旅游体验和生活质量；另一方面旅游资源消耗加剧，生态环境严重破坏，恢复

① 高建中、侯军岐：《生态经济的系统思维与辩证思维》，《生态经济》2003 年第 10 期。

生态平衡的技术却严重滞后，而且这种差距还在加大，并不受国界影响。同时，这种尖锐化的矛盾还将长期存在。

（3）系统之间的统一关系。这种统一关系是由旅游生态经济社会复合系统的本质属性所决定的，自然生态系统是经济社会系统的基础，自然生态系统先于经济社会系统存在，经济社会系统是在自然生态系统的基础之上产生并发展的。

人类所有的旅游经济活动都是在自然生态系统中进行的，离开了生态系统的物质、能量供给，离开了生态系统优美的自然风光和优良的生态环境，旅游经济子系统的发展就成为无源之水、无本之木。另外，旅游经济活动又影响、改变着自然生态系统原有的面貌和秩序。这都说明自然生态系统与经济社会系统是统一的整体，二者具有不可分割的联系。这种关联性决定了旅游经济平衡的实现有赖于生态平衡这一必要条件，要求人们在旅游经济实践中遵循旅游经济复合系统的运行规律——不仅是经济规律，还有生态规律，在取得社会、经济发展的同时又能维护生态平衡，在良性的生态系统中保证旅游经济的良性循环。

旅游生态经济社会复合系统的运动具有规律性，说明人类可以通过掌握其运动的特性，进而有效调节和控制旅游经济的运行过程，使之既符合经济目标，又尊重生态准则。这一过程也正是人类遵循生态规律和经济规律的内在要求。这个系统主要受人类旅游经济活动的驱动，其可控性正是人类对旅游经济进行宏观和微观管理的主要依据。利用系统的反馈机制，把经济活动导向促进生态经济平衡、协调发展的良性循环。但可控性并不意味着人类是生态系统的主宰，可以为所欲为。在一定社会发展阶段和一定科技发展水平下，人类对生态规律和经济规律的认识程度和驾驭能力是具有一定局限的，这也是生态经济系统可控性的条件。①

2.1.2　旅游生态经济社会复合系统的有机构成

2.1.2.1　旅游经济子系统

经济子系统是生产力系统和生产关系系统在一定自然环境和社会制度下的组合。社会生产力和生产关系的相互作用，又是通过社会再生产过程中生产、交换、分配和消费的循环运行进行的，再加上适应这种经济活动与经济运行的组织方式、方法、制度和机构系统，就构成了一个经济子系统。②

旅游经济作为国民经济的一部分纳入国民经济运行系统之中，与国民经济总体及其他子系统、旅游业内部各部门以及旅游业整体之间存在着复杂的系统关系。

---

① 高建中、侯军岐：《生态经济的系统思维与辩证思维》，《生态经济》2003 年第 10 期。

② 王玉芳：《国有林区经济生态社会系统协同发展机理研究》，东北林业大学博士论文，2006 年，第 32 页。

旅游经济子系统是在一定的社会、经济、文化、环境背景下，以旅游业生产力六要素，即吃（旅游餐饮业）、住（旅游宾馆业）、行（旅游交通业）、游（旅游景观业）、购（旅游商品业）、娱（旅游娱乐业）为核心，以旅行社为产业龙头，由一系列行业部门组成一个开放的复杂系统。旅游经济子系统包括：

（1）旅游产业系统。包括旅游交通、旅游游览、旅游住宿、旅游餐饮、旅游购物、旅行社、娱乐等部门。这些部门按递进关系横向构造旅游产品形成旅游产业链，满足旅游者在旅游活动中的行、游、吃、住、购、娱等各种基本旅游需求。这些部门彼此相互关联、相互作用，在为旅游者服务这个共同宗旨下形成一个大的产业系统。其中每一个产业的经济活动都是以其他产业的经济活动为基础的，经济规模的变化也都是与其他相关产业经济的变化相联系的。

旅游产业系统的变化可以反映各类经济资源和要素（如资金、劳动力）在旅游经济的各个产业之间的配置状态，并通过一些特定指标（如某个特定时期内旅游总收入、旅游总利税）反映旅游经济总产出水平。

在旅游产业系统内部，由于历史的原因，加上我国还处在经济体制转轨时期，旅游产业的综合性与部门分割的矛盾十分突出，而且随着旅游经济的发展这一矛盾变得越发尖锐。特别是旅游的产业内部各子系统之间联系的人为障碍，割裂了旅游经济的内在联系，难以实现一体化经营与管理，制约了旅游经济子系统的健康发展。①

（2）旅游地域系统。旅游地域系统是由旅游资源在旅游系统（或旅游环境）中的主体地位决定的，是旅游产业结构和旅游产品结构的空间形式，表现为一定区域内旅游资源的合理配置与协调。各种旅游资源及其依托的自然生态环境都不是孤立存在的，无论是已有的旅游资源，还是新开发的建设项目，都要将其置于国家整体旅游资源系统中形成吸引物体系，增加其整体功能。反对近距离重复建设，讲究以交通主干线为联系纽带的串联路线结构效应，减少不正当竞争，使各部分充分发挥其效应。旅游地域系统要重视各功能区的合理组合，在中小尺度的旅游景区、景点的开发应用中，贯彻综合协调、方便管理、利用保护并充分满足旅游者需要的原则，使各种特色游览区、娱乐活动区、住宿等生活服务区、管理用地区和商业购物区等在地域上有机组合。

（3）旅游组织系统。指构成旅游经济的各行业、部门机构和旅游企业机构的设置，以及旅游企业的规模等。它一般包括旅游行业组织机构、旅游企业规模结构以及旅游企业内部的组织结构等。各旅游企业群体由于其服务内容、规格与档

---

① 佟玉权：《区域旅游系统结构优化的理论研究》，《辽宁教育学院学报》1998 年第 2 期。

次等差异，应该坚持以市场需求为导向，同时立足于本地区资源状况实现规模、数量和结构优化，使不同企业群体的数量、质量及其布局科学合理，面向不同的目标市场，实现功能互补。我国旅游产业发展起步晚，旅游企业规模偏小，旅游企业现代企业制度建设滞后等旅游产业结构方面存在的问题必然较多，影响了旅游产业经济效益的提高和旅游企业市场竞争力的提升。要加快旅游企业现代企业制度建设的进程、理顺产权关系、明确责权利，旅游产业经营上实现大型旅游企业集团化、中型旅游企业专业化、小型旅游企业网络化经营的经营战略，走规模化经营、质量型经营、效益型经营的发展道路。

（4）旅游产品系统。旅游产品是指旅游经营者为满足旅游者在旅游活动中的吃、住、行、游、购、娱等各种需要，凭借各种设施、设备与环境条件向旅游市场提供的全部服务要素之总和。①

目前我国的旅游产品在种类、数量、质量和结构上尚与市场需求存在一定差异，旅游产品的生产需要随着旅游需求的多样化和个性化趋势，向个性化与专业化发展，重视相互协作与结构优化，针对不同旅游规模与旅游消费倾向（如习惯性消费内容、新的消费时尚、消费档次等），根据不同旅游目标市场设计具有不同内容、不同档次和不同时间分配组合的旅游产品。这就客观上要求旅行社、旅游饭店、旅游交通企业与旅游景区、景点与各项旅游服务接待设施之间在数量、质量上比例保持协调一致，实现旅游各部门的一体化经营，取得旅游产业的规模效益，既最大限度地满足旅游者需求，同时又尽可能节约资源、减少成本，以达到经济效益与社会效益的统一。

旅游经济子系统是以旅游地域系统为基础、以旅游产业系统为主体、以旅游组织系统为保障、以旅游产品系统为特色的开放式复杂式动态系统。旅游经济子系统的发展要受到错综复杂的利益主体关系的影响，并最终将会影响旅游经济生态社会复合系统的协调度。因此，在旅游经济子系统的发展过程中要重视协调好这些不同利益主体的关系，要建立一种生态友好型的旅游经济结构或体系。

2.1.2.2　旅游社会子系统

马克思认为社会作为一个有机整体，是通过生产力和生产关系的更替不断演进的。社会系统是由社会人与他们之间的经济关系、政治关系和文化关系构成的系统，是由作为社会主体的人按照一定的社会形式组织起来，在从事各种社会活动的过程中，通过与自然环境之间和人际之间的物质、能量、信息的交换，实现

---

① 佟玉权：《区域旅游系统结构优化的理论研究》，《辽宁教育学院学报》1998 年第 2 期。

人类自身发展的有机整体。[①]社会系统的要素是个人、人群和组织，联系是经济关系、政治关系和文化关系。旅游社会子系统[②]是指与从事旅游生产经营活动有关并根据一定的规范和制度组合而成的社会群体和社会组织。它包括以下要素：

（1）旅游消费者。旅游消费者就是暂时离开常住地，通过游览、消遣等活动，以获得精神上的愉快感受为主要目的的人。旅游消费者的动机包括满足如学习工作之余出去放松自己、锻炼身体的生理和心理需求；增长知识、开阔眼界的精神文化需求；提高自己的社会威望的社会需求；以结交新的朋友、巩固社交网络的社交需求；家人之间、情侣之间、亲朋好友之间增进感情的人际需求以及实现自我价值、追求自我解放的最高层次。

旅游消费者的行为既是经济行为，也是社会行为，还是生态行为，因为其对旅游地社会文化的影响和自然生态的影响都不容忽视。第二次世界大战后，出现了以大规模的客流为特征的“大众旅游”现象，这种旅游现象在给旅游消费者带来更多生活享受的同时，也给旅游目的地带来了前所未有的社会问题和生态问题。从旅游消费者行为角度来看，“负责任旅游”被认为是符合生态和社会伦理准则的旅游行为，意味着旅游者在旅游目的地必须遵守恰当的行为准则，尊重旅游目的地的文化、社会和环境。世界旅游组织在其提出的《全球伦理规范》基础上，提出了做负责任旅游者和旅行者的建议，认为旅游和旅行是自我教育、相互容忍和了解人民及其文化差异的过程，每一个人具有创造负责任旅行和旅游的责任，政府、企业和社区必须尽量在这方面起作用。建议游客采取下列“负责任旅游”方式旅行：对其他文化保持开放的意识，尊重人权，帮助保护自然资源，尊敬文化资源，采取对地方经济和社会发展作贡献的旅行活动，在出发之前了解目的地当前的健康情况以及其他要注意的紧急和咨询服务，尽量了解目的地，并花一定的时间去了解习俗、道德、传统，避免冒犯当地人民的行为。熟悉所要访问的目的地法律，以免做出被旅游目的地认为是违法的事情。[③]

可见，旅游消费者采取怎样的态度和行为，不仅关系到个人的旅游体验，也关系到旅游生态保护和社会文明进步乃至旅游经济的健康发展，因此，作为社会系统中重要构成者的旅游消费者理应采取负责任的旅游态度，促进旅游社会子系统与经济子系统和生态子系统之间的良好关系。

（2）旅游地社区。旅游地社区和旅游经济发展有着密切关系：社区居民为当

---

① 王玉芳：《国有林区经济生态社会系统协同发展机理研究》，东北林业大学博士论文，2006 年，第 35 页。

② 严格说来对社会系统的研究是一个非常复杂的命题，限于本书的研究目的和篇幅，在此仅将和本书研究密切的一些要素进行分析，并不说明这些要素涵盖旅游社会子系统的全部。

③ 张帆：《负责任旅游者行为特征探究》，《产业观察》2007 年第 36 期。

地旅游业发展提供较为充足的人力资源保障和民众支持，当地民众对旅游业及其相关支持系统的认知程度，从旅游业中受益的程度，都影响着居民对待旅游地生态资源环境的态度和行为；此外，影响游客体验质量的因素不仅包括旅游景观、服务因素，还包括游客所感知到的当地的好客氛围等方面。[①]只有当地社区积极参与旅游经济开发并从中获益，才有可能为游客提供高质量的旅游体验，维护旅游业赖以生存的高质量生态环境。但是当地居民一般受教育程度不高，缺乏基本的旅游从业知识和技能，所以旅游地社区是旅游社会子系统中的弱势群体，其地位和权益始终没有得到应有的重视，也正因为如此，才导致了在旅游经济发展过程中许多不和谐的现象。

旅游地社区是旅游资源所在地，也是当地居民世代从事生产、生活的地方。我国法律规定资源国有或土地集体所有，但土地集体所有权的模糊不清导致了权利真空现象，没有一个人知道究竟谁拥有土地及其资源，因而当地居民也就不知道可以凭借什么来维护自己的权利。这使得地方政府介入土地和旅游资源的使用和管理，当地居民反而丧失了应有的财产权利。在许多旅游目的地，当地居民没有享受相应的旅游收益分配，这在很大程度上损害了当地居民的利益，也导致了旅游开发的社会成本的上升。旅游开发征用居民所使用的土地，而居民所得到的有偿使用或拆迁补偿费远远低于资源的商业使用价值，在开发商以很低的代价获得资源使用权的同时，居民的利益受到严重损害，有时补偿还不到位，有的因失去传统生计而失去生活保障，陷入困境。一些地方政府热衷于旅游的商业化开发，严重破坏了旅游资源的生态性。在一些旅游开发中，政府主导模式往往追求的是短期政绩和旅游经济效益，旅游投资者享有“谁投资，谁受益”的政策。“印象·刘三姐”景区的开发带来了河流污染、各类噪声和对漓江生态的破坏等问题，从目前来看虽然当地居民获得了一定的经济利益，但是从可持续发展观来看，环境的破坏会对当地发展旅游带来很大的影响，利益受到损害的是世世代代生活在当地的居民。旅游开发投资商用经济来补偿的办法并不是长久之策。[②]

因此，确保旅游地社区居民利益得到实现，改善当地民生，对旅游地社区居民进行相关的旅游教育和培训，才能让当地人拥有参与本地旅游开发的知识和能力，有能力进入即将建立和经营的提供高质量旅游服务的企业和机构，从旅游开发中受益，成为实现旅游经济可持续发展的重要保障。

（3）公众。公众是对旅游经济发展有实际或潜在利害关系和影响力的个人和

---

① 张言庆：《面向旅游地社区居民的教育和培训是旅游可持续发展的重要保障》，《中国旅游报》2009 年 6 月 10 日。

② 宋凤双：《浅谈旅游地社区居民利益》http：//www.jianguohuijing.com/Article/ShowInfo.asp？ID=334。

群体。其中，金融公众包括银行、证券公司等金融机构，对旅游经济发展的资金支持和保障有直接影响；政府公众主要指各级各类政府管理部门，他们制定和出台各种与旅游经济发展直接或间接相关的政策法规制度，引导旅游经济的发展和走向；媒体公众包括各种新闻从业人员，他们通过舆论报道监督旅游经济发展中的问题，弘扬旅游经济发展中的健康倾向，规范旅游经济发展中的行为；群众团体是如消费者保护组织、动物权益保护组织等群体，他们客观上起到维护旅游市场公平、保护旅游消费者权益等作用；一般公众就是社会上的普通公众，他们对旅游经济发展具有评判、监督发表意见的权利。各种类型的公众通过不同的渠道和形式同旅游经济的发展产生着千丝万缕的联系，这种联系既有可能促进旅游经济的发展，又有可能对旅游经济的发展形成阻力，所以，旅游经济的发展必须充分考虑公众的意见和权利。

2.1.2.3 旅游生态子系统

在系统生态学中，所谓生态系统是指生命有机体与其周围环境形成的一个不可分割的整体。在这一整体中，生命有机体与其非生物环境因素，通过错综复杂的能量流动和物质循环相互作用，从而构成一个相对稳定的自然体，这个自然体就叫做生态系统。当今社会，由于人类活动对自然生态系统干预程度的不断加深，要找到完全天然的旅游生态系统已经不太可能，因此，旅游生态系统是在自然生态系统基础上，通过人类旅游活动对自然生态环境的适应与改造而建立起来的自然生态、旅游经济产业和地域社会文化复合体系。

旅游生态系统内部存在着具有不同节律特征和运行周期的各个子系统。自然生态系统中的动物、植物、微生物的生长、发育、繁殖和死亡的生命节律，无机环境的年周期、日周期的节律变化，由当地居民生产、生活方式所表现出的社会文化节律，还有旅游消费者的旅游活动及旅游经济活动的运营节律往往都存在一定差距，特别是旅游消费者的旅游活动节律与其他子系统的运行节律之间的矛盾非常突出。将这些具有不同节律特征的各个子系统组合在一起，其运行节律与活动周期必须协同，否则整个旅游生态系统就会变得无序，旅游经济也就不能健康持续发展。①

（1）旅游生态子系统的分类。

- 自然旅游生态系统和人工旅游生态系统。旅游生态系统是旅游目的地的居民、外来游客与其周围环境相互作用形成的一种特殊的生态系统，是以开展旅游活动作为其主要功能（或主要功能之一）的自然—经济—社

① 佟玉权、宿春丽：《旅游生态系统及其要素配置结构》，《生态经济》2008 年第 12 期。

会复合体。

根据旅游目的地的开发程度，可以分为自然型旅游生态系统和人工型旅游生态系统。前者主要是以自然状态存在的，人为加工、改造的成分较少，多为具有原始性、和谐性、脆弱性的纯自然旅游目的地，如自然保护区、国家森林公园等；后者是那些经过长期、深度人为改造或以人造为主的旅游目的地，如国家级旅游度假区、旅游城市等。

➢ 宏观旅游生态系统和微观旅游生态系统。从宏观尺度上讲，旅游生态系统是自然界中的岩石圈、大气圈、水圈、生物圈与人类社会圈层中的旅游活动圈相互结合而形成的复杂大系统，该系统可以看做是自然地理圈层与人类社会活动圈层相结合的一部分。由于旅游生态系统在地域上不构成连续的整体，而主要受人类旅游活动地域范围的限制，所以在中小尺度范围内，旅游生态系统是在自然生态系统基础上，通过人类的旅游活动对自然环境的适应与改造而建立起来的自然与人类的复合体系，表现为旅游目的地、旅游活动及旅游经济发展与它所依存的自然生态环境之间的相互依赖、相互联系、相互作用所形成的网络结构。

（2）旅游生态子系统的功能。旅游生态子系统具有旅游功能和生态功能的双重性特点。一方面，旅游地凭借区域内古朴、优美、清新的自然环境，拥有满足人们回归自然、返璞归真需求的天然条件，因而具有观赏、度假、养生、科学考察和科普教育等旅游功能；同时，现代生态学理论告诉我们：旅游生态系统也是整个地球生态系统的有机组成部分，作为特定的自然生态系统与环境，它又能通过其物质循环和能量流动使其具有生产生态产品、净化空气、涵养水源、保持水土、维持地域生物多样性和生态平衡、减缓甚至消除环境污染、减少自然灾害、保持人类生存环境稳定健康等生态功能。①

生态子系统的特殊性决定，只有保持该系统中各个生态因子之间的协同与平衡，才能使物质、能量及信息的输入与输出，既在数量上相对接近，又在质量上促进生态系统的适应和演进。只有生态系统的发展保持在持续、稳定和平衡的状态，才能通过旅游开发满足地方经济发展的需求，在现实和长远目标中提高旅游目的地社区居民的生活水准和生活质量；满足日益增长的旅游消费需求和旅游经济发展需求，继续吸引更多的游人，同时为旅游消费者提供高质量的旅游体验；维护作为旅游发展基本吸引力要素的资源环境质量（包括自然、人文和文化环境

① 佟玉权：《旅游生态系统的特点与研究方法》，《辽宁师范大学学报（自然科学版）》2000 年第 4 期。

要素)；保持或提高旅游业的综合实力和竞争力。[①]

（3）旅游生态子系统的问题。旅游生态系统问题的实质是旅游经济的发展与社会进步和生态改善之间未能实现平衡和协调所造成的，不仅导致了旅游地社区居民和外来旅游者之间的关系紧张，也使得整个旅游经济社会系统和自然生态系统之间产生了尖锐对立，最直接的问题就是旅游地生态环境质量的下降、旅游资源的退化和旅游产品的变味以及由此引起的旅游体验质量的下降。根据其成因，可分为原生生态环境问题、次生生态环境问题、社会生态环境问题 3 种类型。

原生生态环境问题是指由自然作用而引起的生态环境问题，包括因自然灾害引起的旅游资源和环境破坏以及自然因素（如风化等）而引起的旅游资源和环境质量的劣变；次生生态环境问题是指由于不合理的旅游活动、生产、生活等引起的旅游资源和环境的破坏、污染和价值降低等问题，包括因旅游经营者、管理者、旅游者不合理的活动造成旅游资源和环境的破坏、旅游活动及其他人类活动所产生的“三废”（废物、废水、废气）等而造成的旅游资源和环境质量下降（退化），以及建筑或其他景观与生态环境不和谐等；社会生态环境问题是指因人类社会经济畸形发展或政治动乱（如战争、恐怖事件等）所造成的生态环境质量降低或破坏。

其中，次生生态环境问题是最主要、最关键的表现形式，究其成因，既有源于旅游景区的“建设性破坏”和旅游者人为的生态环境破坏所造成的“内源性”破坏，也有源自旅游景区外围“三废”对旅游环境的污染以及经济建设对旅游环境破坏所形成的“外源性”破坏。无论是何种原因造成的何种形式的破坏，都极大地威胁了旅游生态系统的健康运行和良性循环，使其无法持续稳定地为旅游经济社会系统的发展提供必要的自然基础，因此，必须加强对旅游生态系统的维护和改善，将生态系统的建设纳入旅游经济发展的必要框架体系之内，使其成为旅游生态经济社会复合系统运行的前提和保障。

从以上的分析中可以看出，旅游生态经济社会复合系统是由旅游经济子系统、社会子系统和生态子系统耦合而成的复合系统，它不同于三个子系统的简单叠加，而是具有自身运行规律和发展目标的全新的开放式动态复杂系统。这其中，自然生态系统通过生态承载力和环境容量对旅游生态经济社会复合系统的发展规模、发展水平及其内部结构特征起到支配作用，而社会经济系统则通过生态足迹和旅游需求深刻地影响着旅游生态经济社会复合系统的整体面貌。旅游生态经济社会

① 耿庆汇：《旅游生态系统及其平衡与调控初探》，科学发展观与区域旅游开发研究——第十届全国区域旅游开发学术研讨会文选，2004 年。

复合系统能否得到健康发育取决于系统的环境容量与生态旅游需求在总量及其结构上的匹配关系，各子系统的最优并不等于系统整体功能的最优，复合系统的经济功能、生态功能和社会功能一般不能同时得到最佳发挥，必须综合平衡或有所侧重，才有可能达到整体功能的最佳状态。该复合系统的特殊性决定要改善和加强系统功能必须遵循自然规律、经济规律和社会规律的辩证统一，因此应把旅游经济发展、旅游资源开发利用、生态环境建设和社会文明进步等因素融入一个完整的旅游经济生态社会复合系统中，才能使各个子系统协调互动发展，实现旅游资源的持续利用、生态环境的稳定平衡、旅游经济的优化高效和社会文化的和谐进步。①

2.2　旅游生态经济社会复合系统的矛盾运动

社会经济系统和自然生态系统之间的相互作用一般认为可以形成 3 种状态：一是自然生态与社会经济相互促进、协调和可持续发展状态；二是自然生态与社会经济相互矛盾、恶性循环状态；三是自然生态与社会经济长期对立、生态和经济平衡都被破坏的状态。实际上，第三种状态是第二种状态的发展导致质变的结果，这两种状态都应称为不可持续发展状态，只有第一种才是目前被全世界公认的人类应选择的“可持续发展”之路，才是既满足当代人的需要又不危害后代人满足其自身需要能力的发展状态。所以，可持续发展是生态经济社会复合系统协调互动状态的功能体现。②

旅游生态经济社会复合系统的提出是一种新的旅游发展思路和模式，它建立在认识旅游经济运行新特点的基础之上，旅游经济是旅游供给与旅游需求的矛盾运动并由此产生的诸多经济现象和经济关系的总和，旅游经济的良性运行有赖于对旅游供求矛盾及相关经济现象与经济关系的系统分析、有效整合。③

2.2.1　旅游生态经济社会复合系统的多重矛盾

2.2.1.1　旅游经济增长需求无限和生态供给有限之间的矛盾

旅游生态经济社会复合系统的基本矛盾是：快速增长的旅游社会经济系统对自然生态资源需求的无限性与相对稳定的自然生态系统对自然资源供给的有限性之间的矛盾。在旅游经济发展实践中突出表现为人们快速增长的旅游消费需求和

---

① 佟玉权、宿春丽：《旅游生态系统及其要素配置结构》，《生态经济》2008 年第 12 期。

② 黄云平：《小议当代生态经济系统的矛盾运动》，《当代经理人》2006 年第 5 期。

③ 陈绍友：《旅游经济系统发展与发展系统》，《重庆师范大学学报》（哲学社会科学版）2004 年第 5 期。

自然旅游资源供给相对不足及生态环境容量有限所带来的挑战。

旅游生态经济社会复合系统首先是消耗系统，因此引出了旅游供给消费和旅游资源承载力的矛盾。没有对旅游资源的开发和自然生态环境的利用，旅游经济的发展是难以为继的，所以对旅游资源的消耗和对生态环境的利用存在边界，并非是毫无节制的。

旅游生态经济社会复合系统同时也是排泄系统，因此引出了旅游生产和消费过程中产生的污染和自然生态系统自净能力的矛盾。旅游产业看似无烟工业，但是实际上旅游经济的发展一样会产生垃圾和污染，成为破坏自然生态的重要根源。因此旅游经济活动也存在极限，不能超过自然生态环境的自净能力。

旅游生态经济社会复合系统还是一个活动系统，因此引发了经济社会系统的活动力和自然生态系统的环境容量之间的矛盾。自然生态系统是旅游经济活动的舞台，但是这种活动却时时给自然生态系统带来巨大压力，甚至超出环境容量。尤其是近年来随着旅游经济的高速发展，这种生态压力表现得尤为明显。

目前旅游经济的发展方式仍然以掠夺性地消耗旅游资源为主，给自然生态环境带来巨大压力，对旅游资源消耗利用以及对环境污染的增长速度要快于旅游经济的增长速度。随着旅游经济的迅速发展和旅游需求的不断增加，这种矛盾已经表现得越来越明显：一方面，人们的旅游需求不断呈几何级数增长；另一方面，由自然生态超负荷运转和环境污染而产生的自然生态的供给力却在不断缩小，其结果必然导致旅游生态系统矛盾的不断激化。[①]所以，旅游经济增长和环境污染、生态破坏、资源退化之间的矛盾是现阶段旅游生态经济社会复合系统基本矛盾运动的主要形式。

2.2.1.2 旅游经济扶贫意愿强烈和生态保护意识薄弱之间的矛盾

中国国家旅游局局长邵琪伟在2009年11月11日开幕的陕西省旅游产业发展大会上称，据不完全统计，中国通过发展旅游已使占贫困地区总人口约1/10的人实现脱贫。目前，中国乡村旅游每年约接待5亿余人次，旅游收入超过3 000亿元人民币，受益村（寨）达20 000多个，受益农民约2 400万。旅游经济发展的扶贫功能效果明显不言而喻。然而，一些贫困地区的人们脱贫心切，在利益的驱使下，急功近利，目光短浅，不考虑自然资源与环境保护的问题。如在规划中数量指标、利润最大化等经营性设计思想充斥其中；在开发中“竭泽而渔，毁林而猎”的现象屡见不鲜。对资源进行掠夺式的开发，将环保置于可有可无的位置，使许多原本环境优美的旅游地环境恶化，污染加重，导致旅游经济的扶贫功能和

① 佟玉权、宿春丽：《旅游生态系统及其要素配置结构》，《生态经济》2008年第12期。

生态环境保护之间的矛盾比较尖锐。

旅游扶贫就是在旅游资源条件较好的贫困地区通过旅游业的发展带动地区经济发展，进而脱贫致富的一种区域经济发展模式。[①]这些贫困地区往往区位条件差，基础设施薄弱，劳动力素质较低，吸引外资能力有限，而旅游资源却异常丰富。但是贫困的治理并不是一项随意的短期行为，否则就会使一些贫困地区在暂时脱离贫困之后又出现“返贫”现象，在这些地区旅游资源的富集性与生态环境的脆弱性是并存的，虽然旅游具有扶贫和促进当地社会经济发展的拉动效应，但是旅游经济是典型的资源依托型产业，对生态环境具有极强的依附性和依存性，良好的自然生态系统是其发展前提。因此，通过旅游扶贫，也必须协调旅游开发与生态环境建设，促进两个产业的互动，解决好经济发展和生态保护之间的矛盾。然而在面临上述矛盾时，无论是当地政府还是社区居民对于通过发展旅游经济来摆脱贫困的愿望都十分迫切。因此对于外来资本的投资几乎都是抱着欢迎的态度，至于其环境影响和评价则考虑得十分有限。而资本带有逐利的天性，在面临经济利益与生态利益冲突的时候，他们往往会自觉地选择牺牲生态利益来获取和维护经济利益，导致在很多旅游地消灭贫穷和保护生态环境的矛盾突出。因此旅游扶贫开发必须把生态保护放在首位，在开发中强化保护，做到严格保护，合理开发，强化管理，不能以牺牲旅游资源和生态环境为代价来换取一时的“繁荣”。

2.2.1.3　旅游经济发展的物质文明追求刚性和生态文明建设不足之间的矛盾

随着社会进步、经济发展、人口增长、生活水平不断提高，人类改造生态环境的能力和范围不断扩大，自然生态环境不断恶化，环境污染加重，自然灾害加剧，资源短缺，生态失衡。生态危机已经到了影响人类生存、社会发展进步和国家兴盛的地步，对此，在我国社会主义社会建设已经着力实施建设的物质文明、精神文明、政治文明三大文明基础上，提出必须重视的作为“三大文明”建设之后的第四文明——生态文明，作为人类文明体系的重要组成部分，作为我国社会主义现代化建设的第四个基本目标。[②]

目前，在追求经济发展的过程中，突出了经济发展与环境保护对立的一面，忽视了统一的一面，造成了生态环境急剧恶化。据原中国国家环保总局统计，每年因环境污染死亡的有 40 万人；每年的环境损失占国内生产总值的 10%，几乎和目前的经济增长率相当。世界银行的估计也与此类似，在 8%～12%，相当于每年 1 240 亿～1 860 亿欧元。这说明，环境污染和破坏造成的损失是惊人的，我们的

① 韦艳南、洪自力：《小议西部旅游扶贫与生态保护的关系》，《集团经济研究》2007 年第 10 期。

② 向赤中：《生态文明与物质文明、精神文明、政治文明》，中国环境生态网，2007 年 4 月 2 日。

收益被环境污染和破坏损失抵消，环境现状仍是十分严峻的。

旅游经济发展对生态环境具有最直接的影响和最明显的作用，重视旅游经济增长轻视生态环境保护建设是一直以来困扰和制约旅游经济发展的问题，成为当今旅游经济发展过程中生态经济矛盾的核心问题之一。事实上物质文明建设不能以失去生态文明为代价，只注重经济效益的物质追求，会造成严重的生态环境破坏，有的破坏甚至无法逆转，以牺牲生态环境作为代价来谋求旅游经济发展反过来又制约旅游经济发展。

长期以来对物质文明建设的过分关注和强调使得在旅游经济领域物质文明建设的需求和生态文明建设的需求也常常存在矛盾：用于生态环境保护、改善和建设的投资较少，物质文明建设和生态文明建设的投资比例严重失调，旅游供给和消费过程中产生的污染不断增多，已经给生态环境造成了破坏性的影响，这种影响甚至是不可逆的，不可修复的，造成了物质文明追求和生态文明建设的直接冲突，影响了和谐社会的建设。没有良好的生态条件，人类不可能在旅游活动中获得高质量的物质享受、精神享受和政治享受；没有良好的生态条件，人类自身就会陷入不可逆转的生存危机。因此，发展旅游经济不能只顾眼前的物质文明建设而忽视生态文明建设，一定要使二者保持合理比例关系，促进它们同步发展。

生态文明建设不仅包括生态环境保护、污染治理和维护生态安全，而且包括环境建设，修复环境，并且更应该加强生态文明意识形态建设，发展生态文化，培育生态道德。只有有了文明的生态意识，才能有符合生态要求的生活和生产行为。生态文明建设的目的就是使旅游经济建设与资源、环境相协调，实现良性循环，走生产发展、生活富裕、生态良好的文明发展道路，保证旅游经济和整个国民经济体系的永续发展。

2.2.2 旅游生态经济社会复合系统矛盾的解决：旅游经济发展方式转变

2.2.2.1 旅游生态经济社会复合系统矛盾运动对传统经济发展方式的自我否定

资本主义生产方式确立之后，特别是“二战”结束以后，人类社会迅速发展，物质财富大大增加，这当然归功于资本主义先进的生产方式。人们开始相信只要不断改进生产方式、大规模地投资、大规模地生产、大力发展工业，就可以无限制地征服自然、改造自然，就可以保证经济的高速增长，而经济的发展又会带动社会其他方面的发展，如政治的民主化、教育的发达、价值观念的更新、生活方式的变革等，人们沉浸在征服自然、改造自然的快乐中，人们期待着人类社会的全面发展。然而这种以经济为中心的发展战略是建立在消费大量不可再生资源的基础之上的。随着时间的推移，这种发展战略越来越暴露出局限性。进入 20 世纪以来，生态环境日益恶化，人口数量逐年增加，生态危机和人口爆炸已经严重制约了社会的发展。1972 年罗马俱乐部向世人展示了他们的第一份研究报告——《增长的极限》。该报告认为，地球上的资源是有限的，如果人口与经济无限度地增长，将超出资源的承受能力，甚至将耗尽资源，至此人类将面临生存危机。由此看来，传统的发展战略虽然在一定程度上实现了人类社会的发展，但它却造成了资源短缺、环境污染、政治动荡等问题，这种发展是畸形发展，有的学者把这种发展称为“无发展的增长”。①

自工业革命以来，传统经济发展方式主宰了现代人类几百年的历史进程，对旅游经济的发展方式也是影响深远。正是在传统旅游经济发展方式的驱使下，人类在旅游经济领域中取得了丰硕的物质成果和经济财富，旅游经济也成为世界范围内新兴的有活力的经济，甚至被视为传统工业文明背景下相对清洁的无烟工业和朝阳产业。然而当经济理性被无限放大之后，当人类开始片面地追求旅游经济的无限增长，却发现旅游经济已经陷入重重危机之中：旅游经济活动需求的无限扩大与生态系统负荷过重而供给能力相对缩小之间的矛盾日趋尖锐；旅游经济活动的不合理使污染迅速增加与生态系统净化能力及环境承载力下降的矛盾日趋尖锐。自然生态系统的供给能力正在上升为旅游生态经济社会复合系统矛盾的主要方面，成为旅游经济发展不可持续的深刻根源。

旅游经济发展中所暴露出来的种种问题已经表明，传统旅游经济发展方式只是把经济社会系统直接供给给旅游经济生产消费的物质定义为财富；而由自然生态系统直接供给给旅游经济生产和人们生命与生活的物质不视为财富，排除在旅游经济的生产与分配过程之外。这种否定生态要素作用、排斥生态资本、忽视生态成本的做法已经使旅游经济的发展付出了巨大代价，如果继续沿用传统旅游经济发展方式，就将会导致不可持续的巨大风险。

2.2.2.2　旅游生态经济社会复合系统矛盾运动对可持续经济发展方式的迫切要求

生态经济系统基本矛盾尖锐化并不能成为“增长极限”、“零速增长”、“反增长”、“反实现”等悲观论调的原因来看待未来世界的发展，而恰恰说明生态经济系统的生态与经济需要保持相互协调与和谐发展的内在要求。②

旅游生态经济社会复合系统的矛盾运动反映了人类对可持续旅游经济发展方式的迫切要求，可持续旅游经济发展方式强调人类在追求生存与发展权利时应保持与自然旅游资源和生态环境的和谐关系，强调当代人在创造和追求今天的旅游

---

① 黄云平：《小议当代生态经济系统的矛盾运动》，《当代经理人》2006 年第 5 期。

② 高建中、侯军岐：《生态经济的系统思维与辩证思维》，《生态经济》2003 年第 10 期。

经济发展与进行旅游消费时应承认并努力做到使自己的机会与后代的机会平等，是在旅游经济领域解决生态经济矛盾的新的发展思路。

可持续旅游经济发展方式调整和变革了人们旅游经济活动的价值体系，克服了传统经济发展方式用货币表现的一定时期内所生产的全部物质资料价值的产值观，认为现代社会旅游经济发展是人们为了提高物质生活和精神生活水平，以一定的生产关系联系起来，在保护自然生态环境和旅游资源的前提下，通过合理地改造自然、利用自然和开发自然，创造物质财富和精神财富的过程。它创造了新的生态经济价值观，使人们的旅游经济行为在不危及生态系统的前提下寻求当代旅游经济发展与生态系统协调的发展途径，使生态价值总量在旅游经济发展过程中不至于下降和大量损失，使旅游资源和自然生态环境的数量和质量得以保证旅游经济可持续发展，缓解生态系统供给不足的矛盾。

可持续旅游经济发展方式揭示了人类旅游经济活动与发展行为在创造正价值的同时，也存在创造负价值问题，要求人类尽量把旅游经济发展过程中的负价值降到最低限度。人类在旅游经济活动过程中的劳动，不仅在经济系统中凝结聚集抽象劳动形成商品价值，即正价值；而且也凝结聚集到生态系统中形成废弃物和污染，表现为旅游经济活动的负价值，废弃物和污染物排入自然环境，返回生态系统造成环境污染、生态破坏和旅游资源退化，结果使环境质量下降，生态资本损耗，又产生负价值。与此同时，人类在旅游经济活动过程中的劳动凝聚到生态系统并发生流转和传递，又会使生态系统功能发生变化：①增强生态系统的生态功能，创造生态价值而形成正价值；②削弱甚至损害生态系统的生态功能，使生态价值丧失而表现为负价值。因此旅游活动过程中人的劳动所创造的价值，并不一定都是正价值，也可能会表现为零价值或负价值。这就说明在旅游经济发展中必须消除无用的、有害的产生负价值的劳动，包括物质、精神、生态生产与再生产过程中的无用劳动和有害劳动，使旅游经济发展过程中最低限度地产生负价值，加强旅游经济过程中的生态文明建设，保障旅游经济的健康运行与良性循环，解决生态文明建设不足的矛盾。

在可持续旅游经济发展方式的指导下，只有正确地认识旅游生态经济社会复合系统的矛盾运动，才能正确处理好经济发展与环境保护、人与自然和谐等关系，才能保证我国旅游经济建设的顺利进行并使其取得应有的成效。如果对旅游生态经济社会复合系统矛盾不能形成正确的认识并使其得到合理的解决，则不但会造成生态环境破坏和污染，使旅游经济的发展受到严重影响、缺乏持续发展的动力，而且会给子孙后代留下沉重的包袱或负担，甚至是毁灭性的灾难。十六届三中全会提出的“五个统筹”，其中之一就是“统筹人与自然的和谐发展”，这是一条符合中国国情的可持续发展之路。实际上，只有人与自然的关系和谐了，生态系统保持在良性循环水平上，人的发展才能获得永续的发展空间，小康社会也才能最终实现。

2.2.3　可持续旅游经济发展方式的三维动力机制

2.2.3.1　生态可持续性、社会可持续性和经济可持续性相互适应

生态可持续性是生态资本存量非减性的表征，是旅游资源和生态环境质量对旅游经济社会系统可持续发展所具有的生态适应性。它要求人类维护旅游资源的生产能力，维护旅游生态系统的完整性和生物多样性，保持旅游环境总体状态的相对稳定与协调关系，从而使旅游经济发展保持在旅游生态系统承载力的范围之内，促使生态潜力的积蓄速度超过经济潜力的增长速度，实现生态资本存量至少不下降或有所提高。

经济可持续性是经济资本存量增加的表征，是旅游经济发展对生态和社会可持续发展所具有的经济适应性。通过科技进步机制和投入机制可以使旅游经济的发展更好地适应生态和社会的全面进步，旅游经济系统的可持续性和社会、生态可持续性是交织在一起的。旅游生态系统平衡若遭到破坏，会使旅游经济系统得不到足够的物质和能量，导致经济系统运动失衡；反之，对旅游生态系统的维护和改善所获得的生态效益，又必须依靠经济系统的支持，并随时间推移转化为经济效益和社会效益。

社会可持续性是人力资本存量增加的表征，是社会发展对生态和经济可持续发展所具有的社会适应性。社会可持续性既包括人们旅游活动中所追求的物质享受和精神享受，又包括人们对旅游生态环境和资源质量的生态需求。我们应提倡适度消费和文明旅游方式，通过旅游活动达到人与自然和谐统一的境界。

旅游经济发展是以生态可持续性为基础与以经济可持续性为主导相互适应、相互作用的协调关系，既不以牺牲旅游生态系统的利益为代价来换取旅游经济增长，也不以牺牲旅游经济系统的增长片面强调旅游生态系统的保护，而是在三种可持续性相互适应的基础上建立可持续旅游经济发展方式，实现旅游经济在生态、社会和经济三个维度上的良性循环和健康发展。

2.2.3.2　生态资本、人力资本、物质资本相互增殖

可持续旅游经济发展方式将价值、财富和资源配置的内涵拓宽到生态、经济和社会方面，使生态资本与人力资本和物质资本一起协同发挥作用，成为驱动旅游生态经济社会复合系统健康发展的“三驾马车”。

物质资本积累是促进旅游经济增长的重要因素，人力资本是旅游经济增长的

主要源泉，在可持续旅游经济发展方式的视野体系之内，生态资本与人力资本、物质资本一起成为社会总资本的重要内容，而且是旅游经济可持续发展的最基本制约因素和基础性决定作用。

生态资本对于旅游经济活动是一种有价值的具有基础性、公共性的自然资产，在市场经济条件下，人类社会经济活动如果使用和消耗了这种自然资产，或者活动过程和结果对这种自然资产造成损害，就必须按照生态资本保值增殖的要求设立“生态资源账户”，在价值上进行补偿，通过价值补偿保护和恢复生态资本原有的自然使用价值，保障从生态资本参与价值和剩余价值创造过程的能力不被逐步降低。人类旅游经济活动除了通过价值补偿保护修复生态资本外，还必须通过人类绿色技术、绿色金融、绿色管理等绿色实践活动，高效开发和节约利用生态成本，最大限度减少对生态成本的人为干预和破坏，实现生态资本量的累积和质的提高，扩大提升人类经济扩大再生产和可持续发展的自然基础。①

生态资本是存在于旅游生态系统内用于旅游经济活动的自然资产，但并非是“大自然的恩赐”。生态资本是资本体系存在的自然物质基础，离开这种自然物质基础，其他资本形态就无从谈起；生态资本是资本体系保值增殖运动的自然物质基础，生态资本的保值增殖决定其他资本的保值增殖，其他资本形态都必须反映生态资本保值增殖发展规律的要求，并接受生态资本的规定、制约和改造。②

传统旅游经济发展方式使人们将社会总资本仅仅视为物质资本，因而旅游经济活动只是追求物质资本的利用与增殖，而忽视人力资本和生态资本的有效利用和不断增殖，甚至为了尽快壮大物质资本而不惜牺牲自然资产和人力资源，造成人力资本和生态资本的极大浪费和严重破坏。只有在三类资本相互增殖的基础上建立可持续旅游经济发展方式，才能符合现代生产力发展和社会文明进步的客观要求，保持社会总资本存量增加，为旅游经济可持续发展提供必要前提。

2.2.3.3 生态创新、技术创新、制度创新相互作用

制度创新不仅是指物质生产领域的经济体制及其运行机制的变革，而且包括精神生产、人类自身生产和生态生产等领域的体制及其运行机制的变革，只有这样，才能实现物质再生产、精神再生产、人类自身再生产和生态再生产的相互适应与协调发展，才能促进物质资本、人力资本、生态资本相互增殖，从而确保经

① 张兵生：《生态资本：绿色经济与生态文明时代的基石》，《山西日报》，2009年11月23日。

② 张兵生：《生态资本：绿色经济与生态文明时代的基石》，《山西日报》，2009年11月23日。

济可持续发展。[①]

技术创新是旅游经济可持续发展的主要驱动力。旅游经济的技术创新应用体现在：①产品创新。如旅游景点的重构与再造，旅游纪念商品的设计、开发、制作，娱乐场所的改造，旅游线路和旅游方式的多样化创新组合等。②工艺创新。如交通、通信、食宿、游览、娱乐、安全、督察、旅游商务、受理投诉等与旅游相关的各项服务手段的改进。③功能创新。如运用最新的高科技手段多角度地开发旅游景点和休闲活动的文化内涵；对某些特殊景点和服务设施进行多功能化的综合设计；运用相应的宣传促销理念和手段改变或诱导游客，帮助旅游服务人员树立新的旅游观念，提高游客和服务人员的旅游文化档次等。[②]

生态创新包括旅游生态系统本身的变革、创造新的人工生态系统和经济社会系统生态化即社会生产、分配、流通、消费再生产各个环节生态化过程。[③]通过生态创新有目的地改变人与环境的生态关系，增加旅游生态系统运转的生态资本，增强旅游生态系统的转化功能，能够使旅游生态系统的结构和功能更好地适应旅游经济社会系统的发展需要，提高旅游生态系统适应现代旅游经济发展的供给能力和对旅游经济发展的支撑能力。

制度创新、技术创新、生态创新相互作用的可持续旅游经济发展方式推动着旅游经济的健康运行与可持续发展，它表明旅游经济发展过程中制度演变—技术进步—生态改善之间存在必然的、内在的、本质的联系，对于旅游经济运行和发展，制度创新具有保障作用，技术创新具有主导作用，生态创新则具有基础作用。

2.2.3.4　生态文明、精神文明、物质文明相互促进

旅游经济建设要追求物质文明、建设文明和生态文明的有机统一与协调发展。物质文明建设主要解决人们福利增加的物质需要，旅游是人类在现代物质文明高度发展基础上所形成的一种高层次的生活需求。精神文明建设主要满足人们全面发展的精神需要，旅游的本质是一种精神文化活动，发展旅游经济，人们通过参观、游览、观赏吸收古今中外文化的宝贵财富，增加知识，丰富阅历，可以提高国民素质，从而提高人力资本的质量。

生态文明既包含物质文明的内容，又包含精神文明的内容：生态文明并不是要求人们消极地对待自然，在自然面前无所作为，而是在把握自然规律的基础上积极能动地利用自然、改造自然，使之更好地为人类服务，在这一点上，它是与物质文明一致的。生态文明要求人类尊重和爱护自然，将人类的生活建设得更加

① 刘思华：《可持续经济的主要法则》，《刘思华可持续经济文集》，中国财政经济出版社，2007 年，第 248 页。

② 卞谦、邓祝仁：《技术创新与制度创新在旅游行业的应用》，《社会科学家》2000 年第 1 期。

③ 刘思华：《可持续经济的主要法则》，《刘思华可持续经济文集》，中国财政经济出版社，2007 年，第 251 页。

美好；人类要自觉、自律，树立生态观念，约束自己的行动，人在生态经济系统中的主体性和能动性可最终实现系统的可持续发展，又具有精神文明建设的内容，尽管生态文明与物质文明和精神文明有一定的联系，却并不是二者的附属物，生态文明建设有其相对独立性。生态文明建设的一个重要内容就是要恢复和保持生态系统的整体有用性，只有通过生态文明建设，保护自然生产力，解放和发展生态生产力，旅游经济活动才能产生生态效益、社会效益和经济效益的协同。

旅游经济的发展，既包括物质财富的增加又包括社会文明的进步，还包括自然生态系统的发展，其中生态系统的发展状态与走向越来越成为评价旅游经济发展质量、水平和程度的客观标志，所以，重视生态文明建设，形成物质文明、精神文明和生态文明的紧密结合，并将其有机统一于旅游经济的可持续发展进程中，是我国建设现代文明的客观需要，也是可持续旅游经济发展方式的战略任务。

可持续旅游经济发展方式的三维动力机制如图 2-1 所示。可持续旅游经济发展方式是一种多要素全方位的综合发展方式。它以旅游经济发展为中心，将经济发展与社会、制度、科技、资源、环境融为一体，建立生态经济协调发展、人与自然和谐相处的新型发展观。

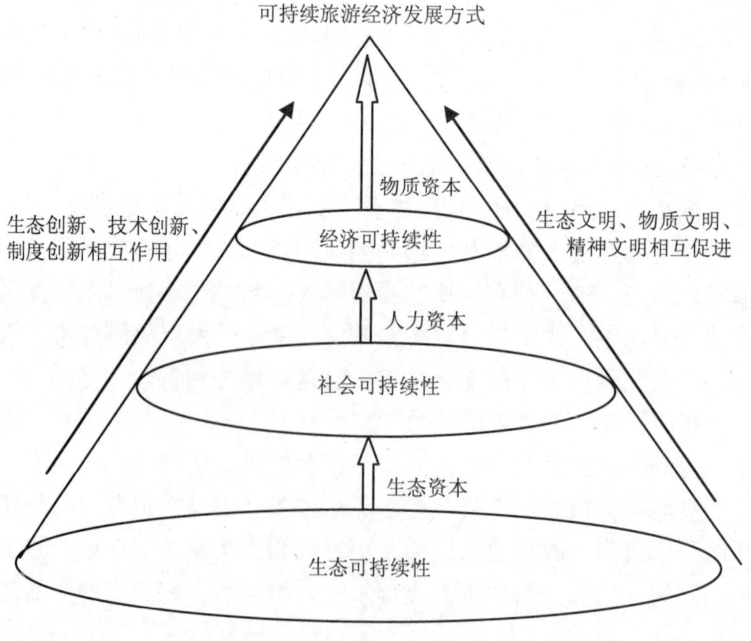

图 2-1 可持续旅游经济发展方式的三维动力模型

第3章

两种旅游经济发展方式的比较分析

生态内生型的可持续旅游经济发展方式克服了传统旅游经济发展方式不能解决旅游经济活动与自然生态环境之间发展关系的致命缺陷，是对生态经济脱离以生态外生为特征的传统旅游经济发展方式的根本性改造和创造性发展，揭开了旅游经济发展方式在生态文明时代深刻变革的序幕。本章对生态外生型的传统旅游经济发展方式进行了全面反思，也对生态内生型的可持续旅游经济发展方式进行系统解析，并从时代背景、理论基础、发展理念、生态向度四个方面对两种旅游经济发展方式进行了深入比较。

3.1 生态外生型的传统旅游经济发展方式反思

随着科学技术的发展、工业革命的推进、货币向资本的转化，人们追求经济增长的观念日益凸显，并把盲目追求 GDP 的高速增长作为经济运行的唯一目标、衡量经济发展的唯一尺度，导致在理论界形成了公众认同的一个基本观点，即建设工业文明，实现工业化，必须使用一切手段狂热追求经济高速增长，不惜一切代价当然主要是以牺牲生态环境为代价换取物质财富无限增长，使经济社会发展离不开人对自然的统治和奴役。传统旅游经济发展方式就是在传统经济学发展观的指导下形成的，这种单纯追求经济增长的工业文明发展观是资本主义工业文明的产物，是工业文明发展历史过程在价值观念上的反映。

传统意义上的旅游经济发展方式，在本质上蕴涵了人与自然对立的理念。它以物质财富的创造和增长为核心，以经济利益和指标的增加增长为唯一目标，并认为旅游经济增长必然带来生活改善和社会文明进步；进而认为物质财富的无限增长可以解决旅游发展过程中的一切需要和问题，因此，追求经济的无限增长及物质财富的无限增加是至高无上的。至于旅游经济发展的生态基础和生态制约，则被排除在旅游经济发展的基本框架和必备要素之外。

3.1.1 传统旅游经济发展方式的理论前提

长期以来，传统旅游经济发展方式只是把人类生存的自然环境看做人生命的外在因素，是生产力发展的外部条件，尤其是把生态环境排除在经济分析过程之外，把生态要素视为旅游经济发展的外生变量。

传统旅游经济发展方式的理论前提是：第一，自然资源的供给能力具有无限性。旅游经济增长和财富增长所依赖的旅游资源和生态环境在数量上不会枯竭，在质量上不会下降，因而旅游经济开发可以不受自然生态的约束。第二，自然环境的自净能力具有无限性。旅游经济发展对环境生态虽然有负面影响，但旅游供给和旅游消费产生的废弃物排放所需要的自然环境在容量上也不会降低，因而旅游经济发展对自然生态的利用可以不受约束。

根据这个理论前提，传统旅游经济发展方式作为工业文明时代的典型产物，就隐含着一个基本的实现条件，即追求更快的旅游经济增长，追求更多的旅游经济利益，人类凭借创造的技术圈和智慧圈同生物圈对垒，为所欲为地干扰和破坏生态环境，不仅可以把自然界当做取之不尽的无偿恩赐的“供奉者”，进行掠夺性地旅游资源开发，甚至任意挥霍浪费自然资源，而且还可以把自然界当做装之不满、无偿使用的“垃圾桶”，将旅游经济发展中产生的废弃物毫无顾忌地倾泻于生态环境之中。

在传统经济理论的指导下形成的生态外生型发展方式，一方面将旅游经济的增长建立在大量地消耗旅游资源和过度开发自然生态环境的基础之上，旅游经济的繁荣背后是对大量旅游资源的掠夺性开发和对旅游环境容量的毫无顾忌的利用。另一方面在旅游经济发展过程中对旅游经济发展质量的关注有限，严重忽视旅游资源有效利用和保护增殖以及对旅游污染的认真防治，忽视自觉地调整经济社会系统与自然生态系统的协调关系，这就使得旅游经济的发展越来越脱离人、社会和自然界的协调发展和全面进步的良性循环轨道，成为制约旅游经济可持续发展的重要根源。

3.1.2 传统旅游经济发展方式的具体表现

3.1.2.1 忽视生态制约追求旅游经济无限增长

传统的旅游经济发展方式是一种经济无限增长的发展方式，完全否认旅游资源和生态环境容量的有限性，不考虑自然生态系统对旅游经济发展的制约性，导致其发展的不可持续性。

在传统的旅游经济发展方式下，人们追求发展的单一性、至上性和无限性。认为“发展是天然合理的”，发展是无限的，即只要是发展就比不发展好、发展快比发展慢好、现在比过去好、未来比现在好；自然资源是取之不尽、用之不竭的源泉，人类只需凭借科学技术的利剑就能取得一个个的胜利，就能一步步走向理想未来，而无须考虑如何同自然、环境的协同效应。①

这种旅游经济发展方式把发展作了简单化和粗糙化处理，把发展的一些要素从旅游生态经济复合系统中孤立出来，只注重经济要素的发展，而忽视了经济要素与生态要素之间的非线性相互作用及其协调耦合，造成了旅游经济子系统和生态子系统之间的尖锐对立。

这种体现物质主义价值观的旅游经济发展方式，即不断地同大自然斗争和不断地向大自然索取，以满足人类日益增长的物质需求，虽然带来了今天表面上旅游经济的繁荣发展，但伴随着一个损害生态环境的熵增过程，从而把旅游经济引向了某种灾变的分叉点，导致了当代旅游经济发展的非持续性。

如果旅游经济的发展被演绎成为一个单纯追求经济增长的线性过程，只是体现为追求旅游经济的飞速增长和经济指标与数字的增加，那么由此产生的社会后果也逐渐显露，即旅游经济的发展并没有自动带来诸如实现平等、增加就业等社会目标的实现，相反，出现了环境污染、生态危机、道德失范等一系列问题，经济的发展导致了人的失落，出现了有“增长而无发展”的尴尬情况。

这就要求我们必须彻底改变传统的思维理念，建立和确认新的价值准则、伦理规范，树立一种全新的发展思维方式。正如世界环境与发展委员会在《我们共同的未来》中指出，为了在解决全球问题中成功地取得进步，我们需要发展新的思想方法、建立新的道德标准，当然也包括建立新的行为方式。②

3.1.2.2　牺牲生态环境换取旅游经济过度增长

传统旅游经济发展方式奉行经济第一主义，在旅游经济发展实践中表现为经济增长决定一切、经济增长解决一切、经济增长评判一切。在狂热追求旅游经济高速增长的目标驱使下，不惜一切代价主要是以牺牲生态环境为代价换取物质财富无限增长，使经济增长和物质财富增长超过自然生态系统承载能力的极限，产生了两个方面的负效应：旅游经济高速增长直接破坏了自然生态，使一些地区的自然旅游资源品位不断下降，生态环境严重破坏和退化，自然生态系统为人类提供旅游服务和天然审美体验需求的功能越来越弱。此外，在盲目追求旅游经济高

---

① 杨小军、张建民：《从传统发展观到科学发展观：思维方式的变革》，《科学管理研究》2006 年第 4 期。
② 杨小军、张建民：《从传统发展观到科学发展观：思维方式的变革》，《科学管理研究》2006 年第 4 期。

速增长过程中，过度开发利用自然旅游资源，忽视自然资源保护与可持续利用，最大量消耗资源换取经济过度增长，以不惜牺牲生态环境保证经济增长的目标得到实现，生态经济矛盾日趋尖锐。

传统旅游经济发展方式促使人类在旅游经济生产过程中奉行经济功利主义的生产观，以获取利润与收益的最大化作为旅游经济运行的铁的法则，驱使人们在旅游经济活动中一味追求经济利益最大化，无度地追求物质财富和经济利益，通过对旅游资源和自然生态环境的索取与掠夺来换取经济财富的占用与享受。

3.1.3 传统旅游经济发展方式的现实危机

3.1.3.1 经济系统内部矛盾重重

旅游市场的自发调节和不断增加投入的外延式增长常常在旅游经济系统内部激发出各种短期行为，旅游产业中那些能够迅速获利的部分会得到迅速发展，那些虽然对发展具有长远战略价值但不能带来近期利润的部分会受到抑制，这就造成了旅游产业结构、经济结构畸形的片面发展。

（1）旅游市场过度价格竞争。旅游产品具有公共产品的特征，在发展旅游经济热潮的带领下和对眼前利益的狂热追求下，旅游产品的供给者设法突破资金需求和政策限制壁垒，对旅游资源进行过度性、掠夺性的开发，对景区环境实施粗放式管理，对游客过分集中的现象缺乏科学的、合理的疏导或价格调控等管理手段，导致景点开发以及旅游基础设施病态膨胀的趋势日益明显。旅游市场上以价格竞争形势为主的恶性竞争不断加剧，反映的就是市场机制的扭曲，其深层原因在于旅游经济发展现实中畸形的利益关系和利益格局，经济利益和市场需求被无限放大，至于生态成本和人与自然的和谐发展则考虑甚少，甚至不被考虑，旅游经济发展的生态代价在很大程度上被忽视。正因为如此，才吸引了众多具有逐利特性的资本蜂拥进入旅游业，造成市场供求的结构性失衡。

（2）旅游消费者满意度低。旅游经济畸形发展的必然产物和结果便是产品严重同质化，目标市场趋同，由此而导致的恶性竞争表面上看来反映了旅游市场和旅游经济的红火和繁荣，实质上则是以损害消费者利益为代价的。由于旅游经济的拉动效应明显，吸引了众多投资者，他们往往将经济利益摆在首位，罔顾生态规律的存在。在经济大棒的指挥下，旅游地人满为患，而得不到应有的休养生息，生态环境无法维护和改善。对于广大的旅游者而言，购买旅游产品本来意味着充分享受自然生态的美丽和领略人文生态的魅力，但是在过度开发的背景下，这些消费愿望成为泡影，很多游客乘兴而来扫兴而归。旅游经济发展的最终目的应该是追求人的解放，然而不顾生态成本、以钱为本的发展只能是与民争利，危害人类共有的生态基础，长此以往，也必将损害旅游经济发展的市场基础。

（3）替代性旅游徒有其名。从“传统大众旅游”的不问生态到“替代性旅游”的初识生态，是旅游经济发展中的一大进步，但随之也产生了一系列问题：“生态”二字究竟是“生态理性的回归”还是“经济作秀的幌子”？究竟是“付诸实践的理念”还是“挂在嘴上的口号”？以风行的“生态旅游”为例，其供给者、管理者和组织者，乃至于旅游者，是否真正理解了生态，并按生态学的规律和原则践行着生态旅游实践？旅游经济发展的实际情况表明：尽管保护生态常被旅游开发与旅游管理部门挂在嘴上，游人也耳熟能详，却没有多少人能真正理解保护生态的含义，以及如何采取适当的手段去保护生态，将旅游活动对生态的影响降到最小；当经济利益与生态保护发生冲突时，有多少人能够放弃眼前利益去维护生态？又有多少人能遵循自然资源保护的原则，认真做过一回生态游？因此，尽管替代性旅游的提法方兴未艾，甚至被视为挽救传统大众旅游不可持续命运的法宝，但是其蕴涵的生态理念依然被淹没在经济至上的喧闹中，很大程度上成为营销工具和宣传招牌，若不能真正使其的生态理性得到体现，替代性旅游的提法只能是虚有其表，甚至可能会造成更大的生态灾难。

3.1.3.2　系统之间关系紧张对立

（1）经济系统与生态系统的矛盾。尽管生态环境保护的重要性不言而喻，但是对旅游经济系统中的微观企业而言，保护环境与经济增长一直是个两难选择，在许多地区的旅游开发和发展中，以牺牲长期效益为代价来换取短期利益的现象时有发生。在政府管理部门方面，各级财政拨给的环保专项经费和业务费用相当有限，加之工作没有很好地开展起来，许多该收的环保费没有按规定如数加以征收，再加上污染治理欠账太多，导致许多环保治理项目没有资金保证，环保工作无法实施，形成恶性循环。许多旅游区的环保部门除了有一两台陈旧简陋的监测设施外，多数无钱添置其他基础性设施和配套设施。对于旅游区内排污情况难以进行常规分析，环境规划、环境趋势预测往往也因没有监测依据而无法进行。

一方面是旅游经济指标的一路飘红，另一方面生态系统各项指标也频频发出红色预警，生态系统和经济系统之间的这种矛盾若不能妥善解决，旅游经济的发展将会难以为继。

（2）社会系统与生态系统的矛盾。当前旅游生态屡遭破坏也不完全是由于旅游供给和开发所造成的，也有一部分与社会文明进步程度有关。我国许多风景优美的旅游区坐落在偏僻的、经济不发达地区，如西南少数民族聚居区，他们仍处在半封闭、半开放的发展状态中，过着原始的伐薪取暖、辟地种田的生活，因此，当其居住地被开发成旅游点时，居民们或破坏生态或猎杀动物以供纪念品交易，并通过这种方式获取旅游经济收入。居民低弱的生态意识也反过来影响了旅游者的生态意识，旅游区内随地乱扔纸屑、果皮、对文物乱涂写等不文明行为很是普遍。再加上长久以来我国的国民素质教育中一直都缺乏生态伦理意识教育，即使是一些受过良好教育的旅游者，也未必能在旅游过程中用生态意识来约束自己的旅游行为。所以，这就造成了社会系统与生态系统之间的矛盾。

（3）经济系统与社会系统的矛盾。由于追求片面的单纯经济增长，把经济增长作为发展的根本目的，人变成了实现经济增长的工具和手段，从而造成了马克思曾经指出的人的劳动及人自身的异化现象，造成了人的畸形、片面的发展，成为马尔库塞描述的单向度的人。[①]

单纯追求经济增长的旅游经济发展方式不仅造成了生态系统的破坏，还造成了大量的外溢性影响，使社会承受着各种片面发展所造成的社会代价、社会成本的沉重负担，加剧了效率和公正、自由和平等、速度和效益、质量和数量、私人和社会、城市和乡村、富有者和贫困者之间的矛盾。

单纯追求经济增长的旅游经济发展方式排除了社会文化价值在发展中的地位，否定、贬低了社会伦理建设的重要性，造成了旅游经济发展与旅游文化建设、旅游传统保持和生态伦理意识之间的矛盾对立。这种旅游经济发展方式将生态系统排除在外，剥夺了人的“生态本性”，把从事旅游经济活动的人和企业设想为只知道追求自身经济利益的经济人，设想为只会根据自己物质利益对价格信号作应答反应的机器人。这就把社会、文化、伦理等因素从经济主体中排除；把旅游市场各企业之间的关系设想为一种纯粹的完全竞争关系，而把社会伦理因素从这种关系中排除；把市场的调节机制看成资本、工资、价格、利率、供给、需求之间的一种自发形成的均衡关系，而把文化伦理等因素从市场调节中排除。[②]这样，旅游经济增长或发展的过程被视为一种脱离了社会、文化、历史、伦理、生态的纯粹而又孤立的经济现象，于是出现了实际发展过程中的经济系统和社会系统的紧张对立。

单纯追求经济增长的旅游经济发展方式使旅游经济发展与优秀的历史文化积淀和天人合一的文化伦理观念分裂，导致了拜金主义、利己主义、享乐主义的蔓延和泛滥。一方面它使从事旅游经济活动的个人和企业奉行“经济”理念，讲究积累、节俭，力求最有效地利用资源，力求用最小的投入获得最大的收益；另一方面，为了扩大旅游市场需求，它又不断推动人们扩大消费、追求生活享受，特别是在市场疲软时还要采取各种手段来刺激人们的消费欲望。这种双重影响导致

①、② 王克敏：《经济伦理与可持续发展》，社会科学文献出版社，2000 年。

个人和社会的思想道德文化在价值观上的分裂，与追求人和自然解放的旅游经济发展的最终目的背道而驰。

可见，传统旅游经济发展方式的根本缺陷就在于：偏重于物质财富的增长，忽视了人与自然、经济社会的健康、稳定、持续发展的文化、道德基础，忽视经济发展的伦理规则，忽视人的全面发展和社会的全面进步；把经济指标的增长作为衡量旅游经济发展的核心标尺，忽视人文的、资源的、环境的指标；单纯地把自然生态系统看做是人类生存和发展的索取对象，忽视自然生态首先是人类赖以生存和发展的基础。它严重割裂了经济和社会、经济和伦理、经济和生态、物质价值和精神价值、公正和效率、自由和平等、经济增长和人的全面发展之间的有机联系，使人性或人的观念在社会发展中呈现出某种病态，破坏了生态环境及社会发展系统的有机性与整体性。它认为旅游经济生产过程是由一定生产关系联系起来的人们通过改造而创造物质资料的活动与过程，衡量这种经济生产是否有效率以及水平高低的主要标准就是效益和产值，产值越高，效益越大，表明人们向自然生态索取的财富越多，能力越强，政绩越大，至于自然生态是否能够无限度地供给人类资源和财富则极少考虑。

这种发展方式导致旅游经济开发中对自然旅游资源的过度开发及对环境的破坏和污染，加剧着人类社会和自然环境、人类的今天和未来之间的矛盾；对人文旅游资源的影响和同化使得一些特有的旅游资源和人文风情消失殆尽或者沦为经济和商业化的奴隶，造成文化冲突和社会冲突。这些困扰我们的现实问题可以说就是单纯追求经济增长的以生态外生为特征的旅游经济发展方式所造成的恶果。这种旅游经济发展方式对应的是工业文明时代的发展观和经济理论，是导致当前旅游经济发展中各种不可持续问题的重要根源。所以，将生态要素排除在发展框架之外的传统旅游经济发展方式正面临严重危机，必将被新型的旅游经济发展方式所取代。

3.2　生态内生型的可持续旅游经济发展方式解析

可持续的旅游经济发展方式认为旅游经济发展是包括经济、自然、社会系统在内的系统动态发展过程。在旅游生态经济系统中，系统包含无限多个可变的要素，各要素之间、要素与系统、要素与环境之间不是独立的，而是具有非线性相互作用的。它们相互联系、相互影响、相互耦合和协调发展，注重系统的充分开放，以实现系统与外界不断的信息、能量、物质的交流，从外界引入负熵以保持系统发展的持续性，推动系统向有序或高级有序方向发展。

可持续的旅游经济发展方式强调旅游经济的发展是复杂系统整体推进、不断优化的过程；强调人类在追求健康而富有生产成果的生活权利的同时，也应当与自然保持一种和谐的关系；强调当代人在创造和追求今世发展与消费的时候，应努力做到使后代人与自己的机会平等。因此，就其实质而言，可持续的旅游经济发展方式的出发点和落脚点是为了实现人与人之间、人与自然之间的互利共生、协同进化和发展，即为了实现整个人类社会的持续发展[①]。

3.2.1 生态内生型的可持续旅游经济发展方式的科学缘起

人类社会发展到今天，创造了比以往任何一个时代都要丰富多彩的物质文明，这种繁荣同样也表现在旅游领域。然而，尽管如此，旅游经济的增长、旅游产业的崛起、旅游需求的增加却使得我们越来越离开了文明的本质。我们所看到的文明是人类中心主义、物质至上的文明，是将自然的演变命运排斥在外的文明，是具有工业时代发展特征的工业文明，人类大大小小的苦恼都来自文明的异化，旅游经济的发展方式必须适应新的文明形态，即生态文明。生态文明要求建立将人类的命运和自然的命运紧紧相连的发展观，即将人类如何对待自然，自然就如何回应人类的理念作为对一切问题考虑的出发点的发展观，其落脚点就是重新调整和建设人类与自然的关系，使之达到“天人相应”、“天人合一”境界的发展方式。

生态文明的兴起与发展，已经成为现代经济发展的大趋势。保护与改善生态环境，走出生态经济恶性循环的工业文明困境，推进人类文明由征服掠夺生态环境到保护建设改善生态环境的大转变，即由工业文明到生态文明的大转变，已成为当代人类的神圣历史使命，是现代经济社会发展的重大而紧迫的战略任务。目前，生态革命即现代经济社会发展的生态化趋势，已成为历史潮流正在席卷全球，极大地冲击着现代人类社会的生产方式、生活方式、思维方式，触及当代经济社会发展的各个领域。这股潮流的兴起，对生态文明的发展起到推动作用，使人类由地球之小通向地球之大开辟了广阔的现实[②]。因此，解决人、社会与自然之间的尖锐矛盾，实现旅游生态经济的协调发展，开创地球之大是转变旅游经济发展方式的根本方向。可持续的旅游经济发展方式是人们在对传统发展观和发展模式反思的基础上所选择和设计的一种新的旅游经济发展方式，它旨在探索一条自然、经济、社会和文化诸方面协调发展之路，意味着对传统旅游经济发展方式的根本性转变。

---

① 杨小军、张建民：《从传统发展观到科学发展观：思维方式的变革》，《科学管理研究》2006 年第 4 期。

② 刘思华：《人类发展的三重转变》，《绿色经济论——经济发展理论变革与中国经济再造》，中国财政经济出版社，2001 年。

生态文明建设是根据人类同自然环境进行物质变换的生态关系和人与人之间的经济关系的矛盾运动，在开发利用自然的同时，保护自然，建设现代生态环境，提高生态环境质量，使现代经济社会发展建立在生态系统良性循环基础之上，有效解决人类经济社会活动对生态环境的需求同自然生态环境系统的供给之间的矛盾，以既保证满足当代人福利增长的生态需要，又能够提供保障后代人发展能力的资源环境条件，为现代经济社会可持续发展提供良性循环的生态基础①。

在生态文明建设的背景下，以生态内生为特征的可持续的旅游经济发展方式包括生态化的思维方式、生产方式和旅游消费方式。生态化的思维方式是 21 世纪人类社会主导型的思维方式。它对优化人际、国际和人与自然之间的关系，对遏制和调控正在迅速膨胀的人类利益，对促进人类社会的全面、持续发展，将起到十分重要的作用。生态化的旅游生产方式以知识、信息等为第一位的生产要素，追求的是清洁生产和旅游循环经济，注重的是质量的提高而非规模的扩大。这种生产方式是一种绿化的或生态化的生产方式。生态化的旅游消费方式是指人们在旅游消费上，要摒弃以往高消费或病态消费的模式，追求一种人与自然都兼顾的生态消费。旅游生态消费是一种绿化的或生态化的消费模式，它是指既符合经济物质生产的发展水平，又符合自然生态生产的发展水平，既能满足人的旅游消费需求，又不对旅游资源和生态环境造成危害的一种消费行为②。

随着时代的发展，旅游产业结构不断升级，生产力得到极大发展，旅游经济的产出能力日趋增强，旅游消费需求也呈现由低档次向高档次递进，由简单稳定向复杂多变发展的趋势，但是，旅游经济系统中生产和消费的无限制跃进所造成的“反自然”和“反生态”的生产和消费行为，已经给自然生态系统带来了越来越大的冲击和压力，使本已脆弱的生态系统不堪重负。因此在生态文明的时代背景下，人类必须设法使不可持续的旅游经济行为在内的一切经济行为向有利于环境和资源保护以及生态平衡的方向演变，这样，转变旅游经济发展方式，建立生态内生型的可持续旅游经济发展方式就成为生态文明建设的重要内容。

3.2.2　生态内生型的可持续旅游经济发展方式的理论前提：生态内因论

3.2.2.1　自然生态环境和旅游资源是旅游经济发展的自然形式与自然基础

旅游经济发展是自然生态因素作用的自然生态过程和社会历史因素作用的社会历史过程相统一的自然历史过程，在旅游经济发展过程中始终存在自然基础，

① 刘思华：《人类发展的三重转变》，《绿色经济论——经济发展理论变革与中国经济再造》，中国财政经济出版社，2001 年。

② 邱耕田：《新旧发展观的特征与区别（二）》，《发展哲学导论》，中国社会科学出版社，2001 年。

生态环境因素始终在起作用。

（1）自然生态环境和旅游资源是旅游经济活动的自然基础与先决条件。没有自然生态环境和旅游资源，旅游经济活动就无法存在，甚至连从事旅游经济活动的自然基础都消失了。自然生态环境和旅游资源是人类用来从事旅游生产和消费、在其中开展劳动活动、在其中生产出和借以生产出自己的产品的自然基础，是人类旅游经济活动的基本前提与先决条件。由于生态环境和旅游资源的多样性和差异性，也得以在旅游产业内部形成分工的自然基础，表现为人类在旅游经济活动过程中的需要、能力、生产和劳动方式的多样化，从而形成了差异化旅游产业结构、旅游经济结构、旅游产品结构和旅游市场结构等。

（2）旅游经济活动存在自然生态环境和旅游资源条件与界限的制约。在旅游经济价值形成与增殖的过程中，作为劳动过程的几个要素的劳动对象、劳动资料劳动力和劳动本身都有一个自然基础，虽然在表面上似乎看不到自然物质的作用，但实际上都存在自然生态环境和旅游资源条件与界限的制约。良好的自然生态环境和旅游资源为人类从事旅游经济活动和开发提供了可能性，同时也作为自然界限对旅游经济领域的劳动发生影响。这种影响主要表现为人类生产旅游产品的劳动的产生与发展，旅游产品价值的实现和增殖总是离不开相应的自然基础。因此，旅游经济过程中的劳动力的使用、价值形成和增殖无不受到自然生态的各种制约。

3.2.2.2 自然生态环境和旅游资源是旅游经济过程的内在要素

自然生态环境和旅游资源是人类旅游经济活动中物质财富生产和劳动过程的构成要素。旅游经济过程首先是人与自然之间的物质变换过程，自然生态环境和旅游资源不仅是旅游经济发展的自然基础，而且是进入人类旅游经济生产实践的自然形式和自然要素，是旅游经济健康持续运行与发展的内在要素。

自然生态环境和旅游资源是旅游生产劳动本身的要素，是旅游经济财富的源泉。只有把自然生态环境和旅游资源纳入旅游市场劳动过程，在生产过程中使劳动和自然生态环境和旅游资源一起共同发挥作用，劳动才能成为财富的源泉。自然生态环境和旅游资源是旅游经济生产实践活动的内在要素。进入人类旅游生产过程的自然生态环境和旅游资源，不仅是人身外的自然，还包括人自身的自然，二者都是旅游生产劳动的内在要素。无论技术如何进步、生产力如何发达，旅游经济产出所需要的生产材料始终还是取之于自然生态系统，对于和自然生态系统有着天然密切关联的旅游经济来说尤其如此。科学的进步和技术的发展，将会使自然生态环境和旅游资源以更大的规模和更高的效能进入旅游生产过程。不认识旅游生产劳动的自然制约性，不承认旅游经济运行与发展过程中的自然生态约束，就会招致自然界的无情惩罚。

旅游经济得到高速发展以来，环境危机、生态危机也日趋严重，甚至引发了一定程度上的社会危机和经济危机，生态内因论作为生态内生型的旅游经济发展方式的理论前提，旗帜鲜明地指出自然生态环境优劣已经成为决定现代旅游经济发展速度、质量与可持续性的关键。自然生态要素作为制约旅游经济发展的基本要素已经引起广泛关注，良好的自然生态环境和旅游资源缺失是旅游经济发展高度短缺的生活要素与生产要素，它正在由“外部自然条件”转化为“内部自然要素”，形成现代旅游经济运行与发展的内在因素和外在因素的有机结合与高度融合的新趋势，显示了生态环境内因论及在此基础上形成的可持续旅游经济发展方式的科学性与生命力。

以生态内因论为基础的可持续旅游经济发展方式的理论内核，一是人类生存的自然生态环境是人的生命的组成部分，是人的身心健康和生命安全的内在因素；二是当今世界系统中的生态环境是旅游经济可持续发展的内在的决定因素，已经成为旅游经济可持续运行与发展的内在变量。它克服了传统旅游经济发展方式关于生态环境外生假定的根本缺陷，转向在生态环境内生假定下考察旅游经济发展及其可持续性的源泉和决定，将生态变迁、生态创新这一长期经济可持续发展最基础的决定因素视为旅游生态经济系统发展的内在力量，突破了传统经济学、传统发展观和传统经济发展方式的理论框架和研究视野，成为具有生态文明时代特征的旅游经济发展方式。

3.2.3　生态内生型的可持续旅游经济发展方式的全面解读

3.2.3.1　追求生态基础上的旅游生态经济系统发展

旅游生态经济社会复合系统是一个与自然相互依赖、相互竞争的有限发展系统，旅游经济乃至整个人类社会的生存和发展建立在人与自然进行物质和能量相互交换的基础上，人类由此而获得自身赖以发展的基本条件。人类既不能创造，更不能毁坏这些基本条件，只有在有限的发展条件下，运用科学技术和文化知识等手段去开发自然、保护自然，并通过竞争和协调机制，才能与自然和谐相处，永续共存，从而谋取自身的持续发展。

生态内生型的可持续旅游经济发展方式集中表现为实现旅游生态经济系统运行与发展的可协调性，指出旅游经济的发展是以自然生态系统的良性循环为基础的发展，追求保持生物圈的基本生态过程和生命维持系统的良性运行与协调发展。强调自然界是现代人类生存与发展的生态基础，旅游经济的发展要以生态发展为根本，只有与自然生态相互协调、共同发展，才能实现旅游生态经济社会复合系统的健康运行与可持续发展。

生态内生型的可持续旅游经济发展方式强调旅游经济的系统发展，不仅重视经济系统和社会系统的生存与发展，也重视自然生态系统对经济社会系统的支撑与服务价值，尊重生态环境的存在价值，保持大自然生物圈的生态平衡。这是因为旅游生态系统内部以及各子生态系统之间的物质、能量的转化循环保持输入、输出平衡，是旅游资源和自然生态环境生长、发育和运动的前提。旅游经济活动发端于一定自然环境的生态系统中，并且是生态系统的主体，也是影响、干预和改造生态系统的社会因素。人类只有维持和保护生态系统的平衡，才能通过对生态环境、旅游资源的开发利用使旅游经济得以持续发展。

生态内生型的可持续旅游经济发展方式要求人类在旅游生产和消费过程中，既要满足人类日益增长的物质和文化需要，又要保证环境、资源基础获得相应发展，人类在消耗环境、资源的同时，必须兼顾对环境、资源的补偿和投入。也就是说，人类不仅要通过对自然环境的利用和改造，造福于自身，还要注意对自然环境的保护、关爱和回报，实现人、资源、环境的和谐互动①。

生态内生型的可持续旅游经济发展方式在确认环境、资源等生态要素价值的基础上，进而提出人与环境、资源有同等生存与发展的权益，实现人类与环境、资源生存与发展权利的统一。可持续发展的核心就是要处理好人、环境、资源之间的互动关系，使之相互促进、协调发展，这样才能保持生态系统的良性循环状态②。

3.2.3.2 追求生态制约下的旅游生态经济优化发展

生态内生型的可持续旅游经济发展方式将生态环境要素假定为现代旅游经济运行与发展的内生变量而纳入经济分析过程，使之成为一个与土地、劳动、资本、技术、制度等因素并重的新的内在因素，是现代生产力发展的源泉之一。

旅游经济的运行是要在地球生物圈的自然生态容许的限度内实现，追求旅游经济的发展既不能以牺牲生态环境为代价，也不能超越自然生态环境的承载能力，是一种保护旅游生态经济系统健康运行的生态合理性的经济发展方式。它提倡遵循生态优先规律，特别关注现代人类旅游经济活动的生态合理性，坚持生态合理性优先于技术合理性和经济合理性的原则，强调有利于自然生态环境良性运行与协调发展的经济活动应当给予鼓励，反之则应当抛弃，应当把自然生态系统发展放在世界系统运行与发展的优先地位，构建可持续生存和经济社会发展的生态安全体系。

---

①、② 刘振民：《可持续发展观的伦理思考》，《道德与文明》1999 年第 4 期。

3.2.3.3　追求生态代价最小的旅游生态经济协调发展

生态内生型的可持续旅游经济发展方式是经济发展的生态代价和社会成本代价最低的发展方式，以良性循环的自然生态系统及其资源环境的持久的稳定的供给能力为基础。生态内生型的可持续旅游经济发展方式克服了传统旅游经济发展方式不能解决旅游经济活动与自然生态环境之间发展关系的致命缺陷，是对生态经济脱离以生态外生为特征的传统旅游经济发展方式的根本性改造和创造性发展，揭开了旅游经济发展方式在生态文明时代深刻变革的序幕。

生态外生型的传统旅游经济发展方式一味追求物质财富的无限增加，使旅游经济增长的生态代价和社会成本远远超过人们从中得到的正效益，而付出较高的代价。所以，生态外生型的传统旅游经济发展方式以损害他人和后代人的发展条件和发展能力为代价的旅游经济发展是极不经济的。生态内生型的可持续旅游经济发展方式就是要正确有效地解决当代旅游经济发展中普遍存在的非持续问题，使之转移到可持续发展的健康运行轨道上来，把现代旅游经济发展的生态代价和社会成本减少到最低限度。因此，生态内生型的可持续旅游经济发展方式追求的是生态代价和社会成本最低的经济，它由两个部分构成：一是自然生态环境和旅游资源持续利用达到旅游经济生产净值的最大化；二是人类经济福利应随着时间转移不断增长。

3.3　两种旅游经济发展方式的深入比较

3.3.1　时代背景的比较：从工业文明到生态文明

3.3.1.1　工业文明时代的传统旅游经济发展方式

工业革命使人类经济社会发展从工场手工业经济过渡到机器大工业经济，把人类改造、征服、掠夺自然推向了人与自然严重对立、生态与经济完全分离的状态，实现了人类社会由开发利用资源环境到掠夺资源环境的根本转变，创造了辉煌的工业文明。但是与此同时，它的自我否定因素也在急剧生长，已经陷入难以自拔的生态危机之中，正在从兴盛走向衰落[①]。

历史和现实已经充分表明，成长于工业文明背景下的旅游经济活动与发展过程，很大程度上违背了生态规律，使旅游经济发展的生态代价和社会成本超

---

① 刘思华：《人类发展的三重转变》，《绿色经济论——经济发展理论变革与中国经济再造》，中国财政经济出版社，2001 年第 1 版。

过了人们从中得到的正效益，而付出了惨重代价。其核心问题是将生态要素排除在旅游经济体系之外，造成对现代经济社会发展的生态基础的根本性破坏，导致旅游经济发展过程中种种危机日益加深，标志着传统旅游发展方式已经走到尽头。

生态外生型的传统旅游经济发展方式是工业革命的产物，是工业文明的思想表现，是单纯追求经济增长的发展方式。它以经济增长的总量来衡量旅游经济发展成就的大小，把旅游经济的产业化和由此创建的物质文明作为旅游经济发展的最高标志。现在，生态外生型的传统旅游经济发展方式已经使旅游经济的发展陷入困境，从总体上看，它基本上已经完成其历史使命，陷入难以自拔的重重危机之中。这就从根本上决定了作为工业文明时代典型表现的生态外生型的传统旅游经济发展方式必然走向衰败。

3.3.1.2 生态文明时代的可持续旅游经济发展方式

工业文明的衰败使人类需要进行一场环境革命与绿色浪潮，为生态文明建设开辟广阔的现实道路。因此，刘思华教授在一些论著中明确指出：生态革命将使人类经济社会发展由非持续性的不可再生性经济过渡到可持续性的再生性经济，把人类保护环境、改善生态、建设自然推向一个崭新发展的时代，实现人类由征服掠夺生态环境资源到保护建设生态环境资源的大转变，创造比工业文明更加灿烂辉煌的生态文明，成为未来经济社会发展起主导作用的文明形式，也给建立生态内生型的可持续旅游经济发展方式赋予了重要的时代特征。

生态危机的全球症候群引起人类对自身生存发展危机的反思，并深刻认识到，工业文明的发展道路是一条掠夺浪费资源环境的发展道路，这种以牺牲生态环境为代价来换取资源环境无限增长的发展道路，是一条不可持续发展的道路。这条道路最突出的问题是工业文明带来了严重的不可持续性经济问题，从而导致不可持续经济发展危机。其深刻根源就在于这条道路驱使人类经济活动与发展行为达到甚至超越了地球资源环境承载力的极限，不仅直接损害了经济可持续性，而且危及它的基础即生态可持续性。

生态文明的兴起与发展，正在遏制工业革命的种种危机的全面加深，阻止生态灾难的负效应的全面蔓延，有力推动着现代文明从工业文明向生态文明的大转变，把现代经济社会发展推进到一个崭新、协调、繁荣的生态时代。可持续生态文明是对工业文明的扬弃和发展，是比工业文明更先进、更高级、更伟大的现代文明。不仅预示着现代文明模式的根本性转变，而且标志着现代文明发展已走上生态经济相互协调和可持续发展的新道路。人类要克服工业文明的种种危机，走出非持续发展的险境，就必须彻底改变工业文明时代的发展方式，建立可持续经济发展方式，这是现代经济发展方式的巨大变革。

生态文明的核心是人类经济活动与社会发展必须保持在地球资源环境的承载力的极限以内。它将现代经济社会发展建立在生态环境良性循环的牢固基础之上，为人类生存与发展提供一个可持续利用的资源环境基础。因此，生态文明时代的本质特征，就是把现代经济社会运行与发展切实转移到良性的生态循环与经济循环的轨道上来，使人、社会与自然重新成为有机统一体，实现生态与经济相互协调与可持续发展。

生态文明时代可持续旅游经济发展方式真正把现代旅游经济发展建立在节约资源、增强环境支撑能力及生态良性循环的基础之上，使人类经济活动和发展行为保持在地球资源环境的承载力的极限之内，才能确保旅游经济由非持续发展向可持续发展的转变，最终达到旅游经济可持续发展。

生态内生型的可持续旅游经济发展方式可以理解为实现旅游生态—经济—社会三维复合系统的健康运行轨迹与可持续发展，人类选择生态内生型的可持续旅游经济发展方式，代表着由传统工业文明的发展观向现代的生态文明发展观的历史性飞跃，是一种划时代的全新的发展观，是一场彻底的发展方式革命，是一场势在必行的旅游经济领域乃至整个经济社会的全方位的巨大变革。

3.3.2　理论基础的比较：从传统经济学到新经济学

3.3.2.1　传统经济学的理论框架束缚

生态外生型的传统旅游经济发展方式以传统经济学为理论基础。长期以来，传统经济学只是从社会经济系统内部的物质资料生产与再生产的经济现象和过程来研究人类旅游经济活动的规律性，把旅游经济过程看作纯粹是由旅游社会经济系统本身的规律支配的，而不受那些支配着自然生态系统进化和发展规律所制约的封闭体系，把自然界“作为一种不变因素而不是作为一种可变因素对待”，不重视“经济活动和自然界环境之间相互影响的事实”，因而将生态发展过程排除在旅游经济生产过程之外。这种传统的、狭义的、不完全的经济发展观，突出表现在它没有把人类社会经济体系看成是建立在生态系统基础之上，将人们经济活动和生态环境作为有机整体的基础上研究社会资本运动及其规律性，而是将社会再生产过程看成是和生态资本运动过程毫不相关的，甚至对立的纯粹的经济资本运动过程，因而生态资本运动过程就被排除在社会总资本运动过程之外。

3.3.2.2　新经济学的理论观点革新

生态内生型的可持续旅游经济发展方式以新经济学为其理论基础。其最基本的特征，就是它把自然生态系统包括进来，把作为人类公共财富的自然生态纳入经济学研究对象的范围，从而把现代旅游经济活动看成是经济系统和生态系统有机整体来研究其规律性。与传统经济学理论不同，新经济学将生态资本作为社会总资本的重要内容，并纳入社会总资本运动研究的范围，确立三类资本相互转化与相应增殖的基础上保持社会总资本存量随时间推移有所增加的理论。它克服传统经济学缺乏生态观念，基本上不考虑经济增长、社会进步与生态环境发展之间的协调关系的根本缺陷，客观反映现代旅游经济运行的实际状况和社会再生产价值运动的真实全貌，是现代经济理论发展的深刻革命，也为全面确立生态内生型的可持续旅游经济发展方式奠定了坚实的理论基础。

3.3.3 发展理念的比较：从经济无限增长到生态经济协调发展

3.3.3.1 传统旅游经济发展方式的经济无限增长观

传统旅游经济发展方式将生态要素排除在旅游经济过程之外，信奉经济的单纯增长、无限增长，以物质财富的增加为旅游经济发展的终极目标，尽管在一定时期内实现了表面上的旅游经济繁荣发展，却又不可避免地使旅游经济发展面临着不可持续的深渊。

传统旅游经济发展方式支配下的发展，并不是真正意义上的发展，其根本缺陷就在于：它完全忽视了现代经济社会的健康、稳定、持续发展的前提条件是要维持生态财富（即生态资本存量）的非减性，完全否定了自然资源和自然环境的承载力即生态环境支撑能力的有限性，完全违背了经济不断增加和物质财富日益增加要以生态环境良性循环为基础的这个铁的法则。传统发展观的这个缺陷表现在经济社会的各个方面：在经济领域里，传统发展观形成了一种高投入、低产出的粗放型的经济发展模式，效益低，质量差，资源浪费；在社会发展领域，传统发展观严重割裂了经济和社会、经济和文化、物质价值和精神价值、效率和公正、经济增长和人的发展之间的有机联系，使人性与社会呈现出某种病态，破坏了社会系统的有机性和整体性，造成人和社会的畸形发展。在经济社会和生态环境相互关系领域里，传统发展观使人们面临重重危机，归根结底都是生态危机的表现形式，这种人口、资源、环境与经济发展关系的严重失衡，正是工业文明危机的症结所在，造成人、社会和自然界的畸形发展。所以，传统发展观已经完全不适应当代人口、经济、社会与资源、环境、生态之间相互协调和可持续发展。

3.3.3.2 可持续旅游经济发展方式的生态经济协调发展观

可持续的旅游经济发展方式将旅游经济发展视为一个旅游生态经济有机整体，是人与自然界完成的本质的有机统一体。它一改传统发展观认为社会愈进步，经济愈发展，技术愈先进，人类就会愈超脱于自然界之外，经济也就会凌驾于生态之上，因而人、社会和自然界的依存关系逐渐削弱的观点。

（1）旅游经济是生态经济复合系统。无论社会怎样进步，旅游经济发展所需要的一切旅游资源及自然生态环境基础，归根结底都要来自于自然界，无论技术怎样先进，人类社会所进行的经济活动和繁衍，总是离不开一定的生态系统。随着人类生活质量的不断提高，旅游需求空前膨胀，旅游经济发展所需要的旅游资源和生态要素也会不断增加，对其质量的需求也会不断提高。与此同时，为了维持以生态环境和旅游资源为基础的生态资本的非减性，使旅游经济具备可持续发展的能力，人类必须通过自己的旅游经济活动持续不断地为生态系统输入物质和能量，以激活与增强生态环境的自我更新和资源补偿具有持续供给能力，使自然生态系统在物质循环和能量流动中不断发展。社会越进步，经济越发展，技术越先进，生物圈、技术圈和智慧圈之间就越相互依存、相互融合、相互作用，成为不可分割的经济有机整体即旅游生态经济系统，这是一个无法逃避的客观现实。

（2）人类旅游需求是生态经济体系。现代经济社会的发展将人类需求推进到一个以生态需求为特征的新阶段，现代人的旅游需求不仅是对物质文化消费的需求，而且还包括对生态健全的环境以及环境补偿价值等方面的生态需求。现代经济社会中人的需求是多要素统一的需求综合体系，是物质需求、精神需求和生态需求的有机统一。旅游经济发展要满足人类的全面需求，这是旅游经济发展的强大推动力，也是旅游生态经济系统进化与发展的内在动力。

（3）旅游经济再生产是生态经济有机系统再生产。旅游经济的再生产不仅是物质资料的再生产和经济财富的再生产，还包括自然生态系统内部物质循环和能量转化的自然生态再生产和人类智力产品的精神再生产。自然经济再生产是人口再生产、物质再生产和精神再生产的物质基础。旅游经济越发展，四种再生产越融合成为互相制约、互相作用的有机系统。现代旅游经济发展过程，实质上是社会经济系统与自然生态系统相互交织与统一运动的生态经济再生产运动过程。

（4）生态经济协调发展规律是现代旅游经济发展的基本规律。人类的旅游经济活动是在生态系统的广阔天地中进行的，人类及其旅游经济活动不仅是社会经济系统的整体，而且是自然生态系统的控制者和协调者，推动着生态经济系统按照它本身所固有的规律不断运动、变化并向前发展。因而，社会经济系统和自然生态系统之间相互平衡和协调发展，是旅游生态经济系统进化发展的总趋势。不管经济社会形态如何，社会经济系统和自然生态系统相互平衡和协调发展都具有内在必然性，因而它是一切社会经济形态下人类社会经济活动所共有的生态经济规律。

因此，以生态内生化为特征的旅游经济可持续发展方式是秉承生态经济协调发展的理念，遵循生态经济规律，以求建设协调互促的旅游生态经济，实现旅游经济协调发展战略。在这种全新的方式指导下，旅游经济发展既不能以追求利润和经济增长为基本目标，也不能以追求古朴的自然环境为基本目标，而是要以生产发展、生活提高、生态改善相统一为现代经济社会发展的战略目标，将现代经济社会的持续稳定发展建立在生物圈的稳定进展演替的基础之上，由过去常常把自然界视为经济社会发展的异己而屡遭无情报复转移到人与自然、社会经济与自然生态和睦相处、协同发展的轨道上来。这标志着我国旅游经济发展战略思想的根本转变。

3.3.4 生态向度的比较：从生态外生到生态内生

3.3.4.1 传统旅游经济发展方式的生态外生特征

工业文明时代的发展不仅是最大限度地追求经济高速增长和物质利益最大化，而且是无限制的物质占用和无节制的物质消费与享受，并把它作为人的生存与发展的最高目标，成为现代经济发展的根本动力与基本原则。

以生态外生为特征的传统旅游经济发展方式，建立在“二战”以后的经济理论发展基础之上，虽然注意到在经济增长的因素中引入经济以外的变量，却忽视了一个重要的因素，即作为现代社会经济发展的物质基础的自然生态系统及其发展，在现代旅游经济发展过程和战略决策中的重大作用。

长期以来，人类在对旅游自然生态系统的认识及其利用领域里缺乏战略眼光，不承认旅游资源数量和自然生态环境容量会成为旅游经济发展的限制因素，更不会去关心旅游资源的命运和自然生态环境的保护，不考虑对旅游资源和自然生态环境的掠夺性开发，榨取性利用和浪费性使用所带来的后果和长远影响。对旅游自然生态系统无节制地消费而丝毫不考虑对它的更新和保护，加剧了旅游经济发展中生态环境问题的严重性。

在生态外生型旅游经济发展方式的支配下，极端的经济功利主义使人类以人的利益和需要作为旅游经济活动的出发点和落脚点，否认生态的利益和需要，导致人与自然的对立，形成一种以人类对旅游资源和自然生态环境无限制的商品化转换来满足人类经济利益和物质需要为唯一目的的生存方式。于是，片面追求经济利益和经济效应最大化成为旅游经济活动的唯一目的和价值取向，并置于旅游经济工作的绝对优先地位，就必然导致把追求经济效益最大化建立在大量消耗自然资产与生态资本的基础上，用消灭生态价值来创造经济价值，在获取大量的经济效益的同时，却毁灭了巨大的生态价值，导致生态和经济的对立，形成一种在旅游经济发展过程中以经济社会系统对生态资本的无节制掠夺与消耗的旅游生产方式，使现代旅游经济发展走上了一条以牺牲生态环境为代价的不可持续发展道路。

在生态外生型旅游经济发展方式的支配下，极端的物质享乐主义使现代人的追求单一化，导致经济社会发展以人的牺牲为代价换取社会物质财富的极大增加。为了满足最大限度的物质占用和享受，其根本途径就是向自然索取，肆无忌惮地消耗珍贵的旅游资源和自然生态环境，以支撑过度膨胀的旅游经济系统的运行与发展。极端的物质享受主义使现代社会的生活方式畸形化，现代人的旅游方式主要表现为无限制地追求物欲，满足最大限度物质消费和物质享受，把物质消费作为人生的根本目标和最高价值，把追求高物质消费水平看做人的社会地位的源泉和象征。这样就淡化了人们在旅游活动中所追求的精神需求与消费，压抑了人们的生态需求与满足，人就把自己变为没有感觉和没有精神需求的存在物，是庸俗的经济动物，根本谈不上通过旅游活动来实现自身与自然的全面解放。旅游经济发展的速度越快越繁荣，越使人性、社会与自然呈现出种种病态，导致人、社会和自然界的畸形发展。

3.3.4.2　可持续旅游经济发展方式的生态内生特征

旅游生态经济社会复合系统是一个由经济、人口、资源、生态环境等组成的多目标、多质量、多层次、多因素纵横交错的立体网络系统。人类已经进入把人、自然与社会作为一个统一整体来揭示经济社会发展清晰图景的新时代，我们今天不仅能指出自然生态系统内部各个部分变化发展过程的联系，而且能够指出社会经济系统内部各个领域变化发展过程的联系，还能够从生态经济社会系统的总体上指出自然生态系统和社会经济系统各个部分、各个领域相互之间的联系。这样，我们就能够按照生态经济协调发展原理，把一个朝着恶性循环演变的生态经济系统，建设成一个持续、稳定、协调及适度发展的生机勃勃的、生机盎然的生态经济社会系统[①]。

因此，以生态内生为特征的可持续旅游经济发展方式，首先认为旅游资源和自然生态环境等生态要素是旅游经济生产和再生产的物质基础，一定数量和质量的自然生态资本是旅游经济发展的摇篮和襁褓。人类在发展旅游经济的过程中必须同自然生态保持和谐的关系，而不能把大自然作为异己的力量而与其为敌进行不择手段的征服，成为凌驾于自然生态系统之上的统治者。其次，人类从事旅游

---

① 刘思华：《生态经济协调发展论》，《刘思华可持续经济文集》，中国财政经济出版社，2007 年，第 372 页。

生产的劳动是人和自然之间关系的纽带，正是通过这个纽带，才使得自然生态系统和社会经济系统结成了有机的统一整体。各种旅游资源和自然生态环境是旅游生产劳动的第一源泉，人类劳动这个广泛意义上的经济活动成为人与自然相互作用的中介，使社会经济过程与自然生态过程紧密联系在一起，也使旅游经济成为一个把自然物质交换为社会物质财富的生态经济社会系统。

在构成旅游生态经济社会系统的生态系统与经济系统之间，生态系统是整个系统的基础，而经济系统则对整个系统的变化越来越起着主导的作用。生态系统对整个系统提供了物质基础，经济系统中运转的所有经济物质和经济能量，都是从生态系统中的自然物质和自然能量中得出来的。所以经济系统如果脱离了一定的生态系统是无法存在的。

可见，在不同的旅游经济发展方式支配下，旅游生态经济社会复合系统的演进会面临着不同的命运。如图 3-1 所示，旅游生态经济系统既有可能导入可持续发展的良性轨迹，实现生态、经济和社会的协调发展，也有可能使旅游生态经济社会系统陷入停滞或走向灭亡，即使技术的进步和制度创新能在一定程度上延缓旅游经济衰亡的命运，但是，从长远来看，生态危机的出现和加剧必然导致经济危机和社会危机的产生，也使整个旅游经济的发展陷入无可挽救的危机之中。造成不同结果的根本原因便是旅游经济发展方式的差异。

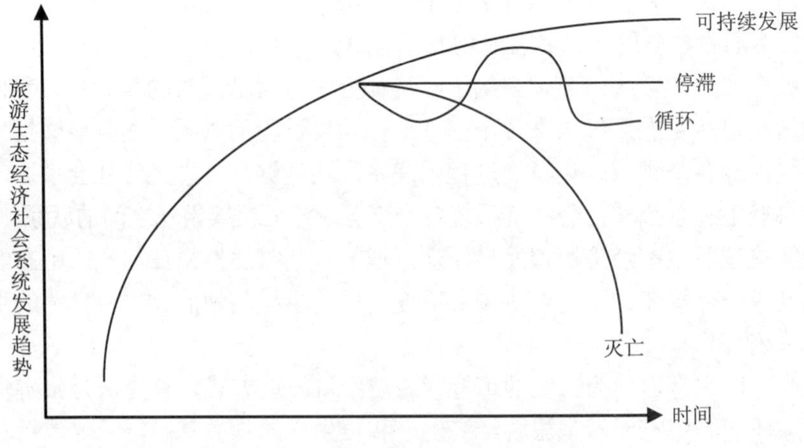

图 3-1 旅游生态经济系统的演进模式

因此，传统旅游经济发展方式和可持续旅游经济发展方式在诸多方面存在差异，如表 3-1 所示。直接影响着旅游经济的发展状态、质量与走向，对两种旅游经济发展方式的比较可以全面认识两者在理论和现实的种种不同，从而在发展观念上根本革新，代之以生态文明时代以生态内生为特征的可持续旅游经济发展方式，使旅游经济的健康发展成为国民经济可持续发展的重要组成部分，也使旅游经济成为建设“两型”社会的标志性、代表性产业。

表 3-1　两种旅游经济发展方式比较

比较内容	传统旅游经济发展方式	可持续旅游经济发展方式
时代背景	经济无限增长的工业文明时代	生态经济协调发展的生态文明时代
理论基础	以生态要素作为外生变量的生态经济分离物本框架的传统经济学理论	以生态要素作为内生变量的生态经济协调可持续发展的新经济学理论
理论前提	自然生态的供给和自净能力无限，重视经济规律，忽视生态规律	自然生态系统的供给有限性和承载极限性，遵循生态经济规律
具体特征	生态外生：自然生态系统与经济社会系统割裂分离	生态内生：自然生态系统与社会经济系统有机统一
现实表现	经济功利主义、物质享乐主义、人类中心主义导致旅游经济发展中生态经济矛盾尖锐和严重的生态危机、社会危机	人与自然、社会协同发展、物质需求与精神需求和生态需求和谐统一实现旅游经济发展中生态经济利益协调
发展要素	资本、技术、劳动、制度	资本、技术、劳动、制度、生态
发展目标	经济增长，物质财富增加	经济、社会、自然和人的全面发展
发展轨迹	走向衰亡	实现可持续发展

3.3.5　典型事例的分析比较

张燕、徐建华等（2008）曾以广西桂林的旅游经济发展为例，进行了旅游—经济—生态系统可持续协调发展评价模型构建与实证研究，结果如表 3-2 所示。对于以旅游经济为支柱产业的桂林来说，发展旅游经济，就意味着对旅游资源的开发利用，在这个过程中，如果不能处理好经济社会系统和自然生态系统之间的关系，旅游经济的发展就会面临着不可持续的风险，出现“旅游破坏旅游”的现象，要避免这一现象的产生，关键在于采取怎样的旅游经济发展方式。

从表 3-2 的研究结果可以看出，整个桂林的旅游经济呈现经济发展超前的态势，旅游—经济—生态系统也处于低度耦合状态，15 年来桂林旅游—经济—生态系统的发展关系都为颉颃状态。旅游经济发展本身对自然资源高需求、高消耗，桂林市旅游经济发展方式尚属于粗放式的生产方式，经济增长的质量和效益不高，旅游业和经济的发展必然会给生态环境带来负面的影响，必须以新型的发展模式来代替那种传统的消耗大量资源的发展模式，实现经济发展战略的根本性转变，向集约型的经济生产方式转变。旅游—经济—生态系统的综合调和指数呈增长趋势，说明在这 15 年间，桂林市政府通过调控工业发展和加大环保投资等政策措施的实施，在一定程度上遏制了生态环境的恶化。这说明旅游经济的发展和生态环境之间存在着经济增长对资源需求的无限性与资源供给能力的有限性之间的矛盾。随着经济社会的发展，生态环境的再生产能力与人类日益增长的物质文化需求能力之间的差距在拉大，一方面生态资源过度消耗，造成生态系统结构简化、功能下降；另一方面，经济发展过程中所排放的各种废弃物超过生态环境的自净能力，生态平衡被打破，生态环境恶化。

表 3-2　桂林市旅游—经济—生态系统的耦合协调度及类型[①]

年份	耦和协调度	$U_{\text{旅游}}$、$U_{\text{经济}}$与$U_{\text{生态}}$	耦合协调类型与特征	协调阶段
1990	0.246 9	$U_{\text{经济}}<U_{\text{旅游}}<U_{\text{生态}}$	旅游发展超前型，旅游与经济的发展和生态系统基本协调	低度协调
1991	0.278 9	$U_{\text{经济}}<U_{\text{旅游}}<U_{\text{生态}}$	旅游发展超前型，旅游与经济的发展和生态系统基本协调	低度协调
1992	0.315 6	$U_{\text{经济}}<U_{\text{旅游}}<U_{\text{生态}}$	旅游发展超前型，旅游与经济的发展和生态系统基本协调	低度协调
1993	0.323 0	$U_{\text{旅游}}<U_{\text{经济}}<U_{\text{生态}}$	旅游发展超前型，旅游与经济的发展和生态系统基本协调	低度协调
1994	0.342 4	$U_{\text{旅游}}<U_{\text{经济}}<U_{\text{生态}}$	旅游发展超前型，旅游与经济的发展和生态系统基本协调	低度协调
1995	0.370 0	$U_{\text{旅游}}<U_{\text{经济}}<U_{\text{生态}}$	经济发展超前型，旅游与经济的发展和生态系统基本协调	低度协调
1996	0.385 6	$U_{\text{旅游}}<U_{\text{经济}}<U_{\text{生态}}$	经济发展超前型，旅游与经济的发展和生态系统基本协调	低度协调
1997	0.409 8	$U_{\text{旅游}}<U_{\text{经济}}<U_{\text{生态}}$	经济发展超前型，旅游与经济的发展和生态系统基本协调	中度协调
1998	0.372 1	$U_{\text{旅游}}<U_{\text{经济}}<U_{\text{生态}}$	经济发展超前型，旅游与经济的发展和生态系统基本协调	中度协调
1999	0.408 0	$U_{\text{经济}}<U_{\text{旅游}}<U_{\text{生态}}$	旅游发展超前型，旅游与经济的发展和生态系统基本协调	中度协调
2000	0.455 7	$U_{\text{经济}}<U_{\text{生态}}<U_{\text{旅游}}$	旅游发展超前型，旅游业的发展超出生态系统的承载阈值	中度协调
2001	0.441 2	$U_{\text{生态}}<U_{\text{经济}}<U_{\text{旅游}}$	旅游发展超前型，旅游与经济的发展和生态系统基本协调	中度协调
2002	0.449 4	$U_{\text{生态}}<<U_{\text{经济}}U_{\text{旅游}}$	旅游发展超前型，旅游与经济的发展超出生态系统的承载阈值	中度协调
2003	0.392 2	$U_{\text{旅游}}<U_{\text{生态}}<U_{\text{经济}}$	经济发展超前型，经济的发展超出生态系统的承载阈值	低度协调
2004	0.472 6	$U_{\text{生态}}<U_{\text{旅游}}<U_{\text{经济}}$	经济发展超前型，经济与旅游的发展超出生态系统的承载阈值	中度协调

① 张燕、徐建华等：《旅游—经济—生态系统可持续协调发展评价模型构建与实证研究——以广西桂林为例》，《旅游科学》2008 年第 3 期。

因此，实证研究再次表明，作为旅游经济发展的一个典型地区和事例，桂林旅游经济的发展正处于转型阶段，也就是从传统旅游经济发展方式向可持续旅游经济发展方式变革的阶段，生态经济矛盾已经显现，但是仍可采取科学合理的手段加以调控，这也从实践角度说明加快转变旅游经济发展方式已经成为我国当前旅游经济发展中的重点问题，旅游经济发展方式亟需生态文明时代的生态化变革。

第4章

旅游经济发展方式转变的动因考察

生态外生的传统旅游经济发展方式实际上以牺牲生态环境为代价换取经济增长，以危害长远发展为代价换取当前发展，以损害全局利益为代价换取局部利益，以剥夺他人的发展资源换取自身的发展。因此失去了健全的生态基础和协调的经济关系而难以持续而使旅游经济发展不具有可持续性。转变传统的旅游经济发展方式是当前无论在理论界还是业界都必须迫切解决的问题。本章将对旅游经济发展方式转变的动因进行考察分析。

4.1 旅游经济发展方式转变的政治动因

4.1.1 科学发展观的提出

科学发展观（Scientific outlook on development），是中共中央总书记胡锦涛在2003年7月28日的讲话中提出的“坚持以人为本，树立全面、协调、可持续的发展观，促进经济社会和人的全面发展”，按照“统筹城乡发展、统筹区域发展、统筹经济社会发展、统筹人与自然和谐发展、统筹国内发展和对外开放”的要求推进各项事业的改革和发展的一种方法论。科学发展观的第一要义是发展，核心是以人为本，基本要求是全面协调可持续性，根本方法是统筹兼顾。

从本质上讲，科学发展观既从经济增长、社会进步和环境安全的功利性目标出发，也从哲学观念更新和人类文明进步的理性化目标出发，全方位地涵盖了“自然、经济、社会”复杂系统的运行规则和“人口、资源、环境、发展”四位一体的辩证关系，着重强调了要把握好3个“度”：其一是“发展度”，强调了生产力提高和社会进步的动力特征，即判别一个国家或区域是否在真正地发展，是否在健康地发展，是否在理性地发展，以及是否在保证生活质量和生存空间的前提下不断地发展。其二是“协调度”，强调了内在的效率和质量的概念，即强调合理地优化调控财富的来源、财富的积聚、财富的分配以及财富在满足全人类需求中的行为规范，即判别一个国家或区域能否维持环境与发展之间的平衡，能否维持效率与公正之间的平衡，能否维持市场发育与政府调控之间的平衡，能否维持当代与后代之间在利益分配上的平衡。其三是“持续度”，用来判断一个国家或区域在发展进程中的长期合理性，强调从“时间维”上把握发展度和协调度。

显而易见，科学发展观的提出与环境经济理论的发展密不可分，是对可持续发展观和现实资源环境挑战的积极回应。而要使科学发展观真正落到实处，必须进一步转变发展观念和经济增长方式：首先，在观念上，不能把“发展是硬道理”简单地理解为“增长是硬道理”，更不能把“以经济建设为中心”视为“以速度为中心”。其次，要大力推进经济增长方式向集约型转变，要以节约资源、保护环境为目标，加大实施可持续发展战略的力度，大力发展循环经济，在全社会提倡绿色生产方式和文明消费，形成有利于低投入、高产出、少排污、可循环的政策环境和发展机制，并完善相应的法律法规。基于此种认识，在科学发展观战略思想的指导与作用下，有效促进生态外生型传统旅游经济发展方式向生态内生型可持续旅游经济发展方式的转变成为当前一项迫在眉睫的重要任务。

用科学发展观指导和统领旅游经济的发展，就是要坚持“以人为本”，更加注重旅游产业的全面、协调和可持续发展。[①]所谓“以人为本”，就是把维护人民群众的根本利益作为发展旅游业的出发点和落脚点，最大限度地满足人民群众日益增长的旅游需求，满足广大旅游者的需求，以游客满意为中心，以广大旅游经营者为依托，以旅游人才为支撑，努力实现旅游业发展与促进人的全面发展相结合。所谓“全面”，就是要在不断深化和完善旅游经济体制改革，保持旅游经济总量持续、快速增长的同时，增强旅游产业对经济发展、社会进步和生态协调的促进作用，形成相互促进、共同发展的格局。所谓“协调”，就是要在“五个统筹”的要求下，在旅游产业内部的各生产要素之间、与其他产业之间、与发展环境因素之间统筹兼顾，调动一切积极因素，妥善处理各种利益关系，实现速度、结构、质量和效益的统一。所谓“可持续”，就是要正确处理好旅游开发与保护的关系，处理好旅游发展与资源利用、生态环境保护的关系，使旅游经济走上长久持续的发展道路。

由此可见，树立科学发展观是建设中国特色社会主义事业的根本指导思想，

---

① 王芳：《以科学发展观统领旅游经济的发展》，《辽宁教育行政学院学报》2007 年第 7 期。

是适应全面建设小康社会和实现现代化的需要，着眼于把握发展规律、明确发展目的、丰富发展内涵、创新发展观念、开拓发展思路、破解发展难题的根本指针，也是促进旅游经济发展方式转变的重要思想保证。

4.1.2 生态文明时代的到来

2007 年党的十七大报告提出："要建设生态文明，基本形成节约能源资源和保护生态环境的产业结构、增长方式、消费模式"。这一决策标志着在我国生态文明时代正款款而来。所谓"生态文明"（Ecological civilization），是指人类遵循人、自然、社会和谐发展这一客观规律而取得的物质与精神成果的总和；是指以人与自然、人与人、人与社会和谐共生、良性循环、全面发展、持续繁荣为基本宗旨的文化伦理形态。作为人类文明的一种重要形态，生态文明以尊重和维护自然为前提，以人与人、人与自然、人与社会和谐共生为宗旨，以建立可持续的生产方式和消费方式为内涵，以引导人们走上持续、和谐的发展道路为着眼点，它强调人的自觉与自律，强调人与自然环境的相互依存、相互促进、共处共融，既追求人与生态的和谐，也追求人与人的和谐。可以说，生态文明是人类对传统文明形态特别是工业文明进行深刻反思的成果，是人类文明形态和文明发展理念、道路和模式的重大进步。工业文明的生产方式，从原料到产品到废弃物，是一个非循环的生产过程，以无限地攫取有限资源为代价；工业文明的生活方式则以物质主义为原则，以高消费为特征，认为更多地消费资源就是对经济发展的贡献。但严酷的现实表明，工业文明生产所依托的许多资源都是不可再生的，"涸泽而渔"、"焚林而狩"的做法将给人类社会带来灾难性后果。

步入生态文明时代，经济发展由"保增长"转向"促转型"成为一种必然。毋庸置疑，旅游经济发展方式自然也将与时俱进，随着这股洪波巨澜产生根本性的变革。

在以往的旅游经济发展过程中，旅游资源粗放式开发造成生态环境破坏的例子比比皆是。例如，许多旅游投资者通过融资租赁的形式获得旅游地的开发权后，为了实现租赁期内的利润最大化，在开发中过度地追求旅游项目和旅游产品的多元化，而对于生态环境的控制很容易患上短视症，措施不力，草率为之，往往是租赁期满离开后带走大量的财富，留下无法恢复的生态环境。尽管在短暂的租赁期内给当地带来一定的财税收入，却牺牲了其进一步可持续发展的空间。这样的结果显然与生态文明建设的要求是相悖的。

由于生态文明已经成为全世界范围内的共识，并代表着一种新的潮流，我国目前已经有一些具有社会责任感的旅游企业开始在开发旅游的过程中主动践行生态文明，尝试生态内生型旅游经济的发展模式。例如，深圳东部华侨城景区茵特拉根小镇和茶翁古镇的开发就在实现人与自然和谐共生方面做出了有益的实践，在获得大梅沙地块的开发权后，为了景区建成后的地表垃圾不影响到附近饮用水源水库的水质环境，华侨城集团首先投入了 1 000 多万元人民币在水库周围修建了一片人造湿地作为缓冲带，同时湿地上种植的五颜六色的花卉也为景区平添了一个极具观赏力的旅游亮点。事实证明，深圳东部华侨城景区这种生态旅游开发的成功实践较好地实现了旅游经济发展与生态环境保护的有机统一，对其他旅游景区的开发具有十分重要的借鉴意义。

生态文明致力于构造一个以环境资源承载力为基础、以自然规律为准则、以同时实现代内公平和代际公平为追求、以可持续社会经济文化政策为手段、实现经济、社会、环境的共赢的文明社会，它为旅游经济发展方式的转变提供了强大的理论动力。

4.1.3　构建和谐社会、“两型”社会的要求

和谐社会（Harmonious Society），是 2004 年 9 月 19 日中国共产党在第十六届中央委员会第四次全体会议上正式提出的一种社会发展战略目标，指的是一种和睦、融洽并且各阶层齐心协力的社会状态。“民主法治、公平正义、诚信友爱、充满活力、安定有序、人与自然和谐相处”是和谐社会的主要内容。进入 21 世纪，我国的改革与发展也逐渐步入一个关键时期，改革在广度上已涉及经济、政治、文化等所有领域，在深度上已触及人们具体的经济利益，发展方面已由单纯追求经济 GDP 上升到追求经济 GDP 与人文 GDP、环保 GDP 的统一，实现人口、资源、环境统筹协调发展。国际经验表明，当一个国家进入人均 GDP 1 000～3 000 美元的时期，既是黄金发展期，也是矛盾凸显期，处理得好，能够顺利发展，经济能够很快上一个新台阶，处理不好，经济将停滞不前或倒退。目前我国已进入人均 GDP 1 000 美元阶段，为了避免可能出现的经济社会问题，巩固改革发展的成果，推动经济可持续发展，应积极维护社会稳定，促进社会和谐，重构社会结构，完善社会组织，调整社会关系，转变经济发展方式，化解各类矛盾和问题，努力实现经济与社会的协调发展。

“两型”社会指的是“资源节约型、环境友好型”社会。资源节约型社会是指整个社会经济建立在节约资源的基础上，建设节约型社会的核心是节约资源，主要包含了探索集约用地方式、建设循环经济示范区、深化资源价格改革。环境友好型社会是一种人与自然和谐共生的社会形态，其核心内涵是人类的生产和消费活动与自然生态系统协调可持续发展，囊括了建立主体功能区，制定评价指标、

生态补偿和环境约束政策以及完善排污权有偿转让交易制度等。温家宝总理在政府工作报告中提出，“要在全社会大力倡导节约、环保、文明的生产方式和消费模式，让节约资源、保护环境成为每个企业、村庄、单位和每个社会成员的自觉行动，努力建设资源节约型和环境友好型社会”。随着经济的发展，资源的约束越来越突出，在这种情况下，为了保证经济“又好又快”的发展，我国经济结构要面临转型，即从过去那种“高投入、高能耗、高污染、低产出”的模式向“低投入、低能耗、低污染、高产出”转变。

无论是构建和谐社会还是构建“两型”社会，都对经济转型提出了明确的要求，反映到旅游行业中，就是要推进旅游经济发展方式的转变。具体而言，就是要促进旅游地社会经济系统对物质性资源在时间、空间、数量等方面的最佳利用，并强化社区与居民的协同受益和进化发展。在旅游资源利用方式上，使旅游经济增长建立在旅游产品人本含量提高、环境效益提高、企业效益提高和社区生活水平提高的基础上。[①]

4.2 旅游经济发展方式转变的经济动因

4.2.1 旅游自身发展面临升级转型

经济发展与经济增长是内涵与外延完全不同的两个基本概念。具体地说，经济发展的内涵包括 3 个方面：①经济数量的增长，即一个国家或地区产品通过增加投入或提高效率获得更多的产出，构成经济发展的物质基础；②经济结构的优化，即一个国家或地区投入结构、产出结构、分配结构、消费结构等各种结构的协调和优化，是经济发展的必然环节；③经济质量的提高，即一个国家或地区的经济效益水平、社会和个人福利水平、居民实际生活质量的提高、经济稳定程度、自然生态改善程度以及政治、文化和人的现代化，是经济发展的最终标志。经济增长是指一个国家或地区经济量上的变化或增加，即指一定时期产品和劳务的增长。经济增长包含在经济发展之中，它是促成经济发展的基本动力和物质保障。一般而言，经济增长是手段，经济发展是目的；经济增长是经济发展的基础，经济发展是经济增长的结果。[②]同理，生态外生型传统旅游经济发展方式作为单纯追求旅游经济增长的发展方式，实际上只是旅游经济发展的一种“过程状态”；而生

---

① 王洁：《“两型”社会建设中武汉城市圈生态旅游发展思路》，《商业时代》2009 年第 7 期。

② 邓鹏、何金泉、何慧琳：《我国经济发展方式的转变及路径选择》，《重庆交通大学学报（社会科学版）》2008 年第 5 期。

态内生型可持续发展方式同时关注旅游经济数量增长、旅游经济结构优化和旅游经济质量提高，是旅游经济发展到较高层面的一种“理想状态”。

我国的旅游业经过 30 余年从弱到强的壮大发展，经历了高资源代价、高环境代价的高速增长阶段，基本达到了旅游经济发展的“过程状态”，通过其自身的自组织功能也已积蓄了较强的向旅游经济发展“理想状态”转变，实现升级转型的动能。

4.2.1.1　旅游资源驱动

旅游资源是指那些凡是能够激发旅游者的旅游动机并促动其实现旅游活动，可为旅游业发展所利用，并由此产生一定的经济、社会及生态环境效益的一切自然存在和社会创造。[①]一个国家或地区旅游资源的特色、丰度状况、利用程度及开发水平，直接影响到其旅游业经营的规模和与之相关的旅游消费水平。旅游资源既有有形的如山川、泉瀑、园林、寺塔等形态化的物质资源，也有无形的如文化、民俗等不易感知和触摸到的非物质资源。无论哪种形式的旅游资源，如果利用和保护不当，都容易遭到破坏、消失甚至永远不可再生。我国目前已有 26 个省市自治区将旅游业定位为“支柱产业”[②]来发展，基层县、乡、镇、村开发旅游的热潮如火如荼，“旅游名镇”、“旅游名村”遍地开花，凡是对旅游者稍具吸引力的资源基本上都成为旅游开发的对象。尽管政府早已把提高资源利用率和转变经济增长方式作为经济社会可持续发展的主题与当务之急，但习惯于以 GDP 作为经济增长目标和考核政府官员政绩的主要指标，使以大量消耗资源和粗放经营为特征的传统发展模式得以延续，重发展速度和数量，轻发展效益和质量，重外延扩大再生产，轻内涵扩大再生产，对旅游资源重开发轻保护，加上合理开发旅游资源的技术发展滞后，以及中央政府与地方政府基于管理角色差异而导致的利益博弈造成旅游资源有效利用机制的缺失，使旅游经济增长在很大程度上主要依靠旅游资源的过度消耗和掠夺开发来实现，存在着“高投入、高消耗、高排放、不协调、难循环、低效率”的问题。因此，转变旅游经济发展方式，由旅游资源的粗放式开发转向精致化开发成为旅游经济发展的一种内在需求。

4.2.1.2　旅游环境驱动

旅游与环境之间的作用关系是一个双向的交互过程，两者相互依赖且相生相克。旅游开发以旅游目的地的环境为依托，同时又以人为因素对环境的影响为代价。伴随着旅游业的蓬勃发展，旅游环境质量问题也日益突出。在旅游业为满足旅游者住、食、行、游、娱、购等需求而进行旅游产品生产的时候，必然会引起

---

① 马勇、周霄：《旅游学概论（第二版）》，旅游教育出版社，2008 年，第 30 页。

② 一般来说，当某种产业的生产总值在国民经济体系中的比重达到 5%时，就可以称其为“支柱产业”。

程度不统一的环境污染和生态破坏。特别是人类在开发建设风景区的时候，必然对它输入一定的物质和能量，如建筑材料、物质设备、食物、燃料等，这就对景观生态系统物质循环与能量流动产生一种很强的干扰。旅游者作为旅游产品的消费者，在旅游消费活动中又再次产生干扰或污染。例如将原始森林辟为森林公园，往往引起某些物种尤其是野生动物濒临灭绝，而络绎不绝的游人又会使许多动物远走高飞。①一个显著的事实是，我国旅游地环境质量退化加剧，几乎每一个旅游地都面临着水污染、大气污染及垃圾污染等环境压力。此外，旅游环境容量问题也不容忽视，例如假日旅游“火爆”的背后是景区内的拥挤不堪、人满为患、交通紧张、食宿困难等一系列难题。可见，只有以切实保护旅游环境为前提，转变旅游经济发展方式，才能实现旅游业的可持续发展。

4.2.1.3 旅游竞争力驱动

在市场经济条件下，竞争是所有企业都必须直面的挑战。随着经济全球化和信息技术的飞速发展，市场竞争也日益激烈。尤其是2001年中国正式加入世界贸易组织（WTO）之后，我国旅游企业所面临的外部竞争压力空前加大。实际上，在我国服务贸易的大门完全向国外打开之前，由于对国外旅游企业准入门槛的限制，国内旅游企业是在一种相对受保护的状态下进行的内部不完全竞争，在这种竞争状态下，旅游经济并非是最具效率和活力的；而随着《服务贸易总协定》的签订，与国外大型旅游企业集团在同一起跑线上赛跑立刻成为一种现实，国内外旅游企业将在资金、资源、人才、效率等诸多方面进行全方位比拼。此时，如果不转变旅游经济发展方式，就不能从根本上提升旅游经济的整体实力，就会直接影响我国旅游经济的国际竞争力。

4.2.2 旅游市场生态需求不断升温

世界旅游组织将2002年定为“国际生态旅游年”，并同联合国环境规划署（UNEP）、国际生态旅游协会（TIES）于同年5月在加拿大魁北克省召开的世界生态旅游峰会上发表了《魁北克生态旅游宣言》，大力推动了生态旅游在世界范围内的大发展，全球很多机构、学术团体、公司企业、政府和非政府组织都把生态旅游作为协调经济发展与环境保护的最佳选择。而早在1999年，我国国家旅游局就确定当年的旅游主题为“生态环境旅游年”，引发全国各地不同形式的生态旅游活动风起云涌。近年来，我国的生态旅游与自然保护区建设、森林公园管理、自然景观

① 王文斌：《旅游景区环境承载力研究——以九寨沟—黄龙核心景区为例》，西南交通大学博士论文，2007年，第1～2页。

资源开发和生物多样性保护结合，使生态旅游事业又向前迈出了科学而坚实的一步。

由于生态旅游是通过人们喜闻乐见的形式，生动形象的宣传来展示自然科学知识，提高人们的环保意识和科学文化素养，同时还贯穿了美的欣赏，身心的愉悦和体质的增强，因而受到广大人民群众的青睐，其市场需求不断升温。据有关统计数据表明，生态旅游在旅游业中增长最快，年增长率高达 30%。

作为 21 世纪里兴起的一种全新的旅游形式，生态旅游在遵循可持续发展原则的过程中，需要建立一系列相应的规范和标准来实现其对自然和社会负责的承诺。①生态旅游观则在很大程度上对原来的旅游经济发展观起到了重要的修正作用。②

生态旅游的自然观认为：生态旅游是“到相对没有受干扰和污染的自然界去旅游，尽情欣赏大自然风光，并感受人类文明发展的历史”③，需要“带着真诚去旅游，去感受相对原始的乡村环境和乡土文化，观察和亲近野生动物，在不损害地方文化和自然资源的情况下尽情游乐”④。简单地讲，生态旅游就是享受自然，并通过对大自然真实的感受和体验，唤醒人们的环境意识。

生态旅游的环保观认为：生态旅游过程中对大自然的感受、认识和改善都应谨慎从事，从而使它不会产生传统旅游可能产生的环境和社会问题。它将努力为每个旅游者树立更加清晰的环保意识，并对旅游目的地的社会经济发展和生态条件的改善作出积极的贡献。⑤因此，生态旅游就没有必要大规模、集中性地开发，以免造成生态环境的恶化，而是应尽可能地让人们更多地接触和体验大自然的奇妙，进而认识到环境的价值并加以保护，保留那些曾经遭到破坏而加以修复的环境。⑥

生态旅游的经济观认为：生态旅游应当是一种模式，即将自然区域作为发展旅游的基础部分，而其中的生物资源则是和社会经济密切相连的部分。通过对当地的投资和当地居民的参与，小规模渐进式发展，提供一种既能保护环境又能带动经济发展的机遇。⑦因此，通过社区参与的方式建立和保护生态旅游区，并通过市场化加强管理，进而对旅游目的地的社会经济发展和生态条件的改善作出积极的贡献应该成为一种既发展经济又保护环境的理想化答案。

正是基于上述共识，旅游市场的生态需求日益强烈。可以说，作为旅游市场

---

① 钟永德、袁建琼、罗芬：《生态旅游管理》，中国林业出版社，2006 年，13-14。

② 刘静艳、颜亮、彭少麟：《生态旅游观的发展及其应用》，《生态学》2003 年第 5 期。

③ Ceballos-Lascuria H. 1987. The future of ecotourism[J]. Mexico J.，1：13-14。

④ Williams P W. 1992. A local framework for ecotourism development[J]. Western Wildlands，18（3）：14-19。

⑤ Butler R. 1989. Alternative tourism：pious hope or trojan horse[J]. World Leisure and Recreation，31（4）：9-17。

⑥ Brause D. 1992. The challenge of ecotourism：balancing resources，indigenous people，and tourists[J]. Transitions Abroad，12：29-31。

⑦ Place S. 1991. Nature tourism and rural development in tortugero[J]. Ann. Tourism Res.，18（2）：186-201。

的重要组成部分，生态旅游的勃兴和逐渐走向深入，构成旅游经济发展方式转变的市场动因。

4.2.3 旅游生态补偿机制有望完善

生态补偿(Ecological compensation)是当前生态经济学界的热点问题之一。1992年联合国《里约环境与发展宣言》及《21世纪议程》中将其表述为“在环境政策制定上，价格、市场和政府财政及经济政策应发挥补充性作用；环境费用应该体现在生产者和消费者的决策上；价格应反映出资源的稀缺性和全部价值，并有助于防止环境恶化。”①本质上看，生态补偿就是促进生态保护的经济手段或者说制度安排。

我们必须正视旅游开发对环境的负面影响，哪怕被普遍看做是对协调旅游经济发展和环境保护具有积极作用的生态旅游，也仍然可能给环境造成某些消极影响。所以，在旅游经济发展过程中引入生态补偿机制显得尤为必要和紧迫。旅游生态补偿机制是旅游经济发展与资源环境容量有限之间矛盾运动的必然产物，它运用“资源价值论”的观念重新评价生态环境资源的实现价值，运用政府调控与市场化运作的方式让开发、利用、破坏生态环境资源的人们支付相应的经济补偿，用于生态建设和环境保护，以便为旅游发展提供可持续利用的资源基础和生存环境。②旅游生态补偿机制应该存在下列3种模式：

（1）财政转移型旅游生态补偿机制。其实质就是政府在公平的基础上将部分财政收入进行重新再分配的过程，政府运用补贴或奖励的形式，对保护和建设生态环境中的公益劳动行为给予不完全的报酬支付，对因保护生态环境而牺牲自身利益的人们给予不完全的补给。但这种补偿机制完全依靠“外部输入性供给”，使当地生态保护和建设工作缺乏自我发展的机制，丧失了生态保护的内驱原动力和内生支撑力。而且，补偿资金是按照财政收入的一定比例支出，与实际发生的经济损失或贡献大小的关联度不强，无法对损益者所牺牲的利益进行全部性补偿，难以满足受补者对补偿强度的现实需求。

（2）反哺型旅游生态补偿机制。此种补偿机制的关键在于准确找到因为旅游开发行为而形成的经济受益者和生态环境损益者，由受益者按照适当的比例对损益者进行补偿。由于生态环境资源作为外部性的公共物品具有投入产出的外溢性，对区际环境变化与相邻地区社会增长之间内在联系的清晰显示存在一定困难，确定科学合理的补偿计算方法并对补偿机制进行操作量化是反哺型生态补偿机制能

① 孙新章、谢高地、张其仔等：《中国生态补偿的实践及其政策取向》，《资源科学》2006年第4期。

② 米姗姗、阎友兵：《试论生态旅游与生态补偿机制的构建》，《企业家天地（理论版）》2007年第1期。

否顺利实施的关键性因素，必须在生态补偿的受益者和损益者之间找到最佳的平衡点，多方考察，联动运作，建立一套相应的生态补偿评价体系。

（3）公益型旅游生态补偿机制。此种补偿机制代表着生态补偿机制未来的发展趋势。本着“谁开发谁保护，谁破坏谁恢复，谁利用谁补偿”的原则，国家根据生产经营方式和环境保护活动等因素来增收生态环境补偿费，补偿金纳入预算管理后转为用于生态环境保护的专项费用，对因保护生态而放弃正常发展的受损者进行补偿，对生态环境的建设者进行资助。公益型生态补偿机制能够处理好地区和地区之间、近期与长期之间的生态利益关系，在法律和市场手段的共同调解下能盘活整体生态资源，为社会发展构建起环境资源支撑体系。目前，广西、江苏、福建等省区已经制定了生态环境补偿费征收管理办法，在旅游行业中征收生态环境补偿费。

显然，旅游生态补偿机制的出现本身就是旅游经济发展方式转变的一种制度尝试，随着旅游生态补偿机制的不断完善，旅游经济发展方式也将不断走向健康、科学。

4.2.4 旅游循环经济正在逐步推广

1990 年代以来，面对全球人口剧增、资源短缺、环境污染和生态蜕变的严峻形势，循环经济的概念及模式一经提出便被各国（无论是发达国家还是发展中国家）所重视，进而引申出建立循环社会的宏伟目标。进入 21 世纪后，我国明确提出了要走科学发展的道路，发展循环经济是我国未来社会经济可持续发展的最佳模式。[①]在 2005 年出版的《中国旅游目的地发展研究报告》中，“发展旅游循环经济是实施旅游可持续发展战略的重要载体和最佳模式，是 21 世纪旅游资源开发保护的战略选择”作为一项命题在国内首次提出。

旅游循环经济是循环经济理论在旅游业中的运用，是循环经济思想与可持续发展思想在旅游业中的具体体现。发展旅游循环经济是实现社会、经济和环境“共赢”的需要。传统旅游经济发展忽视了社会经济结构内部各产业之间的有机联系和共生关系，忽视了社会经济系统和自然生态系统之间的物质、能量和信息传递、迁移、循环，违背了旅游地生命周期理论等规律，形成了资源消耗型的线性经济发展模式，导致很多旅游资源遭到破坏或者枯竭，产生环境污染，造成经济社会和人民健康的损害。[②]而旅游循环经济严格遵循“3R”原则[即减量化（Reduce）、再利用（Reuse）、再循环（Recycle）]，模拟自然生态系统运行方式，运用生态学

① 邵蕾：《旅游循环经济与可持续发展研究》，《才智》2008 年第 11 期。

② 刘艳红：《中国循环旅游经济的发展战略》，《河北科技师范学院学报》2005 年第 9 期。

规律指导一切旅游经济活动，通过预防和再利用代替“末端治理”，各个环节全方位地节约资源和保护环境，在旅游开发和旅游运营中实现旅游景区的环保性开发、旅游资源高效率利用、旅游产品的生态设计和旅游者的可持续消费，使旅游经济的发展从数量型向质量型转变，同时还拉长了旅游产业链，推动了环保产业和其他新型产业的发展，增加了就业机会，促进了社会发展。

旅游循环经济的实践涉及旅游业的各个相关层面，包括旅游目的地、旅游客源地及旅游通道等环节，需要从旅游区的规划、开发、旅游活动开展的全过程综合考虑。旅游循环经济体系的构建包括 4 个环节（图 4-1）：①

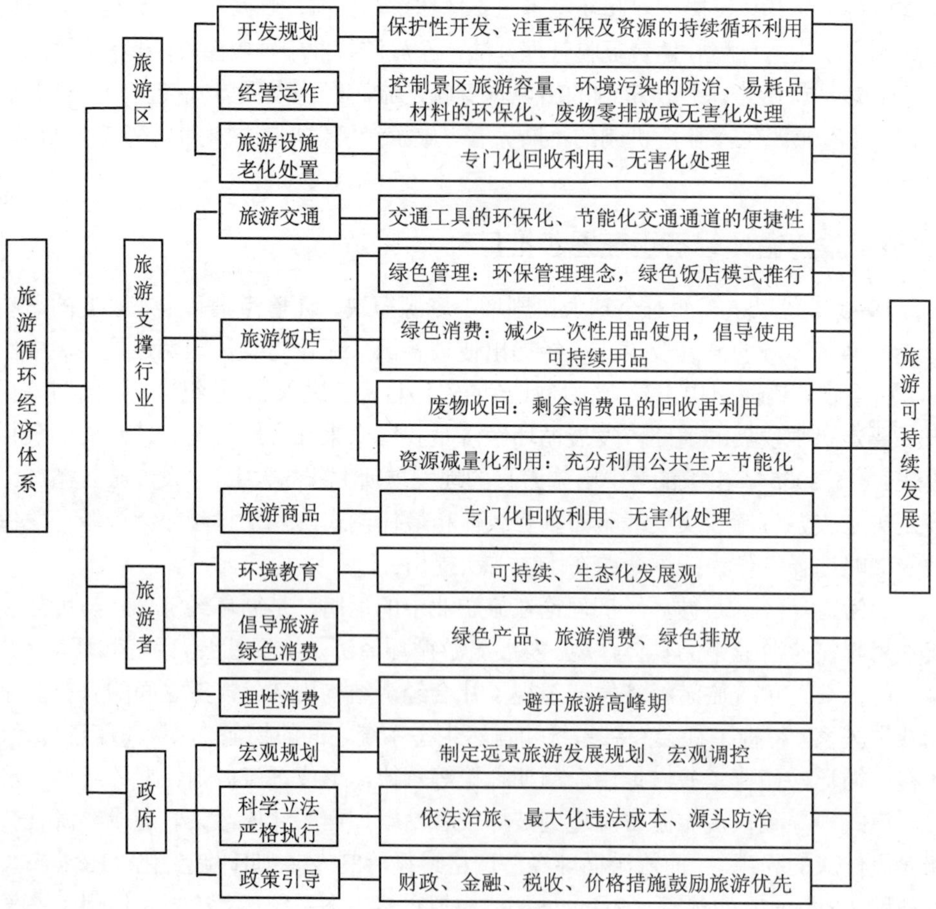

图 4-1 旅游循环经济体系

① 杨向阳、明庆忠、李庆雷：《发展旅游循环经济刍论》，《资源开发与市场》2008 年第 3 期。

可以预见，旅游循环经济代表了我国旅游业未来发展的方向，它也构成了旅游经济发展方式转变的内生动力。

4.3　旅游经济发展方式转变的社会动因

4.3.1　社会环保意识的觉醒

2009 年 12 月 7 日，在丹麦首都哥本哈根召开的全球气候变化峰会上，全世界再一次将目光聚焦于环境保护问题，各国都以较为积极的姿态参与其中，集思广益，献计献策。可以说此次会议是全人类对当前生产和生活方式的一次集体而深刻的反思。人类意识到生产和消费过程中出现的过量碳排放是形成气候问题的重要因素之一，因而要减少碳排放就要相应优化和约束某些消费和生产活动。由于“低碳生活”（Low-carbon life）理念顺应了人类“未雨绸缪”的谨慎原则和追求完美的心理与理想，一经提出就得到广泛的认同与推崇。

所谓低碳生活，是指生活作息时尽量减少能量耗用，从而减低二氧化碳排放量的生活方式。实际上，低碳生活就是一种简约生活的态度，是每一个普通的社会个体自然而然地去节约身边各种资源的一种生活习惯。可喜的是，作为追求低碳生活方式的族群，“低碳族”已经悄然兴起，其规模不断扩大，他们不仅自己主动在衣、食、住、行等方面厉行节约，而且还积极地去影响周围的人，纠正身边的各种浪费资源的行为。尽管二氧化碳给全球带来的环境危机依然十分严重，但日益觉醒的社会环保意识却让我们看到了让地球重新恢复勃勃生机的希望和曙光。

值得一提的是，与众多其他减碳手段相比，“林业碳汇”措施因其成本低、效益高、操作易而备受青睐。林业碳汇是通过实施造林和森林经营管理、植被恢复等活动，吸收固定大气中的二氧化碳，释放氧气，从而起到减少空气中二氧化碳的作用。在北京的八达岭，一个碳汇林林场已经成型，如果想抵消掉自己的碳排放，可以来这里购买碳汇林或种树，这种减碳方式吸引了大量的环保先行者，也成为“低碳族”实现“去碳化”承诺的首选。从另外一个角度来看，林业碳汇也是环保教育与森林生态旅游完美结合的产物，是生态外生型传统旅游经济发展方式向生态内生型可持续发展方向成功转变的典型例证。

与“低碳族”类似，“乐活族”（Lifestyles of Health and Sustainability，LOHAS）也是进入 21 世纪后兴起的一个倡导环保和绿色生活理念的族群，他们崇尚义利合一、天人合一与身心灵均衡发展的价值观，树立离苦得乐、与自然和他人共乐的人生观，主动放弃违背道德、健康、环保与可持续原则的思想与理念，树立人与自然、人与社会、传统与现代、国内与国际都能和谐共生的发展观。“乐活”这个概念是美国社会学者保罗·瑞恩在 1998 年出版的力著《文化创意者：5 000 万人如何改变世界》中首先提出的，意为“健康永续的生活方式”。形象地讲，“乐活” 就是在消费时，会考虑到自己和家人的健康以及对生态环境的责任心。这个全新概念的出现，无形中给既要享受现代技术生活又要对自然环境负责的态度倾向下了定义，如同法国学者利奥塔在研究后现代的著作中思考的那样：“后现代总是隐含在现代里，启蒙、后启蒙和非启蒙呈现顺序状态，追求与自然的和谐直接将现代性引入到了后启蒙中”。

由于乐活理念顺应了社会发展的大趋势，乐活生活方式早已流行于欧美发达国家。据不完全统计，在美国每 4 人中就有一人是“乐活族”，欧洲约是 1/3。“乐活”理念传入中国时间虽不长，但已为很多人所接受，并成为一种生活趋势。在宁波举行的 2008 中国青年 LOHAS 时尚文化论坛上，共青团中央和全国学联也力推“乐活”理念，期待更多的人主动加入“乐活族”的队伍中来。

随着“乐活族”的异军突起，“乐活”市场也随之应运而生，包括持续经济（再生能源）、健康生活形态（有机食品、健康食品等）、另类疗法、个人成长（如瑜伽、健身、心灵成长等）和生态生活（二手用品、环保家具、节能汽车、生态旅游等）。从丰田到福特，所有尝试混合动力汽车和氢燃料汽车的制造商每年都要走秀上台；有机食品生产商们更是不遗余力地往 LOHAS 概念上靠拢；甚至旅行社也针对 LOHAS 认同者的增多，频繁打出绿色的自然之旅。按照美国《商业周刊》的说法，如果把所有跟 LOHAS 概念挂钩的产业都统计在一起，一夜之间美国出现了一个接近 4 500 亿美元的超级消费理念市场。

不论是在“低碳族”还是在“乐活族”身上，都贴上了鲜明的环保标签，他们对环保生活方式的不懈追求与恳切要求，直接构成了旅游经济发展方式转变的强大动力。

4.3.2 旅游方式的绿色转变

21 世纪，“绿色”被视为文明的标志。在人们生产生活的各个领域纷纷刮起“绿色风暴”，旅游业也不例外，“绿色旅游”方兴未艾并逐渐成为一种新的社会潮流。绿色旅游（Green tourism）是由全球最大的非营利性环保组织——保护国际等环保机构在近年来提出的一种出游新方式，希望游客在旅游时既能放松身心又可以保护环境，并可以用简单易行的方法减少自己对环境带来的影响。以这种方式旅游的游客则被称为“绿色游客”。

绿色旅游作为一种新的旅游形态，具有观光、度假、休养、科学考察、探险和科普教育等多重功能。对旅游者来说不仅是享乐体验，而且也是一种学习体验，不是单纯地利用自然环境，而是依靠自然和旅游的并行关系在对自然带有敬畏感和环保意识的基础上进行的旅游，它增加了旅游者与自然亲近的机会，深化了人们对生活的理解。

在绿色旅游的实践中要做到无污染旅行，只要在安排交通、准备饮食、设计活动时按照生态智慧的原则来进行就可以实现，国外一些“绿色游客”的做法对于绿色旅游在世界范围内向更加深入和广阔的层面来开展具有非常重要的示范意义，值得大力推广。在英国，每年大多数家庭都会安排假期，于是长途旅行每年造成了大量的二氧化碳排放，为此越来越多的旅行社和志愿组织提倡绿色出游，其中一种最受关注的方法就是让那些在无法避免的情况下需要搭乘飞机的旅客捐款植树，以此抵消旅程对环境的影响。有人倡议，从英国到冰岛旅游的旅客植树 1 棵，到厄瓜多尔的旅客植树 3 棵，以便达到保护环境的目标。而德国人在旅游的时候第一件事就是准备一个大大的旅行包，里面有筷子、勺子、牙刷、牙膏等，他们用手绢而不是纸巾擦汗，旅馆不提供任何一次性生活用品，全由客人自带。景区内看不到用野生动物制作的旅游纪念品，餐馆里也无野味可供食用，因为捕杀、食用野生动物违反法律。日本的多家旅游社为保护生态环境，推出一日游特别团。游客在观赏湖山美景之际，动手收集园林中的垃圾，以保护园林的整洁。游客只需在风景区收集垃圾 1 小时，便可免费享受温泉浴和午餐。

在我国，绿色旅游主要以森林公园、自然保护区、野生动物园和生态农业园等形态的旅游地为依托。①这类地方既是旅游消费者心仪的旅游目的地，也是旅游开发者积极投资的热土。近年来，随着绿色旅游热，其数量和规模都有了较大幅度的增长。以森林公园为例，来自国家林业局森林公园管理办公室的统计数据显示，截至 2007 年年底，全国共建立森林公园 2 151 处，总经营面积 1 597.47 万 hm^2，其中国家级森林公园 660 处，经营面积 1 124.94 万 hm^2。我国的“绿色游客”在旅游形式上也表现得多种多样，森林旅游、滑雪旅游、探险旅游、攀岩旅游、海洋旅游、沙漠旅游、观鸟旅游、徒步旅游、民俗旅游以及“农家乐”等绿色专项旅游形式受到广泛欢迎与青睐。此外，众多环保机构也在为绿色旅游的推广不遗余力。例如，2007 年 5 月 1 日，山水自然保护中心联合 50 余家中文网站作为绿色旅游公益合作伙伴，向当年“五一”黄金周期间中国境内庞大的游客人群发出“绿色旅游”倡议书，号召游客在线签署“绿色旅游承诺”。尝试用民间参与的方式推广绿色旅游、提高游客意识。

概括来说，绿色旅游的兴起源于旅游经营者和旅游消费者基于社会发展趋势

---

① 张林博、张俐俐：《浅析绿色旅游及在中国的发展》，《生态经济》2009 年第 1 期。

把握的理念革新。就旅游经营者而言，经济效益、社会效益与环境效益的和谐统一，引导以绿色环保为宗旨的健康消费时尚成为其终极目标。就旅游消费者而言，绿色审美理念、绿色行为理念逐渐深入人心，旅游景观中的原生形态美成为审美的最高理想；“除了脚印什么也不要留下，除了照片什么也不要带走”的口号则成为人们外出旅游的行为准则。①

毫无疑问，人们旅游方式的绿色转变，也将在很大程度上推动旅游经济发展方式与时俱进，实现由生态外生型向生态内生型的转变。

4.4 旅游经济发展方式转变的自然动因

4.4.1 旅游经济发展对生态需求量和依赖度增大

（1）需求原因。在旅游资源环境存量一定的情况下，需求增长是导致其对旅游经济可持续发展约束的首要原因。

（2）利用原因。尽管政府早已把提高资源利用率和转变经济增长方式作为经济社会可持续发展的主题与当务之急，但习惯于以 GDP 作为经济增长目标和考核政府官员政绩的主要指标，使以大量消耗资源和粗放经营为特征的传统发展模式得以延续，重发展速度和数量，轻发展效益和质量，重外延扩大再生产，轻内涵扩大再生产，对旅游资源重开发轻保护，加上合理开发旅游资源的技术发展滞后，以及中央政府与地方政府基于管理角色差异而导致的利益博弈造成旅游资源有效利用机制的缺失，使旅游经济增长在很大程度上主要依靠旅游资源的过度消耗和掠夺开发来实现，存在着“高投入、高消耗、高排放、不协调、难循环、低效率”的问题，成为加剧旅游资源环境对可持续发展约束的主要原因。

（3）管理原因。有效管理是节约旅游资源和保护生态环境的重要手段，然而我国资源环境管理不完善，成为资源环境对可持续发展约束的基本原因。尽管我国已颁布实施了《节约能源法》《矿产资源法》《水法》《清洁生产促进法》《可再生能源法》等法律，但在资源节约和综合利用方面仍然是薄弱环节，一些法律的内容已不适应社会主义市场经济体制日臻完善的形势要求，有些法律的原则性较强、可操作性较差，各经济主体节约资源和保护环境的法律义务和责任不明确，加之法律执行力度不够，检查监督不到位，使法律法规失去本身的严肃性，难以对浪费资源和破坏环境的行为实施有效惩处，加剧了旅游资源消耗和浪费。

① 尹华光、王晓彤：《试论绿色旅游的实现形式》，《生态经济》2006 年第 3 期。

4.4.2　旅游经济发展对生态基础的破坏十分明显

旅游经济发展对生态资源和生态环境的破坏十分突出，造成旅游资源环境破坏与旅游环境质量下降的原因是多方面的，概括起来有如下几种：

（1）人类经济行为的不当破坏了旅游资源与环境。人类经济活动对旅游区环境的影响与破坏可以分为 3 方面。

➢ 在经济发展过程中，工业生产排放的废物及产生的噪声污染了旅游区的自然环境，扰乱了旅游区应有的宁静。结果一方面旅游区丧失了以往清新的空气、透明的水体、静谧的氛围；另一方面游客游览的兴致因环境污染而降低。例如，杭州龙井和九溪为新西湖十景之一。现在龙井上游首办起了龙井茶馆，残渣污水排入水沟，发酵发臭，污水溢出流入龙井泉，污染了龙井水源。九溪上游的龙井村，兴建了一座矿泉饮料厂，厂里排出的废水，使九溪水变色。与杭州西湖关系密切的富春江，过去被人们尊为“浙江旅游的生命线”。江水碧波荡漾，清澈见底。近年来，沿江修建了一批小化肥厂、小农药厂、小造纸厂等企业，将大量污水、废渣排入江中，江水变成一片混浊。铁锈般的水面上，漂浮着层层泡沫，使大批鱼虾中毒死亡。农民饮水引起腹痛、头昏等症状，以致“身在江边无水喝”，不得不从几里之外挑水。

➢ 不合理的资源利用与农业生产方式破坏旅游区的自然生态平衡，旅游资源直接受到影响，如森林砍伐、过度开采地下水、开山炸石等活动造成水土流失、游览水体水位下降、奇山丽景惨遭破坏等。如黄山每年要砍伐 3 个“1 000”，即基建用材 1 000 m^3，薪炭用材 1 000 m^3，被偷伐 1 000 m^3。再加上游人破坏，黄山植被蓄水能力大大下降。过去降水下部沟溪要在 2 小时后才有大水流到，而且水色澄碧。如今溪水随降雨，几乎是同时暴涨暴落，并且水流混浊。几年来人字瀑半边几乎长期断水，黄山温泉水量也大量减少。又如泉城济南过去因长期过量开采深层地下水，使地下水位急剧下降，造成泉水断流、枯竭。前几年到泉城赏泉观光的中外游客，无不扫兴而归。

➢ 在经济结构、生产力布局、城市发展规划中，忽视旅游资源的存在，使得区域经济结构类型、生产力布局方式、城市发展方向与旅游业正常、持续发展对环境条件的要求不相适应。如洛阳采用爆破法打基，在著名的邙山古墓葬区建造了许多工厂，使上千座古墓被毁掉。又如北京周口店猿人洞遗址，兴建和扩建小石灰厂、水泥厂、采石场，炸石挖山，对遗址地址及环境造成了严重破坏。26 个化石点，目前只有 7 个被完整保存下来。

（2）旅游开发和建设破坏旅游区环境。在旅游资源开发利用过程中，有关设施建设与旅游区整体不协调，造成旅游资源、旅游区生态环境，特别是旅游气氛环境的破坏主要表现为古迹复原处理不当，新设项目与旅游区景观不协调，改变或破坏了旅游区所有的且应当保留的历史、文化、民族风格和气氛，利于具体的旅游对象，其旅游价值主要表现在其本身所蕴涵的独特的历史、文化、民族风格。在开发利用旅游资源时，这些无疑是应当保留且极力保护并充分予以表现的，忽视旅游区的整体协调及其所蕴涵的内涵，盲目开发，只会造成景点的不伦不类，进而丧失其旅游价值，使游客的兴致减退。

城市建设破坏旅游气氛，主要表现在新建建筑与旅游城市的整体建筑不协调。使本身作为旅游对象的城市失去其本来面目。如北京天坛南面建起了成片高层楼群，使人对祭天的圜丘失去“九天之上”的感觉。西安小雁塔旁建起了 13 层现代化旅馆，使著名的唐代古塔变成锁在抽屉中的文物。苏州沧浪亭围墙外两座高大的现代建筑紧逼，使园林显得局限而狭小。

（3）旅游活动对旅游区环境的影响。旅游活动对旅游区环境的影响主要在于旅游过程产生的垃圾对景点环境的污染以及旅游活动本身对景点自然生态平衡及旅游意境的影响。由于旅游区本身设施的不完善和游客素养不高，随着旅游活动规模的扩大，景点垃圾遗弃量日益增加。旅游区内大量垃圾随意抛撒堆积，破坏了自然景观，污染了景点水体，使旅游区水体富营养化。我国许多旅游区水体都遭到了不同程度的污染，其中相当一部分旅游水体的透明度、色度、嗅味等指标均超过国家规定的旅游水体标准，漂浮物、悬浮物、油迹污染物已经影响游客感官，使其旅游兴致降低。

超过景点容纳客量的超规模接待破坏了旅游区自然生态系统平衡。构成自然景观的生态系统对旅游活动本身存在一定的承载能力，这种承载能力由生态系统的结构所确定，超过其承载能力的旅游活动将使旅游区生态系统结构发生变化，旅游区旅游功能丧失。主要表现在大量游人将旅游区土地踏实，使土壤板结、树木死亡；大量游人在山地爬山蹬踏，破坏了自然条件下长期形成的稳定落叶层和腐殖层，造成水土流失，树木根系裸露，山草倒伏，从而对旅游区生态系统带来危害……如苏州在游览旺季，每天平均接待 20 万人次，超过了可容量的 3 倍，其中拙政园超过可容量的 5 倍，狮子林超过 11 倍。如废罐公害问题，日本每年有 10 亿个废罐头瓶被抛到旅游区一带。仅国立公园废罐处理费用，1 年就用去 3 亿日元以上。

不当的旅游活动本身所带来的问题是严重的，忽视这种影响，只注重短期效益，盲目扩大规模，无限制地接待游客，将对旅游业未来的可持续发展带来严重损害。

第5章

旅游经济发展方式转变的多重约束

要实现旅游经济发展方式由传统到可持续的过渡，实现由生态外生到生态内生的根本变革，还并非是一个一蹴而就的过程。来自旅游经济发展的理论和实践都表明，要实现旅游经济发展方式的转型，无论在思想观念还是具体操作方面都存在诸多约束和限制条件。不清楚地认识到这些约束条件的制约作用和负面影响，不对这些约束条件有清楚的认识和战略性的解决办法，就无法寻找到谋求旅游经济发展方式转变的科学路径。本章主要从旅游经济发展方式转变的思想、利益及制度等方面的约束进行了分析。

5.1 旅游经济发展方式转变的思想约束

从人类社会的发展历史来看，社会和经济的每一次跨越式发展总是发生在思想大解放或观念彻底革新的背景之下。随着人们对自然规律的深入了解和对社会发展问题的不断反思，其发展方式也在不断地得以矫正。在进入21世纪后，中国的旅游经济迎来了“大众旅游时代”，旅游资源开发和旅游消费远远超过了历史上的任何一个时期，旅游经济发展中出现了许多新的问题。从生态经济学的视角来看，如何实现旅游活动中的人与自然和谐成为最重要的战略问题。要实现旅游经济由“生态外生”向“生态内生”发展方式的转变，首先则是要正确认识学术理论和思想认识中的羁绊。

5.1.1 理论弊端：传统经济学物本框架中经济至上的理论体系仍属主流

5.1.1.1 西方经济学的物本框架理论溯源

传统西方经济学是一门研究人类经济行为和经济现象及人们如何进行权衡取舍的学问。正是由于资源的稀缺性与人的欲望的无止境性这一对基本冲突才产生了经济学，逼迫人们作出权衡取舍的选择，尽可能有效地利用资源，用有限的资源最大限度地满足人们的欲望。从其研究目的来看，它主要是研究稀缺资源在各种可供选择的用途中如何进行最有效的配置，以求得人类无限欲望的最大满足；从其研究对象来看，经济学研究对象只限于物与物和人与物之间的关系。

追寻“经济至上”的经济学源流，我们不难发现，从亚当·斯密的“经济人”假说到福利经济学的“帕累托最优”，从边沁的“功利主义”到萨缪尔森的“新古典综合经济学”均不同程度地提供了经济价值至上的理论基础。20世纪以来，熊彼特的“制度经济学”、哈耶克的“新经济自由主义”和“二战”后的“凯恩斯主义”、“现代凯恩斯主义”、“货币主义”等经济学理论也都是把经济作为评价制度、制定政策的唯一准则，都是以经济价值判断、决定一切。[①]伴随着经济至上的价值理念在理论上的弥散，社会现实中的经济价值至上也是无处不在。工业文明和市场经济也改变了人们的价值观念。

因此，传统西方经济学的理论体系都是建立在“物本主义”的基础之上，传统经济学说是经济至上的价值理念的理论之源。它强调片面追求物质社会中的财富堆积与分配，盲目地迷恋于追求经济的增长指数，完全不顾地球承载人类生命能力的有限性，掠夺性地与自然资源进行物质变换，忽视了资源的可持续利用问题，尤其是一些自然资源的生态价值。从这一点来看，西方经济学从一开始就没有充分考虑到地球资源的保护，而只是考虑了资源的开发利用问题。在“经济至上”理论诱导下相继爆发了一系列的生态危机、经济危机、文化危机和社会危机。

5.1.1.2 “经济至上”思想在中国社会盛行

综观传统西方经济学的整个发展历程，除了处于萌芽状态的重商主义，其余大致可以划分为古典经济学、新古典经济学和现代经济学3个阶段，每个阶段都有其不同的特点和理论体系，同时每个阶段有其各个不同学派，各个学派又各自有其不同的代表人物和经济理论体系。[②]古典经济学确立了经济学的基本理论体

① 薛为昶：《“经济至上论”的经济学源流的梳理及批判》，《北京机械工业学院学报》2003年第2期。

② 丁冰：《〈资本论〉与西方经济学理论体系比较》，《社会科学研究》2008年第1期。

系，新古典经济学通过三次革命形成了微观经济学和宏观经济学的基本理论框架，现代经济学则分为现代马克思主义经济学和现代资产阶级经济学两大学派。总的来看，西方经济学的形成与发展确实为资本主义国家换来了物质的繁荣。马克思曾经说过，资本主义在一二百年时间内创造的财富比人类历史上的财富的总和还要多。但从长远来看，他们也将为一时的繁荣付出了沉重的社会和生态的代价，困扰现代西方资本主义社会发展的不是经济矛盾，而是文化矛盾，是经济与文化之间的矛盾。

传统经济学是伴随着资本主义产生发展而逐渐形成发展起来的，建立在私有制的基础之上，它主要是为资产阶级利益服务的经济理论体系。把经济当做唯一的、至高无上的价值取向对人与社会的发展产生了深刻的影响。传统的西方经济学说都给经济增长以重要位置，把增长和发展看成是相同的。但事实上许多国家的经济发展证明：经济增长并不一定带来发展，增长、发展和进步并不是等同概念，经济增长仅仅是发展的必要条件，增长不当反而会使社会或生态付出沉重的增长代价。1800—1900 年，全球 GDP 增长了 7 倍，主要能源煤炭消费增长了 57 倍，石油消费增长了 26 倍，天然气消费增长了近 5 倍；1900—2000 年，全球 GDP 增长了 18 倍，主要能源煤炭消费增长了 5 倍，石油消费增长了 178 倍，天然气消费增长了近 362 倍。[①]以上数字说明，传统工业化发展模式下实现财富增长是以能源（尤其是不可再生能源）和资源的高消耗为代价的。按照国内外公认的解释，经济增长是对不同时期的产出总量而言，主要指数量增加；经济发展则不仅要求有数量增加，而且要求有结构改善和质量提高。从发达国家和一些发展中国家的实际情况来看，有两种经济增长方式：①通过增加资源投入和消耗来实现经济增长，即粗放型增长方式；②通过提高资源利用效率来实现经济增长，即集约型增长方式。经济发展方式则复杂得多，可以理解为实现经济发展的方法、手段和模式，其中不仅包含经济增长方式，而且有结构、质量、效益、环保等方面的内容。

总的来看，传统西方经济学只适应资本主义国家和资本主义经济发展的需要，只代表占人口少数的资产阶级的利益，从诞生开始就被打上了“经济至上”的思想烙印。自改革开放以来，在谋求中华民族崛起和全球经济一体化的时代背景下，我国理论界受传统经济学思想的影响较为深远，如今它的宏观调控和市场机制在加强和改善我国经济管理中也发挥着重要作用。有人认为中国当前的问题就是经济问题，更有人将金钱利益作为衡量人生价值和社会贡献的标准，一切以经济利

① 陈寿朋：《在全社会牢固树立生态文明观念》，2008 年中国生态文明建设高层论坛主题演讲。

益为主的评价机制和发展导向在当前的中国占据了主流，这种思想已在我国社会各界中普遍存在，并还将长期作用于我国社会经济发展之中。

5.1.2 观念误区：旅游供给与消费中不存在资源消耗的思想还根深蒂固

5.1.2.1 旅游产业是否为“无烟工业”

旅游产业被比喻为“无烟工业”，主要是基于对旅游核心产品两大特性的认识。其一，旅游产品的体验性，旅游核心产品是一种有别于工业产品的特殊消费品，旅游者购买的是在旅游过程中集旅游体验和服务于一体的组合产品。无论是游览自然风光、欣赏名山大川，还是探寻古代历史足迹、体验多元地域文化，旅游产品的无形性导致游客在旅游消费结束后并没有将其带走占为己有。其二，旅游产品的共享性，旅游自然和人文景观在其承受范围内可以让人们多次反复地共同使用，旅游吸引物不会因为游客的一次消费而消亡，旅游消费过程中并没有损耗其价值和使用价值。正是由于旅游核心产品的这两大特殊属性，部分学者认为旅游活动消耗的仅仅是一种无形资源，不会产生“废气、废水、废渣”及其类似的污染，把旅游产业形象地比喻为“无烟工业”、旅游经济比喻为“绿色经济”很容易被认同和接受。

事实上，以上观点是人们对早期旅游消费的朴素认识，由于人类最初的旅游活动是少数人的活动，参观游览的景观以自然界中的原始风貌为主，小规模的游客对环境造成的微乎其微影响可以通过大自然的自净能力将其消化。从本质上看旅游业的发展同其他产业一样，必须环境资源的使用和耗费。现代旅游业已进入“大众旅游时代”，旅游成为大多数人必不可少的一种生活方式，国内旅游和入境旅游的人数逐年呈快速增长态势，游客数量的显著增加势必对自然环境造成严重的威胁和破坏。2009 年我国旅游业国内旅游人数达 19.02 亿人次；国内旅游收入 1.02 万亿元；入境旅游人数 1.26 亿人次；入境过夜旅游人数 5 088 万人次；旅游外汇收入 397 亿美元；出境旅游人数 4 766 万人次；旅游总收入 1.29 万亿元，增长 11.3%。[①]数据统计显示，2009 年中国接待的入境旅游人数和旅游外汇收入分别是 1978 年的 180 倍和 160 倍，出境旅游人数达 4 744 人次，是亚洲第一大客源市场。

① 《邵琪伟在 2010 年全国旅游工作会议上的讲话》，http：//www.fx120.net/scribble/ly/200512291312127381.htm

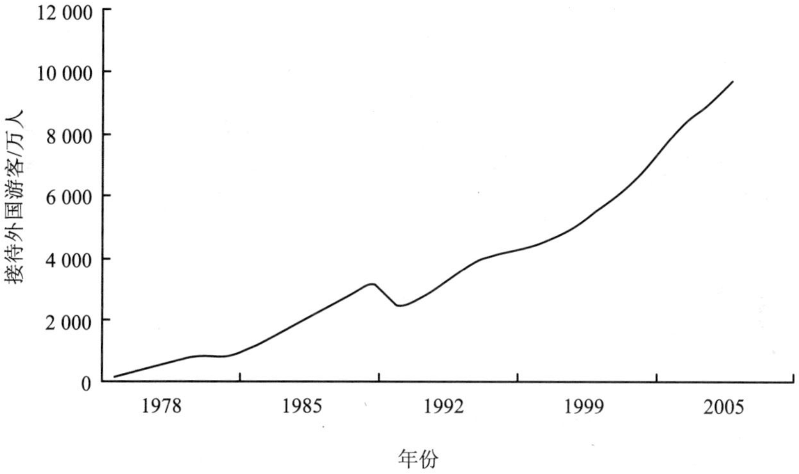

图 5-1　1978—2005 年中国年接待外国游客人数增长趋势

与此同时，随着旅游市场消费需求的增加，旅游产品日益丰富，旅游景区开发力度日益增大①，而不再以完全原始的形态使消费者无偿地直接享用，围绕“食、住、行、游、购、娱”旅游六要素形成的旅游产业规模不断扩大，这些将不仅消耗大量的经济资本和物质资源，还同时会消耗大量的旅游资源和生态环境，主要表现在旅游资源开发、旅游景区经营以及旅行社、酒店等旅游企业运营过程中，产生了大量的垃圾和污染，造成了旅游地的自然环境和人文环境的破坏。因此，认为旅游业为“无烟工业”是对旅游产业的曲解。②

表 5-1　1995—2005 年城镇、农村居民旅游平均消费情况

年份	城镇居民旅游平均消费/（元/人）	城镇居民出游率/%	农村居民旅游平均消费/（元/人）	农村居民出游率/%
1995	464.02	91.0	61.47	41.2
1996	534.10	91.0	70.45	41.2
1997	599.81	92.4	145.68	40.0
1998	607.00	89.2	197.10	47.0
1999	614.80	94.8	249.50	47.0

① 国家旅游局发布的《2005 年中国旅游景区发展报告》显示，我国旅游景区已经达到 2 万家。

② 周振东：《旅游业不是“无烟工业”——对旅游与环境关系的再认识》，《财经问题研究》2001 年第 10 期。

年份	城镇居民旅游平均消费/（元/人）	城镇居民出游率/%	农村居民旅游平均消费/（元/人）	农村居民出游率/%
2000	678.60	104.4	226.60	44.0
2001	708.30	110.2	212.70	44.2
2002	739.30	115.3	209.10	52.8
2003	684.90	100.5	200.00	55.7
2004	731.80	126.6	210.00	68.7
2005	737.12	135.1	227.62	76.2

资料来源：中国旅游统计年鉴（1997—2006）. 北京：中国旅游出版社。

5.1.2.2 旅游资源是否可以永续利用

从专业的角度来讲，所谓旅游资源是指自然界和人类社会中凡能对旅游者产生吸引力，可以为旅游业开发利用，并可产生经济效益、社会效益和环境效益的各种事物和因素。①它具有游览观赏性、地域分异性、景观组合性、消费季节性、不可再生性和使用永续性等特征。旅游资源使用上的永续性是指它只供观赏不能带走，可以长期供游人使用。随着社会进步和人们生活水平的提高，人的需求正由追求物质享受为主逐渐转变为追求精神享受为主，这一必然的发展趋势使得旅游业具有广阔的发展空间。因而，旅游业又被称为“朝阳产业”，有人认为旅游景区一旦投资建成，尤其是一些自然景观和历史遗迹等静态观赏性的旅游景区，就可以供游客进行无数次的消费，也就可以获得长期丰厚的经济利益回报。旅游资源“取之不完、用之不竭”的观点是带有片面性的，旅游资源的重复使用并不代表它是永远不能穷尽的、可以长期地自然地永续利用，旅游资源的永续利用必须建立在科学开发、有效保护的基础之上。如果不加以保护，盲目开发，肆意践踏，同样会造成资源的退化或破坏。

一些自然景观、历史文化遗迹具有不可再生性，一旦遭到破坏，就永远失去本来的面目。在生态环境“部分改善、整体恶化”的大背景下，许多旅游风景区和自然保护区也出现不同程度的问题：水体污染、水土流失加重，植被覆盖率下降，野生动植物的有效保护区域范围缩小等。面对规模庞大的旅游客流，脆弱的生态环境面临着难以承受的巨大压力。长白山自然保护区的日游客量最多时高达6 000 人次，鼎湖山自然保护区高峰期的日接待量高达上万人次，敦煌莫高窟中的壁画受震动、气流、噪声、灰尘的影响非常大，杭州“瑶琳仙境”溶洞高峰期的

① 该定义来源于国家旅游局 2003 年颁布《旅游规划通则》（GB/T 18971—2003）。

日客流量高达 15 000 人，由于二氧化碳的作用，洞内石钟乳的色泽正在变黑。[①]此外，现实中我国还多次出现旅游资源破坏性利用与开发的重大事件，如张家界超容罚黄牌事件、无极剧组香格里拉“毁水”事件、四川“鱼海子”事件等，都造成了旅游资源的不可持续利用。

分析其动因主要有 3 种：①一些地方片面强调旅游经济、过度开发旅游资源的做法并没有得到有效遏制，有的在景区内人为“跑马圈地”，建设休闲中心、旅游度假村、培训中心、旅游商业街等楼堂馆所；②对旅游资源非科学、正当的利用和开发，对一些高品质的稀缺资源缺少前瞻性开发理念，有的开发条件根本就不成熟，有的在规划设计中没有统筹考虑经济效益、社会效益和生态效益的协调统一；③为了获得更多的经济利益，没有对旅游景区的环境承载力进行科学测定和严格控制。我国现阶段正处于旅游开发的热潮，社会各界必须保持清醒的头脑，正确处理保护与开发的关系。保护好古树名木、植被群落、地质地貌和文物古迹，禁止随心所欲的人工造景和不切实际的过度开发，杜绝一切破坏性行为，使风景旅游区真正体现人与自然、环境的和谐共生。

5.1.2.3　发展旅游与保护环境的关系

发展旅游与保护资源环境二者之间是否相互矛盾？在经济发展与环境保护问题上，国际社会也一直存在不同的观点。一种是极端的“经济中心论”，一种是极端的“生态中心论”。前者将经济增长作为社会发展中的唯一中心来考虑，忽视由此带来的环境问题，甚至认为环境问题的最终解决依赖于经济的发展水平，实行“先污染、后治理”的发展路径，因此持这种观点的人认为：为了旅游产业的短期效益，可以不惜破坏环境和浪费资源为代价，对旅游景区进行掠夺式的开发。后者则认为旅游可持续发展是单纯的生态可持续发展，强调生态系统的完整性和生物多样化，人文景观的原貌性和复古性。旅游开发只能在不影响自然资源的绝对存量的前提下才能进行，对环境实行绝对的保护措施。一些环境保护主义者认为旅游会对自然保护区产生绝对的不良影响，因此他们完全否定旅游行为。以上两种观点截然相反，前者为了获取短期经济利益而不惜一切代价，后者为了绝对保护生态环境而完全否定旅游开发。

发展旅游与保护环境是一个矛盾的统一体，我们应辩证地来看待二者之间的关系。毋庸置疑，任何产业的发展都会给资源与环境带来一定的影响，旅游产业的发展也会带来社会环境、生态环境、文化环境等方面的负面影响；但同时，旅游景区建设可以极大程度上促进资源的保护，旅游景区经营可以为其环境治理提

---

① 李天元：《中国旅游可持续发展研究》，南开大学出版社，2004 年，第 15 页。

供资金保障，拉动区域经济的增长。因此，旅游与环境之间是一种天然的耦合关系，良好的生态环境是发展旅游的前提和基础，旅游经济的发展有利于促进生态环境的改善。上述两种极端观点在实践中都是不可取的，可持续发展理论讲究“公平性原则”，即代内公平、代际间的公平和公平分配有限的资源。正确处理二者之间的原则是“在保护中开发，以保护为前提，适度开发，合理利用”，只有这样才能实现旅游经济的可持续发展，可持续发展模式是未来旅游经济发展的必由之路。旅游经济可持续发展不是不要发展，它以提高生活质量为目标，同社会进步相适应，其最终目的在于推动和指导发展的实现；它要求人们必须坚决放弃和改变传统的发展模式，即要减少和消除不能使发展持续下去的生产和消费方式；以自然资源为基础，同环境承载能力相协调，也即资源环境保护与旅游产业增长的协同发展。

5.1.3 认识偏差：旅游充当重要经济产业导致生态保护让位于经济发展

5.1.3.1 对旅游发展中产业定位认识上的偏差

改革开放后，我国旅游业获得了快速发展，尤其是进入1990年代，在全国范围内掀起发展旅游的热潮，旅游产业受到各级地方政府的重视。据统计，全国已有27个省、自治区、直辖市将旅游业列为当地的支柱产业或先导产业来发展，西部11个省区毫无例外地将旅游业作为其实施西部开发战略的优势产业，全国其他省、市，包括大部分县也纷纷出台了一系列推动旅游发展的政策和措施。旅游被认为是区域经济发展的“引擎”。[①]一般认为，支柱产业应该有质和量两方面的规定性。量的规定性是指该产业在经济发展某一阶段特定的产业结构中占5%左右比重。质的规定性是指该产业在国民经济再生产链中处于支配地位，产业前向关联和后向关联的效应大，扩散性好；具有较成熟的市场需求和较高的技术水平，规模效益好，对国民经济增长，对发挥本国优势和出口创汇都有着举足轻重的支持作用；综合就业系数较大，对就业吸纳程度高。

显然，在这里无论是支柱产业量的规定性还是质的规定性都是从整个国民经济角度出发的，因此，审视旅游支柱产业热这一问题的关键并不在于旅游业能否成为国民经济的支柱产业，而是旅游产业政策的区域化问题，即有没有必要各省（市、区）都将旅游业作为支柱产业。这也是整体与局部、总量与结构的问题。由于我国各地区旅游经济的非均衡发展，各地区发展旅游的基础条件并不一样，因此在制定和实施旅游产业政策的时候，一定要注意地区间的分工协作，要考虑区

① 厉新建：《旅游支柱产业热的冷思考》，http：//www.dss.gov.cn，2009年7月14日。

域经济的综合发展，要注意发挥各区域优势，即要注意产业政策的区域化问题。通俗地说，并不是每一个地区都适合发展旅游业，也并不是每个地区非得将旅游业作为支柱产业不可。如果不能处理好旅游产业规模扩张和旅游产业内在素质提高之间的关系，势必会影响旅游产业的长远发展。

5.1.3.2 对旅游发展中政府职能认识上的偏差

美国旅游学者唐纳德•伦德伯格曾经指出："政府领导对于旅游业的作用永远是重要的，在发展中国家，这种作用可能是压倒一切的。"国家旅游局在远景目标规划中提出了政府主导型发展模式。随着旅游市场化进程的加快，一些地方对"政府主导"的含义的认识有偏差，在政府主导型战略的执行上出现误区，主要表现为：①误把"政府主宰"当做政府主导，沿用计划经济体制下高度集权的领导模式，由长官意志代替企业决策，用行政命令代替市场规律，导致决策失误；②误把"政府主财"当做政府主导，地方和企业过多地依赖政府的财政支持等；③误把"政府主干"当成政府主导，由政府直接投资兴建并管理本地骨干企业，给予其各种优惠与保护，造成事实上的垄断经营和不公平竞争。

市场经济的改革取向就是要让市场成为配置资源的基础性手段，让企业在市场竞争中优胜劣汰。因此，所谓的政府主导主要是指政府的宏观调控，用政策的力量去调节存在"市场失败"的领域；而不是越俎代疱（如旅游企业集团化中的"拉郎配"等）或喊口号搞运动，更不应成为政府用计划经济的老一套干预企业化经营的借口。政府主导是指政府要着眼于区域旅游的战略规划、产业政策和组织保障，营造和维护良好的旅游市场氛围，推动和促进区域旅游合作，构建区域旅游发展中的产业集群；另一方面，区域旅游市场竞争日益加剧，市场营销在旅游客源吸引中的权重不断上升，政府应加强其整体营销的功能，尤其是旅游地形象建设与营销推广方面，政府要着眼于推出强势的旅游吸引物，精心策划各种大型营销活动，负责组织实施区域旅游的联合营销。因此，随着政治体制和经济体制改革的深入，特别是随着中国加入世界贸易组织，旅游业管理的法制化、行业化不断加强，现在所提倡的"政府主导"的发展模式也必将发生变化，向着最终形成大旅游、小政府的管理模式发展。

5.1.3.3 对旅游发展中经济效益认识上的偏差

世界旅游组织统计显示发达国家旅游业对区域经济的拉动效应为 1∶9，也就是说旅游业每投入1美元，将会产生9美元的综合收益。当前中国旅游业的"乘数效应"大约为 1∶5。由于旅游业涉及的行业范围相当广泛，旅游对其相关行业发展具有较强的拉动作用，即旅游产业发展的"乘数效应"非常明显。基于上述数据，容易造成人们对旅游经济效益认识上的3个疑惑：①旅游对社会经济的贡献到底有多大？毫无疑问，如果仅仅以门票、游客的一次性消费而言，这对于地方 GDP 的贡献是小之又小的，然而从“泛旅游”的角度又很难用经济指标来衡量，到目前为止还没有一套成熟的测量方法；②不同地区发展旅游的乘数效应是否一样？我们应清楚地认识到旅游乘数效应的大小取决于旅游收入漏损量的大小和旅游目的地的产业结构，不同地区发展旅游的经济拉动效应是不一样的，不能一概而论；③旅游业是一个低投入、高产出的行业吗？大多数人认为旅游景区开发与经营并没有太多的成本，事实上从旅游开发角度来讲，旅游业的投入不仅包括资本、劳务和其他可再生资源，还包括大量不可再生资源（如文物古迹、珍稀物种等），其价值甚至是难以量化的，许多旅游资源实际上是被无偿使用的公共物品。

旅游产业是以旅游活动为中心而形成的配置行业，由旅行社业、饭店业、交通运输业、娱乐业、零售业和保险业等构成。同时，旅游业务又是一个跨部门、跨行业的交叉产业，与其相关的行业和部门包括行政管管理、海关、邮电、文教、卫生、园林、艺术、工业、农业、建筑、通信等。[①]根据产业联系效应理论，旅游产业是一个后向联系（Backward-Linkage）较强的产业，景区开发及游客消费等旅游经济的运行和社会经济活动的连锁反应，都会导致社会经济效益的增加，其发展会对相关产业产生较强的刺激作用。所谓的“低投入”和“高产出”仅仅是片面地考虑了旅游业生产经营活动的“内部成本”和“内部收益”，旅游业的投入必须包括资源保护和环境保护费用，否则再高的投入也不能持久地带来高产出。如果我们将旅游看做是一个必须可持续发展的产业，那么旅游产业就是一个高投入，就高产出；低投入，就低产出；不投入，就不产出的产业。因此，地方政府在发展旅游时应准确把握“大旅游观”（大资源观、大市场观、大产业观）的内涵，清楚认识旅游与其他产业之间的关系，让旅游成为物质与精神的消费结合体，发挥旅游在城市环境改造和城市功能提升的软效应，发挥旅游对当地经济结构调整、产业经济持续发展的积极贡献，强调旅游的服务接待功能，使旅游成为与第二产业最紧密的生产性服务行业。

5.2 旅游经济发展方式转变的利益约束

经济发展方式的转变主要是来源于两方面的压力：内生性的动力机制和来自外部的压力。旅游经济发展方式的转变实际上是对旅游利益分配制度的一种变革，这其中既包括了社会经济利益，也包括了生态经济利益。从微观上看则主要表现

① 陈实、倪路梅：《我国旅游产业发展的障碍分析》，《西安交通大学学报》2002 年第 2 期。

为各相关主体的利益关系博弈，是所有旅游利益相关者之间矛盾由不平衡向平衡状态的动态协调过程。由于传统的旅游发展方式忽视了旅游生态环境的成本与价值，由传统生态外生转变为现代生态内生的旅游发展方式，必须考虑发展旅游的社会生态、环境生态、文化生态等利益补偿问题；必须通过生态经济的利益补偿机制，才能建设一个生态资源能够自我补偿和修复的人与环境协调发展的新经济增长模式。

5.2.1 生态经济利益博弈的尴尬困局

发展不是不要经济增长，而是要以何种形式及何种程度的经济增长，按照什么样的原则去实行才能协调经济、生态环境保护和社会文化三者之间的关系，才能保证社会的发展是真正意义上的可持续发展。旅游发展也是如此，旅游经济繁荣的背后，不能仅仅贪图物质利益，必须实现旅游生态系统的可持续发展。

5.2.1.1 旅游经济利益诉求过分放大

旅游在根本上是一种主要以获得心理快感为目的的审美过程和自娱过程，是人类社会发展到一定阶段时人类最基本的活动之一。旅游作为一种异地休闲生活方式，是人类社会文明进化的产物，是以审美、消遣、求知为主的异地愉悦体验。虽然旅游具有休闲和消费双重属性，但发展旅游的根本目的是满足人们的精神需要，由旅游引发的相关经营服务活动在于提高人们的休闲质量，而不是以极度的市场化竞争与赢利为目的，否则便会让旅游的本质发生异化。

在全国旅游业蓬勃发展的今天，越来越多的地方政府将旅游业作为创造税收的主要来源，旅游企业将企业经济利润视为唯一的追求目标，将经济效益作为员工考核的最重要指标，从而导致了旅游发展中对经济利益诉求的过分放大。改革开放以来尤其是近 20 多年来，中国旅游业得到了迅猛的发展，已成为促进经济增长和社会文化进步的动力。但随着旅游产业短期的快速上升，由于先天与后天的多种原因，许多表现已偏离了旅游的本质和旅游业的产业属性及其发展初衷。表现在以下几个方面：①地方政府在发展观念和资源认识上存在偏差，导致盲目开发；②旅游开发中忽视文化内涵挖掘和资源保护，导致资源环境的破坏；③旅游企业的同构竞争，导致旅游市场的恶意竞争；④旅游从业人员拜金主义严重，导致职业道德的沦丧。最近人们广泛关注的景区涨价风波也反映出相同的问题，北京故宫门票由 2004 年的 45 元涨至 2008 年的 80 元，黄山门票由 2005 年的 130 元涨至 2008 年的 200 元，黄鹤楼门票准备由 2005 年的 50 元涨至 2010 年的 80 元。而据业内相关人士了解，法国卢浮宫门票只有 8.5 欧元，从居民收入水平来看，最多相当于中国人的 10 元钱；韩国的景点门票价格一般在 1 000～3 000 韩元，大约相当于我们的 7～20 元；而在意大利，最贵的景点门票价格也不足意大利人均月收入的 1%。

旅游和经济似乎早已成为一个整体。为了开发风景区的经济效益，修索道、营造景观、开旅店、建餐馆、扩大旅游区、完善旅游设施，大肆招揽游客，迎合游客口味，只要创造商业效益就行。发展旅游不应该仅仅只是为了经济利益，而应该更多地从人的需求出发，实现旅游业的可持续发展。因此，政府在发展旅游业方面要做的，既包括完善旅游基础设施、降低景点门票等方面的实质性事务，更重要的是在如何使国民收入分配更公平，使职工都能享有带薪休假权利，真正让民众“既有钱又有闲”，“玩得起旅游”。

5.2.1.2 旅游发展的生态利益被忽视

随着我国居民收入的不断增加，旅游大众化已成为旅游供给与需求产生矛盾的根源。旅游景区开发规模不断扩大，风景区超容量接待游客使得“旅游成为对世界遗产的四大主要威胁之一”。旅游收入的暴增就是旅客的暴增，原本是人间罕有的景点，不停遭遇“践踏”、“赏玩”，终于不堪重负。无数的乡村被城镇化、自然被人工化、文化被商业化、环境被污染、文物被破坏、历史被粗糙地复制、科学被低俗地曲解，原本的淳朴沾染上铜板的味道，幽静的山水被打造成蹩脚的工程，到处是鼓噪的人群和泛滥的开发。北戴河、秦皇岛、九寨沟、张家界、玉龙雪山的生态环境都因为过度旅游开发而受到了破坏。1994 年北戴河旅游高峰期每年接待游客达 500 万～600 万，除了疯狂利用就是拼命攫取旅游资源，打鱼、捕蟹、不限流量地供游人玩耍，甚至当时环海附近的一部分度假中心、疗养院及居民区将生活污水统统排入海中。2000 年九寨沟声名显赫之后，日最佳游览人数由原来的 6 000 人增加至 13 000 人，沟内平地起新楼，几百户人家都成了客栈，建起了星级宾馆苔藓早就踩没了，高瀑没那么多了，池水没那么清了，取而代之的是水泥、石灰、瓷砖、马赛克、卫星接收器等现代设施，牧童成了店家，老道地招揽游客。云南玉龙雪山因建索道砍伐了数千平方米的原始森林，加上游客的大量涌入，导致了小气候变化，使原本终年积雪不化的雪山出现了夏秋两季雪山无雪的恶果。我国首批列入世界自然遗产名录的张家界，曾因在主要景区内兴建大量商业建筑而被联合国遗产委员会出示红牌，勒令整改。

中国古代就有“杀鸡取卵”的说法，现代人应该懂这个极其简单的道理。但调查还显示，在已经开展旅游的保护区中，仅有 16%定期进行环境监测工作，有的保护区连一台必需的测量仪器也没有。根据科学监测对游客数量进行控制的保护区仅占 20%，一些保护区已出现人满为患的现象。在已开展生态旅游活动的全国自然保护区中，有 24%的保护对象受到损害，11%出现旅游资源退化，44%存在垃圾公害，12%出现水污染，3%有大气污染。[①] 旅游应该得到发展，但不能以牺牲环境为代价。旅游生态环境屡遭破坏，一方面是相关法律法规尚不完善，缺少监管主体和追偿机制，另一方面主要还是急功近利的利益驱使，开发者和管理者生态责任和意识的缺失。保护自然生态是第一位的，尤其当旅游与生态环境发生矛盾时，应当毫不犹豫地为生态环境让路。

5.2.1.3　旅游生态经济关系链条脆弱

过去，生态环境一直没有被看做是促成经济增长的内在因素，人们认为自然资源和生态环境是取之不尽、用之不竭的，它们的容量和承载能力也是无限的，因此也就没有必要去考察生态代价和环境成本，甚至不惜以牺牲生态环境的做法来换取经济指标的增长，不惜以将来后代所应得的资源环境利益来换取眼前的经济发展。这些都构成了导致人类所面临的生态危机的深刻根源。

对于那些具有明显经济价值的自然资源，旅游供给者对其利用的目的主要是获得市场效率和获取经济收益，技术进步的作用只在于如何更好地提高资源的利用和效率，以及怎样开发新的资源和能源及利用形式，对于生态和资源的保护和持续利用基本是空白。

对于那些和旅游市场开发没有明确经济联系的公共资源以及没有市场价值的资源，旅游供给者对其的利用几乎是完全不具备任何效率的。公地悲剧的出现和外部性理论已经深刻说明了这一点。旅游供给者只需分享从资源利用中取得的收益，却不需为此承担任何成本，使得生态退化，环境破坏，资源不可持续利用。那些没有市场价值的资源，它们的存在直接促成了生态环境的整体性和完整性，由于不具备直接使用价值，它们无法得到有效的保护，只能被随意处置，无法充分地使其间接使用价值和存在价值得以体现。

人类是大自然的有机组成部分，不是游离于大自然之外的孤立个体。在忽视人与自然绿色关系的前提下，虽然人类取得了前所未有的经济增长，但是对生态系统的破坏也是史无前例的，经济系统与生态系统之间的矛盾冲突日益严重，生态因素逐渐成为制约经济进一步增长的现实“瓶颈”。所以，必须重构人与自然之间和谐的绿色关系，使得经济的发展不超出自然生态系统所能负担和承载的范围，不仅用经济规律来指导经济发展和管理实践，也要尊重自然客观规律的存在；不仅要考虑市场和经济的力量，也要考虑自然和生态的力量；不仅要通过科学技术的发展来提高资源和环境的利用效率，还要进一步促成生态环境和资源的保护性开发与利用，使经济系统与社会系统和生态系统之间建立稳定的关系，能够取得协调发展。

---

① 中国人与生物圈国家委员会：《自然保护区与生态旅游》，中国科学技术出版社，1998 年，第 5～8 页。

5.2.2 社会经济利益主体的多重矛盾

5.2.2.1 旅游业中的利益相关者

根据 Bryson 和 Crosby 的定义，利益主体是“受一件事的原因或者结果影响的任何人、集团或者组织”。[①] 根据 Swardbrooke[②]的研究，可持续旅游的主要利益主体包括：当地社区（直接在旅游业就业的人、不直接在旅游业就业的人、当地企业的人员）、政府机构（超政府机构、中央政府、当地政府）、旅游业（旅游经营商、交通经营者、饭店、旅游零售商等）、旅游者（大众旅游者、生态旅游者）、压力集团（环境、野生动物、人权、工人权利等非政府组织）、志愿部门（发展中国家的非政府机构、发达国家的信托和环境慈善机构等）、专家（商业咨询家、学术人员）、媒体等相关人员。其中，旅游地涉及的最核心利益主体包括：当地政府、社区居民、旅游企业，三者间的博弈关系最直接地影响着旅游地的可持续发展。

Susskind 和 Cruikshank（1987）认为任何一种形式的利益相关者参与，都应具备公平、效率、知识、智慧、稳定 5 个要素。公平指不忽略任何一个利益相关者的利益；效率指计算时间、金钱等参与成本；知识指参与者的信息对称；智慧指运用客观信息预测未来的能力；稳定指任何决策所维持的时间长度和必要的灵活性。[③] Erick（2007）认为利益相关者参与应该包括：①公众更全面地了解和学习参与事件的信息和知识；②决策体现公众价值观念和意见；③提高决策的质量和合法性；④涌现出新观点；⑤加强各相关者之间的信任；⑥减少冲突和诉讼；⑦提升成本效率；⑧各相关者敢于承担责任。[④]旅游地利益主体中的当地政府、社区居民和旅游企业分别代表不同的利益集团，其利益所在及行为方式各有不同，如表 5-2 所示。

表 5-2 旅游政府—企业—社区居民三大利益主体及行为方式

	当地政府	旅游企业	社区居民
利益所在	追求政绩，促进旅游业可持续发展，满足旅游者需求，获取税收	追求经济效益为主	获得经济收益的同时，兼顾社会、文化和环境效益
行为方式	兑现优惠政策承诺；协调博弈关系；制定法律制度规范企业行为和优化发展环境	以获取最大经济利益为目的的行为	追求综合效益，一般处于弱势群体，行为影响力有限，但超出其忍耐时会出现过激行为

① Bryson J M，Crosby B C. Leadership for the Common Good：Tackling Public Problems in a Shared-Power World[M].San Francisco：Jossey-Bass，1992：12-13.

② Swarbrooke J. Sustainable Tourism Management [M].Washington D C：CABI，1999：45-47.

③ Susskind，Cruikshank. Impacts on Sustainable Tourism [J]. Tourism Reciew，1999：45-51.

④ Erick T，Byrd，Stakeholders in sustainable Tourism Development and their roles：Applying Stakeholder Theory to Sustainable Tourism Development [J]. Tourism Reciew，2007：55-58.

5.2.2.2　利益主体间存在的矛盾

围绕旅游资源的占有权与使用权，以及旅游收入分配与补偿等问题，旅游发展中的利益主体间存在着交织的经济矛盾。这种经济矛盾成为旅游经济发展方式过程中最为重要的障碍因素之一。

（1）企业利益和社会公共利益的矛盾。企业的使命是追求利润最大化，因此以最低的成本获取最大的收入是旅游企业的发展愿景。旅游资源作为一种公共的社会资源，每个公民都享有一定的使用权，从某种意义上说，绝大多数旅游资源都属于国家的公共资源（表 5-3），旅游景区具有公共性、公益性和企业性等多种特性[①]。既然是公共的，就不能纯粹以谋取利润为目的。然而，不论是国企还是其他性质的企业都将其作为获取经济利益的一种工具，企业缺乏自发创造资源和维护这一公共产品的动机，这就必然造成社会公共利益与企业利益的对立。

表 5-3　公共型旅游景区的主要类型及其特征

景区类别	主管部门	主要依托资源	设立的主要目的	一般功能分区	突出特性
森林公园	林业部门	森林景观、生物多样性	国有林场在市场经济下寻求出路和旅游需求，开发森林的游憩价值	游览区、野营区、游乐区、狩猎区、旅游商品生产区、生态经营区、接待服务区、行政管理区、居民住宅区	可更新性
风景名胜区	建设部门	风景名胜资源	经科学合理的开发管理为国家保留一批珍贵的风景名胜资源	绝对保护区、严格保护区、环境保护区	知名度较高和综合性强
地质公园	国土资源部门	地址遗迹和相关自然环境、人文景观	保护地质遗迹、促进地方经济、文化和环境的可持续发展	地址遗迹保护区、大众游览区、管理服务区、科研区	不可更新和绝对不可移植性
自然保护区	环保部门、林业、农业、海洋部门	典型性和代表性的生态系统及珍稀动植物	保护自然系统和自然资源	核心区、缓冲区、实验区	自然性突出
历史文物保护单位	国家文物部门、宗教部门	历史文物、建筑等	保护人类历史活动遗迹		历史性唯一性

（2）政府税收与社会公共利益的矛盾。旅游资源作为一种公共资源，其创造的经济价值应该归国家所有。政府授权企业经营景区而收取的许可费，以及在企业门票收入中的部分提留（如景区发展基金等），应视为企业上缴的资源税，用以社会公共福利。那些因为这样或那样原因没有欣赏到这些景点的人，也通过公共福祉的提高间接获利，体现出公共资源的公益性。事实上，从景点资源中得到属

① 王波：《中国旅游景区供给的制度经济学研究》，北京交通大学博士论文，2007 年。

于自己的权益，本身就不应局限在旅游参观一个方面。但目前这些收入多在地方各级政府及资源主管部门之间分配，成为当地的财政收入。

（3）旅游企业与旅游社区居民的矛盾。除地方政府和开发企业外，当地居民是受旅游资源开发影响较大的第三方。企业对景区的开发经营影响了居民的生产生活，当地居民则期望在旅游开发中获得相应的利益。在现实生活中，旅游企业和当地居民爆发冲突的事例时有所闻。一方面，由于旅游景区开发征收和占用了当地居民的土地，没有得到合理的补偿和安置；另一方面，企业不允许当地居民在旅游景区内从事旅游服务与经营行为，大部分地区的少数民族民众几乎不能从民族旅游业直接收益中得到实惠。总的来看，旅游开发对旅游社区居民来说“有得有失”，如表 5-4 所示[①]。

表 5-4　社区旅游发展中当地社区的利益得失

	利益所得	利益所失
社区经济利益得失	生态旅游发展对当地社区带来持久的经济贡献，社区内供水、供电、通信、公共卫生、教育、居住等条件明显改善	生态旅游为当地社区仅仅带来少量的、偶然的现金收益。多数利润流向了当地的社会名流、外部经营者、政府机构等。只有少数个体或家庭能从生态旅游中取得直接的财务收益。其他的因为缺乏资本或技能而不能分享生态旅游的经济利益
社区居民心理利益得失	生态旅游业的发展使外部对他们的文化、自然资源及传统知识的独特性与价值有了认知。许多居民的自豪感得到提高，社区成员自信心的日益增强引导他们寻求再教育与再培训的机会。就业机会的提供及收入的增加使传统社会中处于较低地位的那部分人（如妇女、年轻人等）的地位得到提升	多数人没有分享到生态旅游发展的利益，再加上因生态旅游发展而限制了他们对传统资源利用的权利，使他们的生活更加困苦。他们感到更加困惑、受挫，以致不关心或对社区的生态旅游发展的希望破灭
社区社会利益得失	生态旅游发展保持或提高了当地社区的均衡性，因不同的个体与家庭为构建成功的生态旅游企业而需要协作，社区同一性得到较大提高，一些生态旅游发展带来的收益被用于社区发展。如兴建社区的教育、卫生等设施，改善交通条件等	不和谐与社会腐败，社区中的一些人受外部价值观念的影响导致自身价值观的改变，并逐渐失去了对传统文化的尊重。社区的弱势群体不得不承受生态旅游发展带来的负面效应，并且不能公平分享生态旅游发展的利益，社区的经营者、个人、家庭及其他社会经济体为争夺生态旅游发展的利益而明争暗斗。社区内相互怨恨、嫉妒的现象增多
社区政治利益得失	社区的政治权利机构基本上代表所有社区成员的利益。通过社区的政治机构，社区成员对社区生态旅游发展的问题及其他关心的问题得到圆满解决。社区生态旅游发展相关组织寻求社区最广大居民的理解，重视他们的态度与建议，并为他们提供能最大限度地参与社区生态旅游发展的机遇	社区领导独断专行，小集团利益主义严重。发起或建立生态旅游企业的相关社团把当地社区作为间接受益者，当地社区没有权利参与生态旅游发展的相关决策！当地社区的绝大多数成员感到他们对生态旅游经营、管理及生态旅游发展的方向没有或只有少量发言权

① 卞显红、张光生、王苏洁：《基于社区的生态旅游管理研究》，《生态经济》2005 年第 10 期。

在具体的实践过程中，各地采取了不同的措施和策略来协调政府—企业—社区居民间的利益分配问题。罗永常等对少数民族村寨旅游开发中的利益分配与保障机制进行了实证研究，归纳总结见表 5-5①。

表 5-5　部分民族村寨社区参与旅游及利益分配状况

案例	主要旅游资源	开展的旅游项目	开发模式	村民参与方式	利益分配方案（门票分成）
岜沙苗寨（贵州从江）	民风民俗，村寨环境、村民日常生活	民风民俗展示、寨容寨貌观光、农家饭	政府主导，村民被动参与	参与风俗表演（少数人参与）	村寨约占 15%，其余分属旅游局等政府有关部门
郎德苗寨（贵州雷山）	民风民俗，村寨环境、生活，建筑特色	拦门敬酒，歌舞表演，工艺品出售，农家饭	村民自主开发	全民参与表演，多数参与工艺品出售，部分参与农家饭、家庭旅馆	未收门票，表演费按公分制分配，能确保村寨获益和公平
龙脊平安寨（广西桂林）	梯田风光，民风民俗，居民生活	梯田观光，民风民俗，生活体验，歌舞表演等	政府+公司	部分参与家庭旅馆、餐饮、表演、车夫、挑夫等低层面经营活动	村寨占 20%左右，其余分属公司和政府有关部门
西双版纳傣族园（云南景洪）	傣族风情、村寨风光	傣族风情体验、工艺品、傣家乐	企业主导公司+社区	开傣楼卖工艺品、经营傣家乐、当公司员工、土地出租等	门票由公司收取，社区则以开傣楼等获益，给公司上交管理费
天龙屯堡（贵州安顺）	屯堡文化，建筑特色，村民生活	屯堡文化参观，民风民俗体验，地方戏表演等	政府+公司+旅行社+农民旅游协会	旅游协会代表村民参加旅游开发事务，村民参与地戏表演、工艺品制售、住宿经营等	政府占 11%，公司占 54%，旅行社占 11%，协会及村民占 14%

（4）旅游企业与游客的矛盾。旅游企业经营的目的是为了最大限度地满足顾客的需求，并从中获得经济效应和社会效益。本质上，旅游企业与游客之间是一种公平的交易关系，并不存在太深的矛盾。然而，旅游作为一种生产与消费同时进行的特殊产品，随着游客消费需求的多样化和旅游企业竞争的白热化，部分旅游企业及员工出现欺宰游客、哄抬价格、低价竞争等现象，造成了非常不好的社会影响，旅游企业与游客的心理矛盾日益突出。旅游企业总希望价高利多，而游客则希望物美价廉，同时还要提防旅游消费陷阱。

（5）游客与当地居民的矛盾。随着旅游开发的逐步深入，旅游目的地居民的市场经济意识越发强烈。游客希望能够体验到真实的异域风情和文化，而当地居民则希望通过旅游开发摆脱现实的生活状况。因此，游客与当地居民的矛盾主要表现在心理和文化上的冲突，游客会给当地居民带来心理上的妒忌，同时会影响

① 罗永常：《民族村寨社区参与旅游开发的利益保障机制》，《旅游学刊》2006 年第 10 期。

当地的传统文化习俗；另一方面也会给当地的治安、生活方式带来较大的影响。从经济利益来看，商业化程度越来越高的当地居民，在提供旅游服务的过程中受到了游客的不满，游客与居民的关系变得更加紧张。

5.3 旅游经济发展方式转变的制度约束

新制度经济学家认为，制约发展中国家经济发展的首要因素不是资源约束，而是制度约束。主张看待和分析经济生活中的问题，不能就经济论经济、而必须结合制度环境。改变旅游经济发展方式，最根本的是要继续深化改革，以形成推动乃至于迫使经济发展方式转变的制度安排和制度环境。从我国旅游经济运行的实际看，高投入、高消耗、高污染、低效率的粗放型增长方式之所以难转变，是因为我国的旅游生态要素的价值没有得到正确认识，与其价值严重背离，造成人们在利用这些宝贵资源时，毫不吝惜。要转变旅游经济发展方式，建立清洁、循环的旅游经济生产方式和绿色环保的消费方式，必须积极推进对生态要素和生态资本的价值认识，建立反映市场供求状况和资源稀缺程度的生态价格形成机制，节约利用资源，提高效率。

5.3.1 旅游生态要素的产权制度需要革新

5.3.1.1 旅游生态要素的产权制度

经济学领域中的“产权”并不是我们法律意义上的“所有权”，也不是指对财产进行占有、支配、使用、处置和收益分配的权利，而是人们对物的使用过程所引起人与人之间的相互关系[①]，并强调产权是一组行为性权利，具有排他性、有限性、可分解性和可交易性等性质。产权制度（Property system）是制度化的产权关系或对产权关系的制度安排，是划分、确定、保护和行使产权的一系列规则，其最主要功能在于降低交易费用，提高资源配置效率。它通过发挥其激励和约束功能、资源配置功能以及收入分配功能，影响经济主体行为和市场经济运行。[②]现代产权制度是权、责、利高度统一的制度，其基本特征是归属清晰、权责明确、保护严格、流转顺畅。产权主体归属明确和产权收益归属明确是现代产权制度的基础；权责明确、保护严格是现代产权制度基本要求；流转顺畅、财产权利和利益对称是现代产权制度健全的重要标志。

---

① 唐德彪：《建立民族文化旅游资源产权制度的必要性》，《世界地理研究》2006 年第 4 期。

② 李秀霞：《构建现代旅游资源产权制度与旅游业可持续发展能力研究》，《商业研究》2006 年第 9 期。

5.3.1.2 旅游生态要素产权制度问题突出

（1）旅游生态要素产权主体虚位。旅游生态要素的产权制度是指旅游活动中所涉及的生态要素的产权关系和产权规则，主要包括所有权、委托代理权、风景观赏权、经营权、管理权、收益权等①，集中体现在旅游景区和生态旅游资源的产权制度上。市场经济条件下，旅游景区管理制度和运行机制的创新问题已成为旅游行业广泛关注的话题。中国社会转型期间存在着两种经济体制的混合和过渡，行政事业单位管理体制下的传统景区管理模式阻碍了资源开发和环境保护工作，主要表现在国有资产的产权主体虚位、产权关系混乱、产权管理制度不健全等方面，没有实现国有资产的有效利用和保值增值，旅游生态环境的破坏无人监管，旅游生态环境的保护与修复无主体承担责任。

张晓（2001）认为资源保护与企业化经营之间的矛盾在于财政约束条件下的管理目标冲突。②在保护旅游景区资源的同时，还需要通过促进开发获取保护资金，这是中国目前的经济发展特征所决定的。景区保护资金主要来源于按旅游景区门票收入提成的资源保护费，而资源保护费的多少又与经营机构的利润相关联。因此，政府容易陷入既要保护资源、弱化企业逐利，又要多方面寻求市场资金支持的目标冲突之中，行政计划权利的分割、权利与资本的博弈、市场价格配置成为旅游景区产权制度变革过程中的三大主导性力量③。

（2）旅游生态要素产权制度不完善。中国政府长期实施的政府主导地位计划经济，导致了对公共资源（自然文化遗产资源）的管理，一直没有明确的制度安排。我国旅游资源的相关法律制度存在缺陷，制约了旅游产业的经济增长与发展。1988年《宪法修正案》对土地有偿使用制度安排到现在的资源法，都没有改变现行的资源产权结构，没有安排旅游生态资源可交易的产权制度，从而使得很多国有资产失去了最大化增值的产权属性。此外，景区管理中还存在很多“漏洞”和“真空”，如景区资源开发中出现的“短视”行为、“圈地”现象、管理政出多门、缺乏统一的景区规划更不能很好地贯彻实施等。④

5.3.1.3 旅游生态要素产权制度改革路径

（1）旅游生态要素产权制度改革的重点应该放在市场化条件下的行政体制改革，即实现旅游生态要素所有权与经营权、管理权与经营权、监督权与管理权的分立。旅游景区市场化与企业化经营模式创新与管理体制改革，目前主要有两种做法。

---

① 谢茹：《关于风景名胜资源产权制度的思考》，《当代财经》2004年第10期。

② 张晓、郑玉歆：《中国自然文化遗产资源管理》，社会科学文献出版社，2001年。

③ 张毓峰、吴开超：《中国风景名胜资源产权制度变革的内在逻辑》，《天府新论》2005年第6期。

④ 康君、周静：《深化旅游景区产权制度改革的路径分析》，《金融经济》2007年第6期。

一种是取消地方政府对公共资源类景区的直接管理，使旅游景区变成一个小级别的行政单位，把资源保护的职能内生化，将旅游景区的所有权、管理权、经营权、收益权一体化①，如专门设立的黄山市、武夷山市；另一种是政府对旅游管理体制进行改革，将旅游景区作为其下属的经营单位实施企业化管理，实施政企分开，在明晰产权关系的基础上交付企业进行非完全产权关系下的企业化经营，政府主要承担法制管理、规划管理及技术管理方面的职责，如旅游景区管委会，部分民俗文化景区还可以采取“政府+公司+旅行社+农户”的自主开发模式（表5-6）。

表5-6　国内旅游景区管理模式比较

典型模式	行政建制	经营体制	旅游管理方针	内部能力建设
黄山模式	隶属黄山市黄山区，黄山管委会主要领导由黄山市主要领导兼任	黄山旅游集团和黄山旅游发展有限公司与黄山管委会是一套人马，两块牌子	严格保护、统一管理、合理开发、永续利用的方针，坚持“山上游，山下住”的管理方针	采取了一系列工程、技术、管理、行政等措施，强化自身建设能力
九华山模式	九华山管理委员会属于池州市政府派出机构，九华山风景区工作委员会属于池州市委的派出机关。没有人大和政协，管委会和党委是一套班子，两块牌子	集团公司是管委会下面直属机构，由原来的国资委演化而来，股份公司是集团公司下面的一个二级公司，主要是集团公司控股	遵循“科学规划、统一管理、严格保护、永续利用”的发展方针，山上常住人口逐渐减少，让景区的文化旅游功能更突出	采取了分区建设、功能整合、竞争联动的发展建设模式
泰山模式	泰山旅游管理委员会管理景区山上旅游相关业务，但是，同时泰山旅游管理委员会又隶属于泰安市泰山区旅游局，形成双头管理	泰山旅游管理会具体负责旅游管理、运营、服务等方面的工作	实现了对泰山森林、植被及旅游景点的24小时全方位监控，在景区资源监测、森林防火、游人安全管理方面进展很大，科学合理地保护管理好泰山	在极力保护核心景区的文化、自然遗产资源的同时，加强招商因子和配套项目建设的力度
武陵源模式	武陵源管理体制比较复杂，一方面涉及的利益主体比较多，另一方面，行政主导的方向不尽相同，但是均以旅游管理委员会为主，不设行政职能	武陵源的管理运营处于张家界、索溪峪、天子山3个景区“三足鼎立”的格局，张家界国家森林公园处于龙头地位	有利于武陵源的规划建设和管理是武陵源的管理方针	在规划、设计、建设等方面强调各方利益的均衡，加强内部协调工作力度

① 张昕竹：《自然文化遗产资源的管理体制与改革》，《数量经济技术经济研究》2000年第9期。

（2）旅游资源资本化是解决旅游可持续发展的根本途径。旅游资源应像其他社会资源一样走市场化道路，依靠市场机制的作用实现其最佳配置，政府不可能为旅游业可持续发展能力的全部“供给者”。①尽管受到我国自然资源体系、法规及制度的约束，旅游资源很难从环境中剥离出来，但是部分地区已经做出有益的尝试。1997 年湖南省就分别以委托经营和租赁经营的方式出让了张家界黄龙洞和宝峰的经营权；2001 年四川省又将三星堆遗址、四姑娘山、碧峰峡等众多旅游地经营权有偿出让。

（3）建立公平的旅游生态要素利益分配机制。旅游生态要素产权制度改革也是资源与利益再分配的博弈过程。①按照旅游资源分级管理的原则，分别由国务院、省级、市（县）级旅游行政管理部门进行经济管制和质量管制。②将旅游景区门票、特许经营收入、旅游发展基金等收入上缴国家财政，由国家和地方政府财政设立旅游发展专项资金，用于旅游资源的开发与保护。③允许社区居民通过门票收入分成、环境保护费分成、外来项目管理费分成、参股控制经营收入分成、就业劳动收入获得等多种方式直接参与利益分享。

5.3.2　旅游资源的生态补偿机制尚未建立

5.3.2.1　旅游资源价值构成的误解

在整个旅游产品的价值构成中，作为补偿消耗部分的 C 和新创造价值的 $V+M$ 之间缺乏合理的比例关系和清晰的数量界限。由于作为生产要素之一的资源的耗费被人为地排斥在价值构成要素之外，不参与生产价值的运动，致使市场上的价格信号扭曲，从而对市场上的总供给和总需求很难做精确的计算和比较。这种理论上的偏误反映在自然观光旅游产品的定价上，就是只考虑补偿在进行旅游资源开发过程中追加的劳动投入，比如道路的修筑、通信设施、食宿设施的建设，以及产品的宣传促销等方面的物化劳动和活劳动的消耗。但事实上，这部分劳动耗费只是旅游产品中价值构成的一部分。旅游资源的稀缺性决定了旅游资源的消耗必须要进行补偿。

5.3.2.2　旅游生态补偿的内在含义

生态补偿（Eco-compensation）是以保护和可持续利用生态系统服务为目的，以经济手段为主调节相关者利益关系的制度安排。具体来说，生态补偿机制是根据生态系统服务价值、生态保护成本、发展机会成本，运用政府和市场手段，调节生态保护利益相关者之间利益关系的公共制度。广义的生态补偿既包括对保护

① 李秀霞：《构建现代旅游资源产权制度与旅游业可持续发展能力研究》，《商业研究》2006 年第 9 期。

生态系统和自然资源所获得效益的奖励或破坏生态系统和自然资源所造成损失的赔偿，也包括对造成环境污染者的收费。生态补偿主要包括以下几个方面的内容：①对生态系统本身保护（恢复）或破坏的成本进行补偿；②通过经济手段将经济效益的外部性内部化；③对个人或区域保护生态系统和环境的投入或放弃发展机会的损失的经济补偿；④对具有重大生态价值的区域或对象进行保护性投入。生态补偿机制的建立是以内化外部成本为原则，对保护行为的外部经济性的补偿依据是保护者为改善生态服务功能所付出的额外的保护与相关建设成本和为此而牺牲的发展机会成本；对破坏行为的外部不经济性的补偿依据是恢复生态服务功能的成本和因破坏行为造成的被补偿者发展机会成本的损失。

旅游生态补偿主要是调整相关利益各方生态及其经济利益的分配关系，建立健全资源开发的生态补偿机制，有助于从源头上促进经济社会发展同环境保护的协调，促进城乡间、地区间和群体间的公平性和社会的协调发展，为经济的可持续发展提供制度保障。旅游资源生态补偿机制主要包括 3 个方面的内容，即经济补偿机制、生态补偿机制和政策补偿机制。其中，旅游资源经济补偿机制主要是指通过旅游资源税和旅游发展基金设立旅游生态环境保护专项基金，遵循“谁开发谁保护，谁破坏谁恢复，谁利用谁补偿”原则有计划集中使用专项资金用于环境保护工程；旅游资源生态补偿机制主要是通过人工绿化改善旅游资源周边的生态环境，弥补旅游开发对自然生态环境造成的“创伤”；旅游资源政策补偿机制主要是各级政府通过规划引导、项目支持等方式，为生态脆弱、经济欠发达地区的旅游环境保护实施政策倾斜和差别待遇。

5.3.2.3 实施旅游生态补偿的意义

（1）改变无偿使用生态资源的习惯。生态补偿机制可以改变企业无偿使用生态资源的习惯，经营者的开发程度和破坏程度与其为此付出的生态补偿成正比，这就能够让开发者优先考虑生态环境的保护与损耗。为减少生态成本，企业必须采取措施减少环境资源的破坏、污染和占用。

（2）有利于筹措生态环境保护资金。旅游生态补偿的关键问题在于资金，生态环境修复、居民生产生活方式的改善以及人员素质的提高都需要大量的资金。建立旅游生态补偿的长效机制可以为旅游地生态环境保护提供稳定的资金来源，多种渠道筹集所需的资金，统筹道路交通建设、农林专项发展基金、水域环境综合治理、地质灾害治理、文物保护与非物质遗产抢救、旅游基础设施建设等各种项目资金。

（3）有利于平衡旅游社区居民利益。社区居民参与旅游开发与生态保护的程度与其获得的利益有很大的关系，也就是说，在旅游开发中对当地社区进行生态补偿越大，社区参与旅游活动和生态环境保护的行为就越积极。同时生态补偿机制也让居民有监督经营者开发建设的作用。

5.3.2.4　旅游生态补偿的理性回归

从全国的旅游开发实践中来看，目前政府相关部门尚未制定专门的旅游生态补偿制度，关于旅游生态补偿的实施办法和补偿标准尚不明确。但是，我国已相继开展生态补偿研究，如 2006 年中国环境与发展国际合作委员会《生态补偿机制》专题研究[①]，2006 年国家环保总局对全国和广东省的生态补偿机制设计（万军等）[②]，浙江省建立生态补偿机制的实践经验，韩志福等（2006）[③]；在生态旅游方面的生态补偿研究有基于旅游生态足迹效率的自然保护区居民生态补偿标准的测度模型的研究[④]。对森林资源的生态补偿问题已经作出了全国性的统一安排（如生态公益林补偿等），这种生态补偿在一定程度上弥补了山地旅游资源开发造成的损失。而像城市、乡村、温泉、文化等旅游资源的开发则处于空白。

目前，开展生态补偿的资金主要有以下集中来源：①财政转移支付，用于政策补贴、农业支出、林业支出、水利和气象支出等；②环境整治、保护与生态建设专项资金；③征收资源使用费（矿产资源有偿采用和复垦制度、水资源有偿使用制度、环境容量排污收费制度等）。

旅游生态补偿途径大致可以分为 3 种：①直接补偿，设立环保基金、人才培养基金和奖励基金；②间接补偿，为旅游地居民提供就业机会，给当地群众优惠或免费旅游，聘请旅游和环保专家为居民进行生态旅游和生态环保培训等；③混合补偿，将间接补偿和直接补偿按照一定的结构、比例和方式进行组合。

---

① 中国环境与发展国际合作委员会《生态补偿机制》课题组：《中国生态补偿机制与政策研究》，http：//www.cciced.org。

② 万军、张惠远、葛察忠等：《中国生态补偿政策评估与框架初探》，《生态补偿机制与政策设计国际研讨会论文集》，中国环境科学出版社，2006 年。

③ 韩志福、张鸿铭：《浙江省建立生态补偿机制的实践与思考》，《生态补偿机制与政策设计国际研讨会论文集》，中国环境科学出版社，2006 年。

④ 章锦河等：《九寨沟旅游生态足迹与生态补偿分析》，《自然资源学报》2005 年第 5 期。

第 6 章

旅游经济发展方式转变的路径研究

2009 年，国家再次明确了旅游业的战略性支柱产业地位，与此同时，关于转变经济发展方式的议题也成为研究重点，为此，旅游经济发展方式的转变成为政界、业界和学界共同关注的问题。图 6-1 描述了旅游经济发展方式转变的起因、路径和保障措施。如图 6-1 所示，在旅游经济发展的初始阶段，在单一经济目标的推动下，

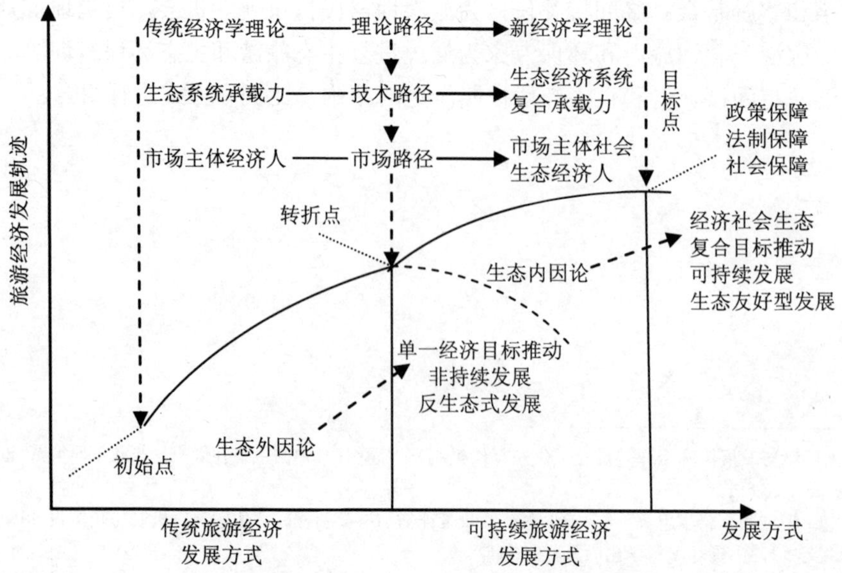

图 6-1　旅游经济发展方式转变的理论构架

我国旅游经济的发展取得了有目共睹的成就，尤其是在经济效益方面，旅游经济已经成为许多地方发展的经济支柱。然而，旅游经济的高速发展也带来了一系列的负面问题，使旅游经济自身走到了发展的十字路口，面临着是向非持续反生态式的发展轨迹坠落还是向可持续生态友好型的发展轨迹优化的艰难转折。综合前文所述观点，旅游经济发展方式的转变应该建立在生态内因论的基础之上，从理论路径、技术路径和市场路径方面谋求突破和转型，以新经济学理论的生态重构取代传统经济学理论的生态缺失，以旅游生态经济系统的复合承载力取代旅游生态系统的单向承载力，以旅游市场主体的社会生态经济人假设取代经济人假设，以旅游经济发展方式的经济理性、社会理性和生态理性取代传统旅游经济发展方式的单一经济理性，通过政策保障、法制保障、社会保障实现旅游经济可持续发展的理想目标。

6.1 旅游经济发展方式转变的理论路径

6.1.1 从“空的世界”到“满的世界”的经济理论变革

传统西方经济学的理论基本上排除了旅游经济系统对生态系统和社会系统的依赖，割裂了三大系统之间的内在联系，如我国著名的生态哲学家余谋昌先生指出：“在自然—经济—社会统一系统的三大要素中，经济主义只追求一个目标——经济增长。经济主义模式按照还原论方法，只关注一个变量——经济增长，排除也是十分重要的——社会（公平）和自然（环境与资源）这两个变量。这样就形成了它的反社会和反自然的性质。”既然在这种经济理论指导之下的发展观本身就具有反生态的性质，那么其理所当然地无法承担正确引导将保护生态作为重要职能的旅游经济健康发展的重任。

现在我们已经进入了以生态经济和知识经济为特征的生态文明时代，要真正实现和谐社会的发展目标，要从根本上消除旅游经济乃至整个国民经济不可持续发展的生态环境危机，首先就必须对传统西方经济学的思想根源进行全面的变革与创新。也就是说，我们的经济发展观必须从“空的世界”走向“满的世界”。

传统经济学提出的“空的世界”的理论形态，是工业文明时代的产物，也是工业文明时代经济发展的理论表现，旅游业发展过程中的大众旅游发展阶段正是这种经济理论的具体体现。当我们面临着旅游经济不可持续发展的困境和危机时，由于指导理论的错误，使这一极具特色的绿色产业也面临着严峻的现实考验，旅游经济发展的现实状况实际上已经与其初衷发生了背离。所以，旅游经济的发展，必须建立在全新的以生态经济、可持续发展理论和循环经济为指导的新经济学平台之上。

“满的世界”经济学发展观的核心理念就是生态文明时代的经济发展绝对不能超越地球或本国、本地区生态系统承载力极限的发展。旅游经济的发展，毫无疑问应该以生态文明时代的新兴经济学为理论指导。其对于旅游经济持续发展的指导意义主要体现在：①将生态因素从旅游经济发展的外生变量转化为内生变量，有利于促成对脆弱的生态旅游资源的保护及独具特色的文化的传承。②揭示了经济发展与可持续性的内在统一。旅游经济的发展与可持续性之间确实是存在矛盾的，但是，只要旅游经济系统的开发、经营和管理活动，对旅游资源的利用强度不超过自然生态系统的再生能力，不排放污染或排放量在自然生态系统的自净能力范围之内，旅游经济的发展完全能够达成生态效益和经济效益的统一。③旅游经济的可持续发展有赖于市场原则、技术原则和生态原则的紧密结合与成功协调。市场机制和技术进步有助于解决在旅游经济发展过程中某些具体的资源和环境问题，但却无法解决地球资源环境本身的有限性这一客观问题，只有将它们与生态原则结合在一起，发挥协同作用，才有可能完成环境修复或生态恢复，保证旅游经济的持续发展。

6.1.2 从“生态缺失”到“生态重构”的经济增长模型演进

6.1.2.1 传统经济理论视野下的生态缺失

对现代增长理论的回顾可知，无论是现代经济增长的先驱理论——哈罗德-多马理论，还是最新兴起的新增长理论，其对经济增长中的自然资源与环境因素的忽略与轻视都是惊人的。这一思想特性的形成源于新古典经济学的兴起。从经济学史的角度来说，它既表现为对古典学派生态思想的背弃，也不外乎对新古典思想的（对经济增长的生态代价而言）某种不幸的发扬光大。

与现代经济增长一并而来的是人类赖以生存的自然资源的枯竭与生态环境的日益恶化。“自 18 世纪中期起，自然界受到的损害比整个史前时代造成的损害还要大……人类文明赖以创造经济繁荣的自然资本却正在减少，而这种损失的速率正与物质福利增长成正比例地增长。”在诸多经济增长理论指导下的各个经济体的增长实践都或早或晚地、程度不同地遭遇了以上经济增长的困境[①]。

（1）哈罗德-多马模型。哈罗德-多马模型假定，一个经济只生产一种产品，

① 毕秀水：《经济增长理论生态要素的缺失及其重构》，《学习与探索》2004 年第 6 期。

而资本—产出比保持不变，同时，储蓄率、人口增长率保持不变，并且不存在技术进步和资本折旧。基本表达形式为：

$$G=\frac{s}{v}$$

式中：G——经济增长率；

v——资本—产出比；

s——储蓄率。

模型表示，经济增长率与储蓄率成正比，与资本—产出成反比。其重要结论是，经济增长的根本动力在于资本的积累，资本积累越多，经济增长速度越快。

（2）索洛-斯旺新古典经济增长模型。新古典增长模型假定资本和劳动两个生产要素能够互相替换，在任何时候，资本和劳动这两个生产要素都可以得到充分利用，基本表达公式为：

$$\frac{\Delta Y}{Y}-\frac{\Delta L}{L}=\lambda+a(\frac{\Delta K}{K}-\frac{\Delta L}{L})$$

式中：$\frac{\Delta Y}{Y}$——国民收入增长率；

$\frac{\Delta L}{L}$——劳动力增长率；

$\frac{\Delta K}{K}$——资本增长率；

λ——技术进步；

a——资本的收入在国民收入中所占的百分比。

索洛在模型中引入了技术因素变量，技术进步是长期经济增长的决定因素，经济增长不仅取决于资本增长率、劳动者增长率、资本和劳动对产量增长的相对作用的权数，而且还取决于技术进步。技术进步可以体现于物质资本（资本存量）之上，也可以体现于劳动者的技术水平的提高。只要技术进步是正数，它对经济增长率总是有利的。

索洛模型突破了以往人们一致认为的资本积累是经济增长最主要因素的观点，突出强调技术进步是经济增长的决定性因素，但是仍然假设技术是一种外生变量而将它排除在考虑之外，由于技术是外生的，因此技术进步也就带有很大的偶然性，对技术的使用不需要付出成本。于是，作为外生变量的技术与作为经济增长主要动力的技术之间的关系难以协调。

（3）内生经济增长理论模型。内生增长模型的基本观点是经济增长的长期驱动力是知识的积累，罗默的模型中，除了列入资本和劳动这两个生产要素以外，还有人力资本和技术水平。罗默模型使技术进步因素内生化于生产函数中，并且阐述了技术进步与人力资本的相互关系，提高了模型对现实经济现象的解释力。技术进步是推动经济增长的决定力量，而且技术进步本身是由经济系统内生决定的，技术的进步取决于知识资本或人力资本的积累和溢出。

凸性内生增长模型强调经济增长的因素关键是资本积累（包括物质资本积累和人力资本积累）而不是技术进步。这类模型认为，资源约束并不构成经济增长的限制条件，而且自然资本与人为资本具有完全的替代弹性。即便自然资本为零，产量仍然可以保持不变，因为人为资本可作相应的补偿。所以，由于人们可以创造出人为资本替代自然资本，即使自然资本被完全消耗殆尽，也不会对经济发展造成威胁，从而实现经济可以永远保持持续性的增长[①]。

在上述这些经济增长模型中，资本、劳动、技术作为传统的要素得到研究者的重视，经济社会的发展基本是依靠上述要素的投入来获取，在这些因素的驱动和作用下，经济发展取得了前所未有的成就，社会经济系统的规模也日趋庞大，与之对应的是生态系统的破坏、环境的污染和资源的耗竭，而这种危机和退化反作用于社会经济系统，必然对社会经济产生制约和阻滞。

6.1.2.2 可持续发展经济理论视野下的生态重构

（1）生态约束的经济增长模型。王海建（1999）将耗竭性资源纳入生产函数，并考虑环境外在性对跨时效用的影响，讨论了资源利用、人均消费与环境质量在长期增长过程中的相互关系以及模型的稳态增长解。即假定社会在消耗其耗竭性资源存量的时间长河里，在环境污染并存的条件下要求维持可持续的人均消费，生产过程的耗竭性资源投入与人口增长率的比值应小于劳动力产出弹性与资源的产出弹性之比[②]。

彭水军、包群（2006）通过将存量有限且不可再生的自然资源引入生产函数，构建了一个内生增长模型，探讨人口增长、自然资源不断耗竭、研发创新与经济可持续增长的内在机理。指出如果缺乏有效的技术创新和合理的资源保护与利用，则可能出现负的稳态增长率，即在不可再生自然资源条件下无限制地增长是不可持续的。制约通过政府的宏观干预来扶持人力资本积累和有效提高研发产出效率，依靠科学技术进步和智力资本开发，使用更环保（资源密集度低）的生产活动来替代能源、资源和污染密集型生产活动，才能维持较高的、稳定的、具有可持续

---

① 汤琦瑾：《论自然资源价值及价值管理》，《生产力研究》2005 年第 7 期。

② 根据王海建：《资源环境约束之下的一类内生经济增长模型》，《预测》，1999 年第 4 期，第 36～38 页整理。

意义的经济增长[①]。

于渤（2006）建立了基于 R&D，同时考虑能源、资源耗竭、环境阈值限制与环境治理成本的可持续增长模型；探讨了可持续发展的必要条件，即能源资源耗竭速率、污染治理的投入比例与经济增长之间应该满足动态关系[②]。

（2）旅游经济可持续发展的生态约束。要实现旅游经济的可持续发展，就必须正视旅游经济所面临的生态约束。

假设在旅游经济过程中产生的所有废弃物流量为 W，环境所吸收的废弃物数量为 A；旅游经济活动中可再生资源的利用数量为 R，不可再生资源的利用数量为 E，可再生资源和环境的自然再生产量为 G；则若以 $\dot{S}$ 代表环境退化率，则有：

$$\dot{S}=(W-A)+(R+E-G)$$

因为旅游资源的开发利用，以及旅游经济运行过程中的产生的废弃物都是为了要提供消费 C，所以，W，R，E 都可看作 C 的函数，于是有：

$$W=W(C),\ W'(C)>0,\ W''(C)>0$$

$$R=R(C),\ R'(C)>0,\ R''(C)>0$$

$$E=E(C),\ E'(C)>0,\ E''(C)>0$$

上述 3 函数对消费 C 的一阶导数和二阶导数都大于零，说明随着消费的增加，对于旅游资源的开发利用，以及向环境所排放的废弃物都在增加，而且增加的速度越来越快。

再将 X 作为度量生态环境的指标，也可以将环境的废弃物吸收能力和再生产能力看做是 X 的函数，于是有：

$$A=A(X),\ A'(X)>0,\ A''(X)<0$$

$$G=G(X),\ G'(X)>0,\ G''(X)<0$$

则 $\dot{S}$ 可以表示为：

$$\begin{aligned}\dot{S}&=(W-A)+(R+E-G)=(W+R+E)-(A+G)\\&=[W(C)+R(C)+E(C)]-[A(X)+G(X)]=N(C)-Q(X)\end{aligned}$$

式中：$N(C)$——由于旅游经济过程中的各种资源需求所导致的生态退化加剧的程度；

$Q(X)$——面对社会经济系统的需求，自然生态系统的恢复能力。

$$N(C)>0,\ N'(C)>0,\ N''(C)>0,\ (C>\underline{C})$$

① 根据彭水军等：《资源约束条件下长期经济增长的动力机制研究》，《财经研究》，2006 年第 6 期，第 110～118 页整理。

② 根据于渤等：《考虑能源耗竭、污染治理的经济持续增长内生模型》，《管理科学学报》，2006 年第 4 期，第 12～16 页整理。

$$N(C)=0,\ (C=\underline{C})$$

式中：$\underline{C}$——经济系统只消耗积累所增加的资源存量时所提供的消费。

此时生态系统压力减轻，$W=0$。因此，处于消费水平$\underline{C}$的经济系统对生态系统不产生任何新增加的资源需求。

$$Q(X)>0,\ Q'(X)>0,\ Q''(X)<0,\ (X>\underline{X})$$

$$Q(\underline{X})=0,\ (X\leqslant\underline{X})$$

式中：$\underline{X}$——最低的可持续发展的环境质量，如果环境质量降到$\underline{X}$以下，生态系统不再有能力吸收废弃物，也没有再生产的能力。

假定$\dot{S}$和$\dot{X}$之间具有反向关系，随着时间推移，环境退化加剧，环境质量也就下降。

$$\dot{X}=-aS=a[Q(X)-N(C)]$$

用效用函数U来度量社会福利，则U是C和X的函数：

$$U=u(C,\ X)$$

$$u_c>0,\ u_{cc}<0,\ u_{cx}=0,\ \lim_{c\to 0}u_c=\infty,\ \lim_{x\to 0}u_x=\infty$$

所以，$\dot{S}$和$\dot{X}$就是构造出来用于反映旅游经济的生态约束的条件。旅游经济能够长期可持续下去的最低条件是$\dot{S}=0$，即$W=A,\ R+E=G$，这个条件可以保证生态系统不会发生退化。$\dot{S}$和$\dot{X}$还表示，只要有生态退化的现象发生，生态质量将持续下降，包括旅游资源的匮乏耗竭以及生态环境的污染和破坏。所以，在$Q(X)$的表述中，对于自然生态系统的利用有一个最低极限，如果$X\leqslant\underline{X}$，资源和环境的退化将破坏自然生态系统的自然清洁能力和旅游资源的再生过程，也就是说自然生态系统会走向崩溃，以自然生态系统的崩溃为代价的旅游经济的发展是不可持续的发展。因此，自然生态要素必须成为旅游经济发展的内在要素。

（3）生态要素是旅游经济可持续发展的内生要素。从上述经济模型的演变中，我们可以看到人们对于推动经济发展尤其是可持续发展的要素的认识在不断深化，经济可持续发展的要素经历了一个从最初对资本积累的完全依赖，到开始注意到人力资本和技术水平的能动作用，将技术进步作为推动经济发展的关键因素；再到制度学派认为“不涉及制度就不可能解释经济增长率上的持续差异”的演变过程，资本、劳动、技术进步、人力资本、制度创新等因素不断被纳入经济发展的体系。诚然，这些要素对于经济的发展功不可没，可是，在承认这些要素的同时，人们却忽略掉了最基本的生态要素——自然资源和生态环境对于经济发展的制约，没有这个基本前提的存在、资本、劳动、技术、制度等要素就无法发挥功能。

刘思华教授在《生态马克思主义经济学原理》一书中指出：传统经济学一般都是将自然生态环境置于市场经济体系和经济学理论框架之外，只是当做人类物质生产实践活动的外部条件即外部环境，是社会经济运行与发展的外在要素。自然生态环境排斥在劳动生产力构成要素之外，只是社会经济发展的外在因素。传统经济学是生态与经济相脱离的理论，这种人与自然、社会经济与生态环境相分离的内在理论缺陷，不仅把自然界视为一个不变因素，而且把经济看成是一个不依赖外部环境的孤立系统，完全否定了自然生态系统和社会经济系统之间的物质能量以及信息的交换这个劳动过程的本质特征，无法使自然生态环境成为作为劳动过程的生产过程的构成要素，同时也否定了在劳动过程中“外部自然条件”随时随地转化为“内在自然要素”。

因此，自然生态要素对于旅游经济增长的影响不容忽视，在“可持续发展”已经成为人类共识的时代背景下，将自然生态要素纳入经济长期持续增长的分析框架更是必然。

6.1.3　旅游经济发展方式转变的核心理论

6.1.3.1　基于生态内因论的生态经济价值

最早应用可持续发展原理评估环境资源价值的经济学家是克鲁梯拉（J. V. Krulilla）。克鲁梯拉认为，当代人直接或间接利用舒适型资源获得的经济效益是其“使用价值”，当代人为了保护后代人能够利用而做出的支付和后代人因此而获得的效益是其“选择价值”；人类不是出于任何功利的考虑，只是因为舒适型资源的存在而表现出的支付意愿，是其“存在价值”。这一理论为后来研究舒适型资源的经济价值奠定了理论基础。

1980 年代以后，随着可持续发展思想的广泛传播，越来越多的环境经济学家遵循克鲁梯拉的研究思路，对环境资源的经济价值进行了深入探讨，提出了许多环境资源价值的新概念。比较有代表性的是生态要素的总经济价值（TEV，Total Economic Value）由使用价值（UV，Use Value）和非使用价值（NUV，Non-Use Value）构成。

使用价值是当资源环境被使用或消费时，满足人们某种需要和偏好的能力，使用价值又分为直接使用价值（DUV，Direct Use Value）、间接使用价值（IUV，Indirect Use Value）和选择价值（OV，Option Value）。直接使用价值是指环境资源直接满足人们生产和消费需求的能力；间接使用价值是指人们从环境所提供的用来支持生产和消费活动的各种功能中间接获得的效益；选择价值是指当代人现在愿意为某一环境资源的使用所做出的支付意愿，这取决于环境资源供应和需求的不确定性以及人们对生态风险的态度，实际上包括未来的直接和间接使用价值。

非使用价值是指由环境资源内在属性所决定的固有效用，它与环境资源的使用与否及其方式无关，又分为存在价值（EV，Existence Value）和遗赠价值（BV，Bequest Value）。存在价值指人类为确保资源环境的存在而体现出的支付意愿，即存在价值是人们对资源价值的一种道德上的评判，资源越特殊稀有，其存在价值越突出。遗赠价值指人们为了保护某种资源而愿意进行支付，这种支付不是为了自己，而是为了把它留给后代人来进行享受其利用价值和非利用价值。遗赠价值是为了保障后代消费资源环境的权利而进行的支付，是人类要通过各种实践活动，如对资源环境的研究、开发和保护，投入到生态系统中的劳动所创造的那部分价值。

刘思华教授提出的生态经济价值论认为，商品价值是物化在经济系统的某个商品中的社会必要劳动的表现，这是经济系统通过耗费活劳动和物化劳动在从生态系统中取走自然物质，并将它加工成经济物质的过程中凝结的社会必要劳动。生态价值是物化在生态系统的某种物品中的社会必要劳动的表现，这是通过在经济系统耗费活劳动和物化劳动而输入到生态系统中来，使生态系统的自然物质（包括自然资源和自然环境）具有符合人类生存和经济社会发展所需要的使用价值过程中凝结的社会必要劳动。生态经济价值就是物化在生态经济系统某种自然物质和经济物质中的社会必要劳动的表现，是商品价值和生态价值的辩证统一体，任何将生态系统自然属性决定的生态价值和其资源属性决定的生态价值割裂的做法都是错误的。人类只有合乎自然规律地顺应生态系统的自然属性所表现出来的天然价值，才能求得经济规律顺应生态系统物质属性决定的经济价值，才能达到社会再生产与自然再生产相互关联，社会生产力与自然生产力相互协调，经济系统与生态系统相互耦合，最终实现人与自然和谐发展[①]。旅游经济复合系统中的生态要素，其价值的形成与量化也反映了人与自然、生态与经济之间的关系。

由于旅游资源与自然生态环境的稀缺性和再生的困难性，人们必须不断地投入劳动，以获取、保护、改善旅游资源和环境，人类在利用生态环境创造生态价值的同时，也生产出具有适应价值的旅游产品，创造经济系统的商品价值。因此，投入补偿、保护和建设具有一定使用价值的生态环境和旅游资源的全部劳动所形成的价值量就是生态经济价值量，正是由于耗费了劳动，才使旅游生态经济复合系统中的生态要素具有“生态经济价值”，当然，人类劳动在社会经济系统生产旅

① 娄成武等：《论人与自然和谐发展的生态价值观》，《光明日报》，2006 年 1 月 22 日第 7 版。

游产品的过程中，投入一定量的劳动创造商品价值的同时，也会创造生态价值，还会产生生态环境的负价值，给自然生态系统带来破坏性的影响，威胁旅游经济发展的自然基础。所以，正确处理人与自然、生态与经济之间的关系，使生态要素产生价值增殖，避免出现商品价值为正而生态价值为负的现象，使生态价值量成为两者的总和而不是相互消长，是保证旅游经济可持续发展的前提。

6.1.3.2　基于生态内因论的生态内生化

生态环境内生化理论，实质上就是要求人们承认与坚持地球资源环境有限论，树立旅游经济发展的可持续性边界理论的新理念。这是当代经济思想与理论的生态革命的基本理念，即是可持续发展经济学范式的基本理念。当代人类对地球存在极限的认识及其他将如何影响人类经济社会发展乃至整个人类文明进化的认识，即是人类认识到自己利用与改造自然的经济社会活动，是被“自然界整体动态结构的生态极限所束缚的”，从而发现了地球资源环境有限性的客观规律：人类经济社会活动必须建立在生态系统完整、资源持续供给和环境容量持续供给的基础之上，才能保证经济系统在生态限值内健康运行与协调发展，这样的经济发展才具有可持续性。

刘思华教授 1994 年在《当代中国的绿色道路》一书中论述了“生态内因论”的内容：健全的生态条件和优良的环境质量就是直接作为生态经济再生产过程的必要组成部分而存在，它不仅是现代生产力运行的外部环境，而且是现代生产力发展的内在因素，成为现代生产力的基本要素，就应该包括在现代生产力系统之中。生态环境内因论鲜明地揭示了现代生产力是生态经济生产力，如实地反映了现代生产力运行的全过程。

自然生态环境不仅对人、社会具有优先地位，而且是作为一种内在要素存在于人类社会经济之中。作为劳动过程的生产过程永远是人与自然之间的物质变换过程，这就是说，一切经济过程，首先是人与自然之间的物质变换过程，自然生态环境是人类物质生产、劳动过程的一个构成要素。自然生态环境，不仅是人类社会存在和经济发展的自然基础，而且首先的主要表现为已经进入人类物质生产实践的自然形式、自然要素，是社会经济运行与发展的内在要素的自然生态环境。

当今世界，自然生态环境优劣已经成为决定现代经济增长与发展的快慢和当代社会经济可持续发展的关键所在。当代经济运行与发展的实践已经充分证明：良好的生态环境确实是当今人类生存和现代社会经济发展高度短缺的生活要素和生产要素，它越来越由“外部自然条件”转化成为“内部自然要素”，呈现现代经济运行与发展的内在因素和外在因素的有机结合与高度融合的新趋势。

旅游经济的产生源于良好的自然生态条件，旅游经济的发展也必须凭借和依赖生态系统。旅游经济运行所需的物质和能量，归根结底需要自然生态系统来提供。生态系统的旅游资源和生态环境是保证旅游经济循环运动的物质基础和基本前提，良好的旅游环境和高品位的旅游资源是推动旅游经济良性循环和向前发展的依托所在。

6.1.4 生态内生化的旅游经济可持续发展模型

6.1.4.1 旅游生产函数的建立

假定 1：旅游资源是旅游经济生产过程中的投入要素，并以存量和流量两种形式进入旅游生产过程；

假定 2：旅游经济的发展与旅游地的生态环境、生态系统、生物多样性、自然景观、文化遗存和民俗风情等旅游资源环境的存量水平密切相关，构成了旅游地对旅游者的吸引要素，旅游资源环境的级别和质量越高，对旅游者的吸引力越大，越能提高旅游业的生产能力；

假定 3：旅游资源环境的流量形式一方面指旅游开发经营者对生态资源环境要素的使用，表现为旅游环境资源要素的递减和损耗，另一方面指旅游者的活动和旅游开发经营者的行为对旅游资源环境的污染和破坏，表现为旅游资源环境要素的降级；

假定 4：虽然对旅游资源和生态环境的破坏，在有些情况下是不可逆的，一旦破坏，无法恢复，但是考虑到不同类型的旅游资源之间存在一定的替代作用，以及生态环境的投入和改善，认为旅游资源具有可再生的性质；

假定 5：忽略旅游生产过程中的劳动力投入和技术进步因素。

在以上假定的基础上，建立旅游生产函数：

$$Y=T(K, Z, E)$$

式中：K——资本投入要素；

Z——旅游资源环境的流量水平；

E——旅游资源环境的存量水平。

由于旅游地的政府部门及当地的旅游开发经营者出于促进旅游业可持续发展的目的，也会对生态环境和资源进行投资，以维护生态环境资源的非减性。因此，旅游经济的收益除了用于消费 C 和积累 K 的部分外，也有部分用于对生态环境资源的再投资，实现生态再生产，为旅游再生产提供生态基础。如果将改善生态旅游资源环境的投资定义为 A，则旅游经济的资本积累随时间的变化率为：

$$K_t=T(K, Z, E)-C-A$$

式中：K_t——资本积累随着时间的变化而变化。

6.1.4.2　旅游资源环境的变化方程

旅游的开发经营对生态资源环境要素的使用会降低旅游资源环境的存量水平，但是，对生态环境和资源的投资又会保护生态系统，提高环境质量，维持资源的品位等级。

与旅游资源环境使用的流量水平相对应，旅游资源环境的净使用量与旅游业中的生态旅游资源环境投入要素 Z 和对于生态旅游资源环境的改善投资 A 相关，所以，旅游资源环境的使用函数可以定义为：

$$Q = Q(Z,\ A)$$

由于假设旅游环境资源具有可再生的性质，因此旅游资源环境的再生函数是旅游资源环境存量 E 与旅游资源环境的使用量 Q 的函数，表示为：

$$E_t = N(E,\ Q) = N[E,\ Q(Z,\ A)]$$

随着旅游资源环境净使用量的增加，旅游资源环境的再生能力逐渐下降，$N_Q<0$；而对旅游资源环境投资的增加 A 可使旅游资源环境的净使用量 Q 减少，$Q_A<0$；旅游资源环境的存量越高，旅游资源环境净使用量的副作用越小，$N_{EQ}>0$；旅游资源环境的投资对环境资源改善的效果是递减的，$Q_{ZA}<0$。

N 与 E 的关系不是线性关系，也就是说，当旅游资源环境的质量下降到某一程度，污染积累超过了生态环境的承受能力，旅游资源环境的降级就会不可逆转。另一方面，旅游资源环境的再生会变得越来越难，其再生能力会不断下降。如果旅游活动对旅游资源环境的负面影响可以保持在一定的阈值之下，不超过生态系统和资源环境的承载力，旅游资源环境的再生能力可以保持在一个较为稳定的状态。

6.1.4.3　旅游福利函数

将旅游资源环境作为旅游经济发展的内生变量来考虑，则旅游经济发展的社会福利会受到旅游资源和生态环境的影响，社会福利值的大小取决于消费水平和旅游资源环境的存量水平，表示为：

$$W = \int_0^{\infty} \mathrm{e}^{-\rho t} u(c,\ E)\mathrm{d}t$$

式中：c——人均消费水平；

E——旅游资源环境的存量水平；

ρ——时间偏好率，指在保持总体社会福利不变的前提下，减少当前 1 单位的消费而需要在将来对经济主体进行多少单位的消费补偿。

6.1.4.4 生态内生化的旅游经济可持续发展模型

将旅游经济的发展模型表示为：

$$W=\int_0^\infty e^{-\rho t}u(c，E)dt$$

要实现生态内生化的旅游经济可持续发展，必须引入以下两个约束条件：

$$K_t=T(K，Z，E)-C-A$$

$$E_t=N(E，Q)=N[E，Q(Z，A)]$$

则旅游经济可持续发展的核心就是要在满足两个约束条件的前提下使旅游经济社会福利函数最大。为了求解旅游经济社会福利函数的最大值，可以建立旅游经济可持续发展的经济模型方程：

$$H=e^{-\rho t}[U(c，E)+\lambda(T(K，Z，E)-C-A+\mu N(E，Q(Z，A)]$$

式中：λ 和 μ ——分别是资本和旅游资源环境的影子价格。

使该函数获得最大值的条件为：

$$\partial H/\partial c=0\Rightarrow U_c=\partial U/\partial c=\lambda$$

$$\lambda_t=-\partial H/\partial K\Rightarrow \lambda_t=\rho U_c-\lambda\partial T/\partial K=\rho\lambda-\lambda\partial T/\partial K$$

$$\mu_t=-\partial H/\partial E\Rightarrow \mu_t=\rho\partial U/\partial E-U_E-\lambda\partial T/\partial E-\mu\partial N/\partial E$$

$$=\rho\mu-U_E-\lambda\partial T/\partial E-\mu\partial N/\partial E$$

该模型的经济含义是：在人与生态平衡的前提下，出售边际单位旅游资源所获得收入 μ 的利益收入 $\rho\mu$，应该与该资源的各项成本之和相等，这些成本包括：①该资源在将来的价格 μ_t；②该资源在当期的损耗而减少的未来的增长的价格 $\mu\partial N/\partial E$；③由于资源在当期的损耗，使下一期持有成本上升所带来的损失 $U_E+\lambda\partial T/\partial E$。

该模型表示，旅游经济的可持续发展必须建立在对旅游资源合理利用的基础之上，在旅游生产函数中，必须将生态环境作为内生变量加以考虑，将破坏生态和导致资源退化的生态环境资源成本进行核算，以消除旅游开发经营行为的外部不经济。

6.2 旅游经济发展方式转变的技术路径

6.2.1 旅游经济发展的生态环境承载力控制

6.2.1.1 旅游环境承载力构成模型

从旅游者的角度来分析，旅游环境承载力代表着在旅游者感知质量保持恒定时所能承受的旅游者最大值，可用旅游环境承载力（TECC）来表示（图 6-2）。一直以来，人们都把生态环境承载力作为确定合理游客人数，限制对旅游景区过度利用的重要手段。

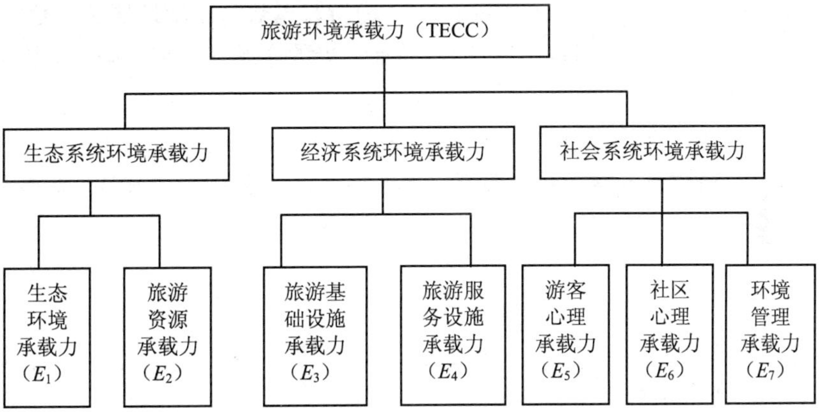

图 6-2 旅游环境承载力构成模型

6.2.1.2 旅游环境承载力测算

根据木桶原理，旅游地的环境承载力由上述 3 个子系统中最小的那个二级分量决定，因此：

$$\text{TECC} = \min(E_1, E_2, E_3, E_4, E_5, E_6, E_7)$$

令 E_i（$i=1\sim7$）代表各个二级分量的发展值，r_i 为各个二级分量的发展率，k_i 表示各个二级分量的饱和承载力，则：

$$\mathrm{d}E_i / \mathrm{d}t = r_i E_i (1 - E_i / k_i) \tag{1}$$

对式（1）积分可得：

$$E_i = k_i / 1 + c\mathrm{e}^{-rt} \tag{2}$$

式中：$c = k_i - E_0 / E_0$；

E_0——各个二级分量的初始承载力，$k_i > E_0 > 0$。

6.2.1.3 旅游环境承载力指数测算

崔凤军把旅游承载力指数 TBCI（Tourism Bearing Capacity Index）界定为：在不对旅游地社会、经济、自然环境、公共设施产生不利影响的前提下，某一旅游区所能承纳的旅游活动强度的无量纲表示值，这种强度体系包括游客密度、旅游用地强度、旅游收益强度。[①]

（1）游客密度指数（VDI：Visitor Density Index）。不同的旅游地有不同的值，即不同的游客密度对旅游地的影响（正面的和负面的）程度和范围是不同的。

VDI=visitor density/resident density，亦为游客人数与旅游地居民人数的比值。TBCI 与 VDI 成反比例关系，它表明旅游地接受的旅游活动强度随着游客密度指数的增加而降低。

（2）旅游经济收益指数（EII：Economic Income Index）。旅游经济承载量为当旅游地居民和政府的旅游经济收益（等于收入减去漏损）达到某一临界值时所能容纳的游客数量。其计算公式为：

$$EII=1/L$$

式中：L——漏损率，L=1–mpc，mpc 为边际消费倾向，来自于凯恩斯收入乘数 m=1/（1–mpc）。

TBCI 与 EII 成正比例关系，它表明旅游地接受的旅游活动强度随着旅游净收益水平的提高而增加。

（3）土地利用强度指数（LII：Land-use Intensity Index）。旅游区的旅游用地扩大而导致居民用地面积缩小到一定极限，从而使旅游地居民产生一定的心理抗拒，降低了其基本生活环境质量。这种状态可以用 LII 来表示：

$$LII=LUAt/LUAr$$

式中：LUAt ——旅游用地面积；

LUAr ——居民用地面积。

TBCI 与 LII 成反比例关系，它表明旅游地接受的旅游活动强度随着旅游用地强度的增加而呈减弱趋势。

（4）旅游承载力指数公式的确定。

$$TBCI=k(RP/VP)\cdot(1/L)\cdot(LUAr/LUAt)=k\cdot RP\cdot LUAr/(L\cdot LUAt\cdot VP)$$

式中：RP ——旅游地居民人数；

VP ——游客人数；

k ——常数。

① 此内容参考王佳，路紫，孙东敏：《生态旅游环境问题与环境承载力刍议》，《河北师范大学学报（自然科学版）》2002 年第 2 期。

6.2.1.4　旅游环境承载负荷度

综合供给与需求两方面，旅游环境承载力（TECC）重在描述供给，实际游客量 AVQ（Actual visitor quantity）重在描述需求，为体现两者之间的平衡，可引入衡量旅游环境容量评价的绝对指标旅游环境承载负荷度（TECR）[①]。

旅游环境承载负荷度（TECR）是描述承载力的利用状况或承载力与承载量是否平衡的重要指标，可表示为：

$$\text{TECR}=\text{AVQ}/\text{TECC}$$

随着时间的推进，AVQ 的增长受到景区环境承载力的限制，若 AVQ 的增长超过了 TECC，景区的发展不可持续，AVQ 具有和 E_i 相同的变化趋势，因此，令 j 表示环境承载力演化的第 j 个阶段，R 为 AVQ 的增长率，TECC_j 代表发展要素的饱和值，则类似的可得到：

$$\text{AVQ}=\text{TECC}_j/1+c\text{e}^{-Rt} \tag{3}$$

式中：$c=\text{TECC}_j-\text{AVQ}_0/\text{AVQ}_0$；

$\text{TECC}_j=\min(E_1,\ E_2,\ E_3,\ E_4,\ E_5,\ E_6,\ E_7)$；

$\text{TECC}_j>\text{AVQ}_0>0$。

由式（3）演变可得：

$$\text{AVQ}/\text{TECC}_j=1/(1+c\text{e}^{-Rt})=\text{TECR}_j$$

TECR＞1，旅游环境超负荷承载；TECR＜1，旅游环境低负荷承载；TECR=1，旅游环境处于平衡状态。

旅游环境可持续承载动态模型包括旅游环境可持续承载的状态模型和发展模型，其中，状态模型用于评价旅游可持续发展的基础指标，反映当前的状态水平；发展模型反映旅游景区环境承载力的变化趋势。要维持旅游生态环境供给与需求的平衡，在短期内主要通过调节实际游客量（AVQ）来达到目的，在长期则可以通过对旅游环境承载力（TECC）的控制来实现旅游地的可持续承载（图 6-3）。

---

① 本内容主要参考李仲广：《旅游经济学：模型与方法》，中国旅游出版社，2006 年 6 月，第 214～219 页。

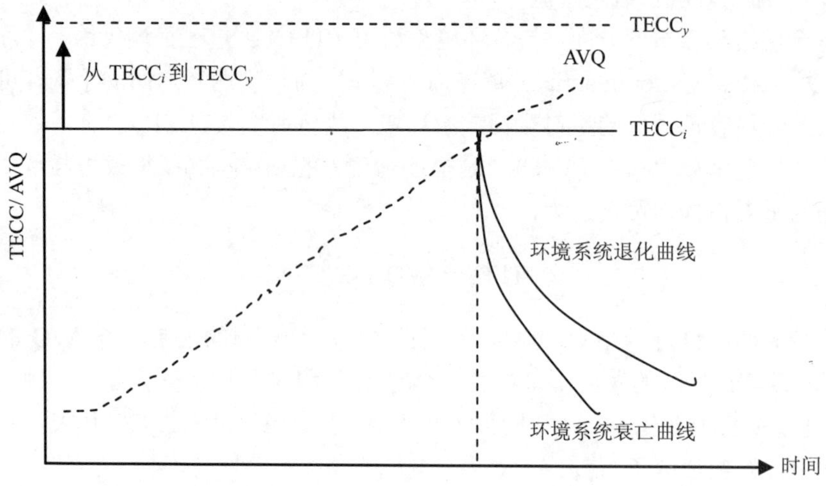

图 6-3 TECC 和 AVQ 的动态变化曲线

（1）旅游环境可持续承载的状态模型。

在短期内 TECC 保持不变，旅游者的增长取决于以下因素：①生态旅游景区在某一时刻的旅游者人数；②在某一时段进出生态旅游景区的旅游者人数。

若设基期时刻为 T_0，观察期时刻为 T_1，在 T_0 时刻的旅游者人数为 AVQ_0，在 T_1-T_0 时段，进入景区的旅游者数量为 I_i，在 T_1-T_0 时段，流入景区的旅游者人数为 O_i，则 T_1 时刻旅游景区的旅游者人数 AVQ_1 为：

$$AVQ_1 = AVQ_0 + [I（T_i - T_0）- O（T_i - T_0）]$$

旅游者的增长会受到旅游环境的阻力，根据旅游地的生命周期原理，旅游地开发初期，旅游者增长速度缓慢，接着增长率加快，当进入旅游地成熟期后，旅游者的增长速度逐渐减慢，一段时期内 AVQ 的增长在一段程度上服从 Logisitic 规律。当旅游者规模增大时，每个旅游者所占的个人空间相对减少，必然导致旅游审美感知的相对下降；同时对旅游环境系统造成损害，长此以往将导致旅游环境系统退化或衰亡。

旅游者的流动导致 TECR 的变化，在短期内 TECC 保持不变，根据旅游地的实际情况把 TECR 的值设定在不同区间，如设其弱载区间为[0，X_a]，低弱载区间为[X_a，X_b]，安全区间为[X_b，X_c]，一般危险区间为[X_c，X_d]，高度危险区间为[X_d，∞]（表 6-1）。根据 TECR 所处的区间确定旅游环境承载力利益状态的警报等级，借鉴交通信号灯的反应原理，依据统计资料和经验预测不同时期 TECC 的变化趋势，并建立相应的预控对策系统。

表 6-1　ECC 预警信号

警戒区间	[0，X_a]	[X_a，X_b]	[X_b，X_c]	[X_c，X_d]	[X_d，∞]
警报等级	二级	一级	无	三级	四级
指示灯	黑	黄	绿	蓝	红

（2）旅游环境可持续发展模型的构建。

TECC 的状态模型是评价旅游环境可持续发展的基础，但状态指标的高低只能反映 TECC 目前的状态水平，而不能反映 TECC 的发展变化，也不能反映其发展变化的态势，而 TECC 的发展模型反映 TECC 长时期随 T 变化的趋势，可更直观地显示长期内旅游环境是否可持续承载。由于长期内 TECC 是变化的，通过监测 A_0 阶段到 A_1 阶段相同时期 TECR 的相应变化，推断长期利益环境系统是否处于可持续承载状态。

- $TECR_0/TECR_1 < 1$，表明从 A_0 至 A_1，TECC 向不可持续的方向转化；
- $TECR_0/TECR_1 > 1$，表明从 A_0 至 A_1，TECC 向可持续的方向转化；
- $TECR_0/TECR_1 = 1$，表明从 A_0 至 A_1，TECC 保持动态平衡。

TECC 的可持续承载发展模型，也可直接通过 TECC 和 TECQ 的相对变化来反映，如果在 A_0 至 A_1 发展阶段，TECC 的发展度为 R_1，TECQ 的发展度为 R_2，那么，令 $SD=R_1/R_2$。当 $SD \geqslant 1$ 时，表明在该阶段内的发展是可持续的（$R_1 \geqslant 0$；$R_2 \geqslant 0$）；$SD < 1$ 时，表明在该阶段内的发展是不可持续的（$R_1 \geqslant 0$；$R_2 \geqslant 0$）。

6.2.2　旅游经济发展的生态足迹影响评估

旅游活动的开展必然导致区域旅游资源、旅游设施与旅游服务的占用、耗费与消费，进而对区域生态系统和区域旅游的可持续发展产生影响，对于旅游业这样一个在很大程度上依赖资源和环境的行业来说，能否实现可持续发展是关系到旅游业生存与发展的关键性问题，以实现应对性地采取各种措施使旅游业的发展不偏离可持续发展的轨道，旅游生态足迹正是满足这一需要的重要工具和方法之一。

旅游生态足迹是生态足迹在旅游研究中的应用，是指在一定时空范围内，与旅游活动有关的各种资源消耗和废弃物吸收所必需的生物生产土地面积，即把旅游过程中旅游者消耗的各种资源和废弃物吸收用被人容易感知的面积观念进行表述，这种面积是全球统一的、没有区域特性的，具有直接的可比较性。①

不可否认旅游生态足迹分析法是一个正日益引起重视并将逐步完善的方法，已

① 杨桂华、李鹏：《旅游生态足迹：测度旅游可持续发展的新方法》，《生态学报》2005 年第 6 期。

被应用到旅游可持续开发、旅游环境承载力评价、旅游地潜力评价等多个领域中去，且随着这些理论成果和成功实践的示范和带动效应、旅游生态足迹这一理论本身的适用性，旅游生态足迹将在旅游业中广泛地得到运用，其测度的对象和范围将进一步的拓展。如将会被运用到：旅游产业生态足迹、单个行业生态足迹、旅游产品生态足迹、目的地旅游生态足迹、瞬时旅游生态足迹、旅游企业生态足迹等。

6.2.2.1 旅游生态足迹的计算方法

旅游生态足迹是将生态足迹的理论运用到旅游业中的一种旨在测量一定区域内旅游活动对各种资源生态消费的需求（旅游生态足迹）与自然所能提供的旅游生态供给（旅游生态承载力）之间的差距的方法，它的计算方法是在生态足迹的计算模型上，结合旅游业自身的特点所提出的。目前我国旅游界的专家学者借用生态足迹较为成熟的方法，已经建立了旅游生态足迹的计算方法。

（1）生态足迹的计算方法。生态足迹的计算主要基于以下两个事实：①人类能够估计自身消费的大多数资源、能源及其所产生的废弃物数量；②这些资源和废弃物流能折算成生产和消纳这些资源和废弃物流的生态生产性面积。王书华、毛汉英、王忠静对国内外有关生态足迹的研究作了一综述，指出生态足迹的具体计算公式为：

$$\mathrm{EF}=N\cdot \mathrm{ef}=N\sum \mathrm{aa}_i=n\sum (c_i/p_i)$$

式中：i——消费商品的和投入的类型；

n——消费项目数；

p_i——i 种消费商品的平均生产能力；

c_i——i 种商品的人均消费量；

aa_i——i 种交易商品折算的生物生产面积；

N——人口数；

ef——人均生态足迹；

EF——总的生态足迹。

（2）旅游生态足迹的计算方法。现有的文献中对旅游生态足迹模型及计算主要运用了3种方法：①以章锦河和张捷为代表的，依据旅游消费的构成，提出了旅游交通、旅游住宿、旅游餐饮、旅游购物、旅游娱乐以及游览观光生态足迹等6个子计算模型，旅游生态足迹即为该6个子模型计算结果的总和；②以王辉、林建国为代表的，用旅游业对国民经济的贡献率来表示旅游生态足迹在整个地区国民生产总值所需要的生产性土地面积的比重，从而计算出旅游业所需要的生产性土地面积的数量即旅游生态足迹；③以曹新向为代表的，借用生态足迹的成熟方法，通过均衡因子把各类生物生产性土地面积转换成等价生产力的土地面积，最后将其汇总、加和计算出人均生态足迹面积。详细计算过程见表 6-2。

表 6-2　现有旅游生态足迹 3 种模型及计算方法

	公式	符号说明
第一种模型及计算方法	$TEF_{transport}=\Sigma(S_i \cdot R_i)+\Sigma(N_j \cdot D_j \cdot C_j/r)$	S_i为第 i 种交通设施的面积，R_i为第 i 种交通设施的游客使用率，N_j为选择第 j 种交通工具的游客数，D_j为选择第 j 种交通工具游客的平均旅行距离，C_j为第 j 种交通工具的人均单位距离能源消耗量，r 为世界上单位化石燃料生产土地面积的平均发热量
	$TEF_{accommo}=\Sigma(N_i \cdot S_i)+\Sigma(365N_i \cdot K_i \cdot C_i/\mathrm{r})$	N_i为第 i 种住宿设施拥有的床位数，S_i为第 i 种住宿设施每个床位的建成地面积，K_i为第 i 种住宿设施的年平均客房出租率，C_i为第 i 种住宿设施每个床位的能源消耗量，r 为世界上单位化石燃料生产土地面积的平均发热量
	$TEF_{food}=\Sigma S+\Sigma(N \cdot D \cdot C_i/P_i)+\Sigma(N \cdot D \cdot E_j/r_j)$	S 为各类社会餐饮设施的建成地面积，N 为旅游者人次数，D 为旅游者平均旅游天数，C_i为游客人均每日消费第 i 种食物的消费量，P_i为与第 i 种食物相对应的生物生产性土地的年平均生产力，E_j为游客人均每日消费第 j 种能源的消耗量，r_j为世界上第 j 种能源的单位化石燃料生产土地面积的平均发热量
	$TEF_{shopping}=\Sigma S_i+\Sigma[(R_j/P_j)/g_j]$	S_i为第 i 种旅游商品生产与销售设施的建成地面积，R_j为游客购买第 j 种旅游商品的消费支出，P_j为第 j 种旅游商品的当地平均销售价格，g_j为第 j 种单位旅游商品相对应的当地生物生产性土地的年平均生产力
	$TEF_{entertainment}=\Sigma S_i$	S_i为第 i 类游客户外休闲娱乐设施的建成地面积
	$TEF_{visiting}=\Sigma P_i+\Sigma H_i+\Sigma V_i$	P_i为第 i 个旅游景区点游览步道的建成地面积，H_i为第 i 个旅游景区点内公路的建成地面积，V_i为第 i 个旅游景区点观景空间的建成地面积
	$TEF=TEF_{transport}+TEF_{accommo}+TEF_{food}+TEF_{shopping}+TEF_{entertainment}+TEF_{visiting}$	$TEF_{transport}$为旅游交通生态足迹模型，$TEF_{accommo}$为旅游住宿生态足迹模型，TEF_{food}为旅游餐饮生态足迹模型，$TEF_{shopping}$为旅游购物生态足迹模型，$TEF_{entertainment}$为旅游娱乐生态足迹模型，$TEF_{visiting}$为旅游游览生态足迹模型，TEF 为旅游生态足迹
第二种模型及计算方法	$TEF=EF \cdot r$	TEF 为旅游生态足迹，EF 为生态足迹，r 为旅游业对国民生产总值的贡献率
第三种模型及计算方法	（1）$A_i=C_i/P_i$	A_i为第 i 项消费项目人均占用的实际生物生产性土地，C_i为 i 种生物资源的消耗量，P_i为世界上 i 种生物资源的平均产量
	（2）$A_i=C_i \cdot f/GM$	A_i为 i 种能源用地，C_i为 i 种能源消耗量，f 为 i 种能源的折算系数，GM 为 i 种能源消耗量的全球平均能源系数
	（3）$EF=\Sigma r \cdot A_i$	EF 为人均旅游生态足迹，r 为均衡因子

6.2.2.2 旅游生态足迹的功能与影响

旅游生态足迹能够准确地对旅游发展的状态做出定量分析和评价，为我们正确地把握旅游发展方向提供科学的依据。它具有旅游生态足迹测度旅游业、评价旅游产品、测度旅游目的地、评价旅游企业、教育旅游者、评价大众旅游、衡量旅游目的地消耗、旅游业的生态效益等功能。根据不同的情况和旅游活动的特点，可归纳为对旅游地生态有效规划与管理、区域旅游可持续发展以及旅游业整体水平提升的推动作用。

（1）为旅游地生态规划与管理提供定量依据。旅游生态足迹将旅游者的资源和能源消费及废物排放转换为生物生产性土地面积，并同旅游目的地的生态足迹需求比较和叠加，可为旅游地决策与管理部门的规划与管理提供定量依据。章锦河等以九寨沟自然保护区、漳扎镇为例，测度旅游产业发展对九寨沟自然资源生态环境的影响及其程度，探索基于生态足迹方法对当地居民进行生态补偿的机制与标准，为其他自然保护区的生态开发与管理提供借鉴。王辉等运用生态足迹模型对中国各地方的旅游生态足迹和生态环境承载力进行了计算分析，杨桂华等认为旅游生态足迹可评测不同类型旅游企业的生态需求，程春旺等通过生态足迹与生态容量的计算来定量描述旅游者活动对旅游地生态环境的影响及旅游地生态环境状况，从而为旅游地的生态规划与管理决策提供科学的参考依据。

（2）定量地为旅游经济的可持续发展提供依据。旅游生态足迹是一种定量评价旅游业可持续发展的新方法，根据研究的范围不同，旅游生态足迹可以在旅游产业、旅游产品、旅游目的地、企业生态、旅游者及大众旅游 6 个方面发挥其测度可持续性的功能。鲁丰先等根据嵩山 2005 年“五一”期间的旅游生态足迹分析结果，得出采取有效技术或措施调控相关因子，倡导生态旅游、民俗旅游、农业观光等旅游方式，是减少旅游生态足迹的重要途径；符国基、窦蕾、蒋依依、杜旭东等通过旅游生态足迹理论与方法的实证研究，指明了旅游者的生态影响及其主要因素和旅游产业结构的效益，有助于明确旅游产业结构调整和优化的方向，为旅游业可持续发展提供定量参考依据。

（3）测度旅游业整体发展水平及其经济效益。旅游生态足迹模型通过引入生物生产性面积的指标，为旅游产业结构的效益分析，旅游活动对目的地的资源和能源消耗的影响、旅游产业与其他产业的比较等提供了一种简单框架，生态产业赤字、盈余等定量化地反映地区旅游产业的发展现状，通过盈余情况可判断旅游业内部流程需调整的部分和成长维度的状况。李金平等分析出澳门每公顷生态足迹可产生 4 202 美元的产值，是世界平均水平的 3.8 倍。游客每公顷生态足迹的产值是 15 258 美元，是世界平均水平的 13.8 倍，得出澳门是一个以旅游为主的城市，澳门旅游业具有经济高效性；符国基对海南省外来旅游者生态进行测评研究表明，海南生态足迹单位产值是其本地单位生态足迹差值的 1.56 倍，认为海南旅游业比当地各行业平均水平有较高的经济效益。

6.3　旅游经济发展方式转变的市场路径

6.3.1　旅游市场供给的生态化

6.3.1.1　旅游企业管理理念的生态化

（1）社会生态经济人的理性回归。对科技作用的盲目夸大，对经济利益的无尽追逐，使传统管理理论埋下的隐患逐渐暴露。人与自然之间的紧张对立关系，人与人之间的冷漠怀疑关系，人与自身之间的背离关系，使生态危机、人态危机、心态危机不断显现且渐趋恶化，虽然在物态方面获得了极大的繁荣和增长，却始终无法掩盖隐藏在此背后的人与自然、生态和自身关系失衡的苍白。因此，当人类迈入以知识经济和生态经济为特征的新经济时代，人类开始对以往处理人与自然、人与自身、人与人关系的发展观念、经济理论和管理实践都开始进行反思，寻找造成生态危机、人态危机和心态危机的根源，谋求重构在生态文明时代新的管理理论——绿色管理理论。

对科技作用的过度崇拜已经使人类陷入了人与自然紧张对立关系的深渊，人类要摆脱生态危机，首先要寻求人与自然之间的和谐关系，而这一点几乎是以往所有管理理论都没有涉及的。人的物质需要和社会需要，在以往那些管理理论中都已经有所体现，可是作为人最基本的生态需要一直都被忽略，而生态需要是人类所有其他需要的基础，没有生态需要的满足，就谈不上物质财富和精神财富的创造。所以，绿色管理理论的基础首先是重新认识人与自然之间的关系，实现人与自然的和谐发展。人首先应该是作为“生态人”而存在，人既不是自然的中心，也不是自然的主宰，人的需要和利益的满足必须建立在充分尊重自然规律的基础之上，不以损害自然生态为前提，尽量维持自然资源和生态环境的非减性。人与自然的和谐，是实现人与自身、人与人协调关系的基础条件。

人与自然的和谐不可能孤立实现，人类除了要正确认识和处理与自然的关系之外，还需思考以何种方式来处理人与自身的关系以及人与人的关系。人与人的关系其实是一种社会生态，人与自身的关系实际上是一种心理生态。社会生态和心理生态的和谐状态，是由自然生态的和谐发展所推动的，人对自然的重新认识，对处理与自然关系的态度变化，标志着人类世界观、价值观和文化精神的深刻变革，意味着人类文明的新进步，也为促进人态和谐和心态和谐提供了动力，人态和谐和心态和谐，反过来又为持久的生态和谐创造了社会人文条件和心理基础。所以，绿色管理所定义的人，不仅是追逐利益的经济人，不仅是寻求归属的社会人，不仅是回归自然的生态人，而是三者综合一体的生态社会经济人，追求生态、人态、心态和物态的全面和谐，共同发展。

（2）管理理念的绿色革命。为了适应快速增长的生态旅游消费需求，在旅游活动中，在旅游经济的各个环节上，旅游经济的利益相关主体尤其是从事旅游经营的企业，应该重视对能源、产品和环境的管理，尽量降低污染，减少和处理好废弃物、有害物，节约资源，进行绿色设计、清洁生产，开展绿色营销，实现经济效益、社会效益和生态效益的统一。

旅游企业应该强调对自然生态和资源环境的保护，并引导游客的消费活动，实现生态和谐；旅游企业应该重视企业内部和企业外部各种人际关系的处理，注重员工的全面发展，营造绿色企业文化和氛围，实现人态和谐和心态和谐；旅游企业还要充分实现自然生态以及旅游资源的价值，发挥其观赏体验和教育等功能，以满足日益扩大的旅游市场需求，获得经济效益，实现物态和谐，为生态和谐、人态和谐和心态和谐提供现实的物质基础。

旅游企业的绿色管理还要承担一定的社会责任，这种社会责任主要体现在：提供一定数量的就业机会；促进特色文化的保护；使社区居民从中受益；自觉维护生态环境和保护旅游资源；塑造绿色旅游企业形象，引导健康持续的旅游消费方式，使企业管理的职能不仅在物质层面上得到体现，也在精神层面上得到体现；不仅促进物质财富的增长，也促进精神财富的增长，使人类与外在自然和内在自然都能取得协调关系。

旅游经济涉及众多的利益主体，它们都有各自要求实现的目标，作为利益主体之一的旅游企业，在追求自身目标实现的时候，也要综合考虑旅游经济发展的整体性，将自身的发展置于旅游经济可持续发展的大前提之下，积极处理和其他利益主体之间的利害关系，衡量生态、物态、人态和心态的价值取向，获得与其他利益主体目标的共生发展。

6.3.1.2 旅游企业管理方法的生态化

强化旅游生态经济关系

（1）处理与自然的关系。旅游企业与自然的关系十分密切，良好的生态环境和多样性的自然资源构成了对顾客的吸引力所在，旅游企业是连接消费者和旅游资源的媒体，旅游资源不仅是旅游企业利用的对象，更是要大力加以保护的资源，旅游企业和旅游资源之间的关系并非是利用与被利用的关系，还存在维护、投入、改善的关系，否则，旅游企业将会失去持久的竞争优势和持续发展的基础。在将旅游资源加工成旅游产品并向市场出售的过程中，必须要坚持保护的原则，将对生态环境和自然资源的破坏程度降低到最小。

（2）处理与物质的关系。企业本来就是逐利的经济主体，对利益的追逐是企业管理的主要任务之一，也是企业为了长期的生存和发展获得资金支持的主要来源，而且，企业想要对生态和环境的保护投入资金，也需要依靠在经济利益上的收入和利润来得到。所以，企业应该努力提高对生态旅游资源的利用效率，减少使用成本，增大收益。但是，旅游企业经济系统的运转毕竟是建立在生态系统的基础之上的，因此在衡量企业的成本和收益的时候，应该将生态成本和环境代价考虑在内，这样才能真实反映企业的盈利情况，否则，如果企业的盈利无法弥补由此而带来的对生态环境和自然资源的损耗，那么，旅游企业仍然无法实现可持续发展的目标。所以，企业对经济利润的追求应该是适度的，而不是毫无止境的，不能脱离生态系统和环境的容量和承载力，单一追求经济指标的增长。

（3）处理与社会的关系。企业生存在一定的社会环境之下，与社会中的其他成员发生着各种各样的社会关系，理应承担相应的社会责任，促进社会文明的进步，社会的发展反过来又会为企业的长远发展创造良好的条件。如果企业能够建立和谐的社会关系网络，就会拥有给企业带来无形利益的社会资本，提高企业的管理效率。

企业的社会资本，既来源于自身先天的历史积累，也得益于后天的自我创造和再生。企业的社会关系，既存在企业与外部的交流中，也存在企业与内部的沟通中。企业可以通过外部广泛的网络联系换取社会资源，通过内部和谐的关系使社会资源得以转化成资本。旅游业本来就是综合性很强的产业，作为旅游企业，也和社会的其他个体发生着广泛的交换和联系，处理好社会关系，争取社会资本的积累对生态旅游企业显得十分重要。

（4）处理与人的关系。

- 企业与员工：员工是宝贵的人力资本，是使其他资源的价值得以充分体现的主观能动因素，生态旅游企业对人的管理不仅在于激发其潜能，还要关心人的全面发展，包括生理和心态，包括经济利益与人格塑造。人力资本的效率实际上是与人的发展状态和水平密切相关的，只有在对人力资本的激发和培养中才能真正实现人的价值，实现人的持续发展，从而促进企业的持续发展。
- 企业与游客：游客是旅游企业要为之服务的对象，也是企业获得利润的主要人文基础。企业要通过满足游客的需求来实现自身的经济目标，但是企业对游客需求的满足应该是全方位的，除了传统的对他们物质和心理需求的研究之外，还应该认识到游客也是具有生态需要的个体，其他需求的满足都必须建立在这个自然基础之上，企业的绿色文化不仅体现在对内部员工行为的约束和规范上，还要对游客的行为起到积极的引导作用，并与游客之间保持持久稳定的关系，使企业能够保证长期的利润和发展。

➢ 企业与竞争者：旅游市场的竞争也是日益激烈，竞争的存在能够促使这些企业提高服务质量和水平，完善市场秩序。在发展大旅游的前提条件下，旅游企业对和竞争者关系的认识应该也有新的看法，可以变过去“你死我活”的单赢局面为个体发展的“双赢”。企业之间可以联合起来，通过共同的市场调研、宣传和引导，扩大生态旅游市场的规模，分享某些资源，提高资源的利用效率，节约成本，齐心协力地为生态旅游市场和旅游者服务，最后都能从中分享利益。

制定绿色管理制度

（1）绿色资源管理。旅游企业对自然和生态价值的尊重，只有通过建立绿色的资源管理制度才能得以体现。在企业内部，应该营造生态意识和环境保护的氛围，每个员工都应该充分认识生态环境和资源的脆弱性和不易修复，理解企业所承担的生态使命和环境责任，在每道工序和每个环节上节能降耗，以自身的实际行动促成对有限的生态旅游资源的保护。

企业应该积极采用绿色生产技术、绿色工艺和绿色设计，在向市场提供旅游产品的过程中，降低和减轻生产加工过程对资源的过度使用，减少旅游获得对环境和生态造成的干扰和破坏。

（2）绿色财务管理。为了准确评价企业生态—经济—社会复合系统的发展和运行状态，传统的核算和会计制度也应该适当变革，引入新的变量和评估指标，实行绿色的财务管理。其中最主要的就是实施绿色会计和绿色审计制度，将自然资源和生态环境成本纳入企业的核算体系，以便真实地反映企业的盈利状况和对生态环境的保护程度。

绿色会计是以货币为主要计量尺度，以有关环保法规为依据研究旅游企业发展与环境保护的关系，计量、记录旅游企业污染、环境防治、开发、利用的成本、费用，以评估企业环境绩效及环境活动对企业财务成本的影响。绿色审计是审计机构和审计人员依法对旅游企业的环境管理及其有关经济活动的真实性、合法性和效益性等情况进行审查，以评价旅游企业环境管理责任，促进旅游企业加强环境管理，实现可持续发展战略的具有独立性的系统监督活动。①

（3）绿色人力管理。企业管理不是冷冰冰的技术管理和人机关系的体现，“人”也不是作为毫无感情的“经济人”而存在，企业管理从传统管理向绿色管理的转化，除了要依靠企业与自然及企业与社会的和谐关系来实现之外，还要建立人与人的和谐关系。

旅游企业应当将员工看作具有不同动机和复杂需要的有机个体，努力创造良好的人际关系和人境关系，使员工的潜能和积极性能得到最大程度的激发。此外，企业还应关心员工的身心健康，通过企业与自然和社会的和谐来塑造员工的和谐人格，使他们能将工作看做是使命而不是任务，将企业的命运与自身的发展紧密相连，并将良好的心态和优质的服务传递给游客和外部公众，实现人与人之间的和谐。

6.3.1.3　旅游企业生产方式的低碳化

发展低碳经济已经成为全球共识，向低碳经济转型已经成为世界经济发展的大趋势。著名学者林辉称为“第五次全球产业浪潮”，低碳经济几乎涵盖了所有的产业的领域也包括了旅游产业，通过低碳经济模式与低碳生活方式，实现可持续发展。旅游企业应该是发展低碳旅游的重要实践者，他们主要是通过低碳旅游企业行为来实现低碳经济下的旅游生产方式的变革，达到“发展低碳旅游，培育低碳生活”的目标。低碳旅游企业行为主要包括：

（1）旅游景区及交通的低碳旅游企业行为。旅游景区应做到在保证山清水秀的同时不过度开发和建设，并在景区设计中注重环保新型材料的使用，在景区内活动的设计中也要考虑环保因素。旅游交通中倡导公共交通和混合动力汽车、电动车、自行车等低碳或无碳方式。如果必须乘坐飞机，应当尽量选择采用新型燃料、节能的机型。另外，飞机在起飞、降落时能源消耗和有毒物质的排放非常大，因此最好选择直达航班，避免不必要转机造成的资源浪费和对环境的破坏。乘坐火车是比较环保的方式。对于一些超短途或者旅途中间的某一个部分线路，可以适当地选择徒步、自行车这两种方式，因为这是最环保的旅游方式。实际上，为了保护景区环境，多年前在九寨沟等旅游景区，就禁止机动车进入，改以电瓶车代替，来减少二氧化碳排放量。

（2）旅游酒店的低碳旅游企业行为。旅游业发展中，旅游酒店是碳排放的大户。应将愈演愈烈的酒店强调奢华之风转化为强调酒店的方便、舒适。要继续实施绿色饭店行业标准。旅游住宿除了要提供安全的房间和健康的食品外，还要强

① 许建、唐飞：《论如何建立饭店绿色管理的保障体系》，《生态经济》2006年第8期。

调以节约能源、与环境友好的方式经营。目前，我国已经提出“五年内将星级饭店、A 级景区用水用电降低 20%”，国家对各地节能降耗的指标要求是每年达到4%。《国务院关于加快发展旅游业的意见》中也要求五年降 20%，每年降 4%。要鼓励建造绿色和碳中和的酒店，少排碳甚至不排碳。如中国首座太阳能大厦——河北保定的中国电谷锦江国际酒店。

（3）旅行社的低碳旅游企业行为。各旅行机构要多推出一些有关环保低碳产品和低碳旅游线路。应注意旅行社的声誉及在低碳旅游方面的关注程度，优先考虑环保标准和口碑。不要只单纯重视经济利润，而要注意保护旅游目的地乃至支持整个旅游业的健康和可持续发展，支持并参与低碳旅游计划，引导游客热爱、保护旅游目的地的自然和人文环境，以资源节约型、环境友好型的旅游景区景点为重点设计低碳旅游项目和线路。

综上所述，绿色资源管理促进企业与自然之间关系的协调发展，并使企业得以从中分享由于生态和谐而带来的经济利益回报；绿色财务管理使企业能够清楚认识生态和资源的价值所在，促进对资源的合理使用及对自然环境的保护；绿色人力管理使人的经济作用得以发挥，能够主动追求与自然之间的和谐关系，自觉调整心理状态，共同努力创造和谐的社会大环境，提升企业的社会资本，而企业又可从日益增加的社会资本及日益和谐的“人地”关系中获益。

6.3.2 旅游市场消费的绿色化

随着我国经济社会的发展和国民生活水平的提高，旅游消费在居民消费支出与社会消费总额中的占比不断扩大。旅游消费已经成为一个极为重要的消费领域和推动消费升级的主渠道之一，对整个国民经济与社会生活日益产生着深远影响。2008 年，我国旅游消费总额已经占到了全年社会消费品零售总额的 10.69%。胡锦涛总书记在中央经济工作会议上强调要大力发展服务消费和旅游消费。当前我国旅游消费进入一个快速发展的新阶段。

旅游消费有不同于普通消费的独特功能，是一种可持续消费。旅游消费作为一种以精神享受为主的消费，是一种环境友好型、资源节约型的生态化消费，具有多次消费、重复消费、绿色消费等多重特性，因而是一种不受资源与环境太大制约的可持续性消费，具有长期增长的现实可能。[①]中国旅游经济可持续发展的实现最终将依赖于社会生产对旅游资源消费方式的转变和旅游消费者生活方式的改变。

---

① 《论旅游与消费》，来源：http：//www.cats.org.cn/html/Article/20090527/11528_1.shtml。

6.3.2.1　旅游消费需求的生态化

中国生态道德教育促进会和北京大学生态文明研究中心委托国内知名市场调查公司——北京奥丁市场调查有限公司，在全国 680 个城市和地区中，选取 5 个具有区域和生态环境特点的城市，采用科学的抽样方法和调查方法，设计样本 1 500 个，实际有效样本 1 534 个，在 2008 年 3 月形成了《中国城市居民生态需求调查报告》。通过调查发现，关注生态环境的城市居民总体比例为 75%；究其原因，主要是城市居民越来越感受到身边的生态环境变化。

呈指数增长的生态需求与环境负荷之间的矛盾日益尖锐的现实，令越来越多的人产生忧虑。生态需求在生态经济复合系统之中具有负向反馈的机能。也就是说，由于生态需求的出现与增长，导致了人类有意识地在生态经济系统动态发展过程中，调节其平衡。

人类社会越文明进步，人类各种需求满足的程度就越高。生态需求是现代人类的最基本的需求，它是随着现代社会文明进步而变化的自然需求，其本质上是一种社会需求，是对现代人类创造的物质文明、精神文明和生态系统完善的优美环境的一种渴求。人类社会的文明进步是与人类的生态需求密不可分的。生态需求是在人类需求发展的高级阶段出现的。它反映人的生理、物质和精神文化需要的统一趋势。

人类的旅游消费需求可以划分为 4 个层次：第一层次是物质需求——满足基本的衣食温饱问题。第二层次是享受需求——主要是吃住行条件的改善。第三层次是人文需求——对文化等非物质产品的精神需求以及对个人社会地位、集体利益等的社会需求。第四层次是生态需求——人对良好的旅游环境质量和健全的旅游生态结构的需求。

人类的旅游消费需求也越来越呈现出生态化的趋势即旅游生态消费的出现。旅游生态消费是对在可持续发展理论与消费生态学思想引导下掀起的一种新兴生态型消费行为的高度概括，它与可持续旅游发展理论都源于国际公认的可持续发展观念。在旅游生态消费过程中，消费者通过与自然、历史、社会文化的“交换”而满足自己生态需要、物质需要和精神需要。如表 6-3 所示，正是为了使人与自然环境、社会环境之间的交换得以长期化，并从根本上保护旅游消费者自身的生存与发展，与传统的旅游消费比较，可持续旅游消费有了诸多的不同之处。

表 6-3　传统的旅游消费与现代的可持续旅游消费的比较

	传统的旅游消费	可持续的旅游消费
消费观念	静态的、局部的旅游观念：旅游者个体效用最大化	动态的、全局的可持续旅游观念：旅游者及社会环境综合效用最大化
消费行为	追求享受：景观与资源的展示	追求以生态为基础的享受：景观与资源的展示与保护
消费结构	在旅游区范围内进行具有当代先进水平的食、宿、行、游、娱、购等多种消费	食、宿、娱、购等多在旅游区域外消费，对区域内进行的行、游等消费与生态要求相一致
消费模式	高水平、高质量、高文化消费：旅游厂商与旅游者为受益人；当地社区与居民的收益以环境和社会文化的受损为代价	适度消费：旅游厂商、旅游者与目的地共享利益；经济、社会和生态效益有机统一与可持续发展
厂商行为	消费者主权至上，有求必应通过多种媒体进行煽动性广告；无计划的空间拓展与产品开发	限制性消费者主权，有选择地满足旅游者需求温和和适中的营销方式
政府及公众行为	旅游资源开发以经济效益为导向，以带动旅游发展促进旅游经济增长并满足国民的旅游需求为目的	旅游资源开发以生态为导向，旅游发展战略以社会经济的全面可持续发展为目的

6.3.2.2　旅游消费行为的生态化

可持续旅游消费模式的建立

可持续旅游消费是目前最为先进、最为科学、最为全面的旅游消费观，在理论渊源上，它主要源于可持续消费理论，在宗旨与功能上，它直接面向并服务于可持续旅游发展的实现。[①]

（1）科学把握可持续旅游消费的内涵和实质。可持续旅游消费是指既能满足当代人旅游消费发展需要而又不对后代人满足其旅游消费发展需要的能力构成危害的旅游消费。它是新型消费观——可持续消费观在旅游消费领域的反映和体现，是在对传统掠夺式、占有式旅游消费观进行反思、对各种积极的旅游消费理念进行整合之后形成的理论成果。它是可持续消费理论与可持续旅游发展理论、旅游业发展实践有机结合的产物。它强调的是，不论是对旅游资源、旅游环境、旅游设施、旅游服务、公共产品的消费，还是对旅游消费观念、旅游消费模式、旅游消费政策的选择，都必须有强烈的生态环境意识和可持续发展思想。

① 李萌、何春萍：《可持续旅游消费：内涵、特征与意义》，《桂林旅游高等专科学校学报》2007 年第 2 期。

应该说，可持续旅游消费是一个全新旅游消费行为模式。它将把整个旅游消费活动置身于一个时空长河中，看做是一个可持续的发展过程：①要突破以旅游者个人的效用最大化为目标的传统消费观，将旅游消费置于“自然—社会—经济”的多维空间内，以减少资源使用和不污染环境为前提，提高人们的旅游质量和生活享受；②要建立起理性地处理和协调资源环境、旅游消费者的物质与精神需求、旅游经济的持续效益以及社会的公平合理等相互之间关系的创新机制。

因为旅游可持续消费是一种通过选择不危害环境，又不损害未来各代人的旅游产品与旅游服务来满足人们的生活需要的一种理性消费方式。旅游可持续消费既充分尊重了地球生态系统的极限，又保证了未来各代人和当代人拥有同样选择机会，是一种科学的旅游消费方式。它不是介于因贫困引起的消费不足和因富裕引起的过度消费之间的折中，而是一种新的、先进的、合理的消费方式，是一种直接服从于全球可持续发展目标的消费形式。

（2）科学制定和实施可持续旅游消费发展战略。可持续旅游消费不仅是一种新型的旅游消费观，更是一种新型的旅游消费行为方式。明确可持续旅游消费的历史任务，牢固地把握以市场需求为导向，以旅游消费者为中心，整合各类消费要素，推出适应于旅游可持续发展的旅游产品和旅游服务，合理刺激和引导旅游消费，有序发展旅游经济，满足国家和人民群众在新时期提升旅游消费环境，实现旅游可持续发展的需要。

明确其科学内涵，就为制定科学的可持续旅游消费发展战略及其在旅游产业发展实践中的有效实施奠定了理论基础，可持续旅游消费发展战略的有效实施，则直接推动着可持续旅游发展的全面实现。

现代的旅游可持续消费，是一种科学的旅游消费方式。它不是介于因贫困引起的消费不足和因富裕引起的过度消费的折中，而是一种全新的、先进的、合理的消费方式，是一种直接服从于全球可持续发展目标的消费形式。它以公众都接受的理念，围绕维护和提高旅游消费群体的旅游环境质量，最终将社会生产对旅游消费方式的转变和旅游消费者生活方式的改变结合起来，以实现旅游的可持续消费。这种进化和转变是对传统的“大众旅游消费”的创新，从本质上反映了人类理性的复归。可以预计，随着全球性旅游消费生态化、文化化、社会化的协调发展，旅游消费必将步入“旅游者个体约束条件增多—效用下降、消费者剩余减少—技术与市场创新—旅游资源存量与增量增多—约束条件减少—消费总量上升—旅游产业的可持续发展”这一良性循环、可持续发展的轨道。

低碳旅游消费方式的选择

所谓低碳旅游经济，是指以低能耗、低污染、低排放为基础的旅游经济发展模式。为满足可持续旅游消费的增长需求，为节能减排、发展循环经济、构建和谐社会提供了操作性诠释，是落实科学发展观、建设节约型社会的旅游创新与实践，完全符合党的十七大报告提出的发展思路，是不可逆转的划时代潮流，是一场涉及旅游生产方式、旅游生活方式和旅游价值观念的革命。

（1）强化低碳旅游发展优势。中国旅游发展已经奠定了比较好的低碳发展基础。10年间，开发绿色旅游资源，建设绿色旅游产品，开展绿色旅游经营，实行绿色旅游管理，培育绿色旅游消费，已经成为行业和市场的共识。在这个过程中，旅游的优势充分凸显，也会构成中国旅游发展的长期重大机遇。首先，旅游业作为服务产业的重要组成部分，占用资源少，而且很多资源可以永续利用，由此自然形成碳排放少的突出优势。其次，多年的实践证明，旅游发展与环境密切相关，而且会促进环境的改善，这就有助于承担我们的碳责任，减少碳债务。按照碳成本来说，如果旅游一年减排1亿t，就是创造30亿美元的财富。因此，低碳经济是人类的未来，低碳旅游是旅游的未来。

发展低碳旅游，培育低碳生活，构筑低碳旅游发展战略主要关注3个重点：①转变现有旅游发展模式，打破“注重硬开发，忽视软开发，把旅游模式等同于工业开发模式”的局面；积极倡导公共交通和混合动力汽车、电动车、自行车等低碳或无碳方式，增加低碳旅游项目。②扭转旅游奢华之风，尤其在交通和饭店方面，能耗问题突出，要降低碳排放；在旅游产品开发和旅游服务方面，强化旅游设施方便、舒适的功能性，提升文化的品牌性；改变旅游消费中的浪费现象，如温泉的使用、食品的浪费。③加强旅游智能化发展，提高运行效率，同时及时全面引进节能减排技术，降低碳消耗，减少运营成本，最终形成全产业链的循环经济模式。

（2）低碳旅游消费者的培养。随着环保意识的增强，每一位旅游者都可以为“低碳旅游”作贡献。对于广大的旅游者来说，可以通过下列低碳游客行为来实现低碳经济下的旅游消费方式的变革。

- 主动减少碳排放量：主要方式有不乘或少乘飞机，乘飞机少带行李；减少自驾游，或者和朋友拼一部车来减少碳排放量，尽量使用小排量汽车；增加步行、自行车在旅游生活中的使用；住宿时挑选不提供一次性用品的酒店，自备牙刷、牙膏和拖鞋等旅游物品；选择淋浴、洗衣服自然晾干不用洗衣机甩干；旅途中少使用空调、不用一次性餐具；自觉捡拾遗弃垃圾及维护景区卫生；不购买过度包装的旅游纪念品等。
- 主动做好“碳补偿”：除了旅途中尽量选择用低碳的方式旅行外，还可以在行程结束后计算自己的碳排放，通过植树等措施进行“碳补偿”来减缓气候变化，降低地球负担。"碳补偿"即人们计算自己旅游活动直接或间接制造的二氧化碳排放量，并计算抵消这些二氧化碳所需的经济成本，然后个人付款给专门企业或机构，或者通过义工旅行、特定组织，参与到减碳活动，如自己亲身参与或者通过第三方植树造林，参与其他环保项目来抵消大气中相应的二氧化碳量。

6.4 旅游经济发展方式转变路径的保障措施

6.4.1 旅游经济发展方式转变路径的政策保障

6.4.1.1 旅游经济发展政策

政府要制定有效的财政货币政策对旅游开发经营进行直接或间接的干预。运用中央和地方财政手段引导和控制旅游建设项目投资资金流向，促进旅游产业结构调整和合理发展；通过国际组织贷款、政府贷款、外商直接投资、项目融资和创建境外旅游产业基金融资等多元融资方式，积极利用外资开发专项旅游产品、保护旅游资源；借鉴国外经验，开辟旅游税和旅游资源税，所得款项专门用于旅游基础设施建设、旅游资源开发与生态环境保护，实现环境效益与经济、社会效益的有机统一。[①]国家财政要将对生态环境和旅游资源的保护纳入财政预算，各级政府对生态环境和旅游资源保护的投入要作为财政支出的重点并逐年增加。在旅游项目规划上，支持发展环境友好型和资源节约型的生态旅游项目，旅游开发单位必须向环境保护主管部门缴纳一定数额的保证金，作为对不破坏以自然环境、生物多样性和传统文化为代表的生态旅游资源的经济约束，如果在规划和开发中出现了破坏生态旅游资源的行为，要接受相应的经济制裁和处罚。

在旅游经营上，充分利用税收和价格杠杆，反映资源环境的真实成本，切实让资源使用者和污染排放者承担相应费用，从而减少资源浪费和环境破坏，建立生态环境补偿制度，加快研究实施环境税，通过以景区门票、饭店客房租金等为税基，开征旅游环境调节税，约束旅游者和旅游厂商的行为，使之共同分担维护景观资源价值的成本，从而使当地社区居民也成为生态旅游业的受益者，促进经济、社会和生态的共同可持续发展。

在旅游核算上，传统的旅游经济核算只注重旅游经济增长的考核和计量，而不考虑旅游活动中所造成的资源环境的损失。其结果往往反映的是一种虚假的增

---

① 蓝楠：《我国自然保护区生态旅游业的发展》，《中国环保产业》2002 年第 4 期。

长现象，没有将生态和环境成本考虑在内，虚增了旅游经济利益，夸大了其经济功能和作用，使政府决策者和旅游开发经营者只重视眼前的经济收入，而忽视资源环境的破坏情况，对旅游经济的持续发展不利。因此，应在旅游业广泛推广绿色核算，将旅游经济增长状况和生态旅游资源及环境状况纳入统一的核算体系，尽可能以最少的旅游资源环境成本换取旅游的产值增长。

在旅游收益分配上，正确认识旅游资源保护、培育与旅游经济发展之间的相互关系，制定政策，保证因旅游资源开发取得的收益在资源培育、管理和开发等几个方面得到公正、科学、合理的分配，促进旅游资源保护、培育与开发的可持续发展。

在旅游消费上，促使传统旅游消费向绿色旅游消费转变。绿色旅游消费能够促进旅游经济的进一步增长，而绿色消费政策的完善和消费法规的落实是提高旅游者绿色旅游消费质量的有力措施。①

6.4.1.2 旅游资源补偿机制

（1）建立旅游资源经济补偿机制。经济补偿机制在旅游资源开发中体现为，社会或旅游开发的受益者必须付出足够的劳动，专门用于旅游资源和生态环境的保护和建设。社会或旅游开发的受益者用于保护和建设旅游资源和生态环境的劳动量的最低标准是，要能制止旅游资源和生态环境的进一步恶化。主要的手段有：征收生态环境补偿税，建立生态环境保护基金，体现“谁开发谁保护，谁破坏谁恢复，谁利用谁补偿”的原则，而后有计划地集中使用这部分资金，落实各项环境建设工程。设立区域生态示范工程，逐步恢复和改善被破坏的生态环境，进而调节经济与环境的发展。收取的资源税设立财政专项账户，专门用于对旅游区资源保护的投资。如果资源环境保护的责任由管理机构承担，这笔资金拨付给管理机构，如果经营者承担了资源环境保护的责任，这笔资金可以返还给经营者内部补偿。

（2）建立旅游资源生态补偿机制。借鉴美国、英国、德国建立的矿区补偿保证金制度，云南腾冲曾尝试在旅游产业部门推广。主要生态补偿措施有：其一，植被还原，植被补偿的途径有原地补偿和移位补偿两种。原地补偿是指充分利用“创伤面”进行屋顶、墙面、阳台种植，空地绿化、立体种植或交叉利用。而移位补偿是指强化附近地段的植被，通过这种形式来实现旅游地环境绿化。其二，旅游开发建设就地取材，在材料的选取上，应充分利用旅游地自身资源，减少外界物质的输入，实现物质循环和输入输出平衡，减少交通运输过程中的道路破坏和

---

① 司金銮：《中国可持续旅游产业理论问题探讨》，《福建论坛》2001 年第 6 期。

噪声污染，减少空调的使用，使人工建筑与自然环境形成一个良性循环系统。

（3）建立旅游资源政策补偿机制。政策补偿，是指中央政府对省级政府、省级政府对地方政府的权力和机会补偿。通过规划引导、项目支持等方式，扶持和培育生态脆弱、经济欠发达地区新的旅游环境保护的实施，通过政策倾斜和实施差别待遇，激发这些地区保护资源环境的主动性和积极性。继续实施生态移民、异地开发等现有的行之有效的补偿方式，进一步从体制上、政策上加大对异地开发、生态移民等的支持力度。

6.4.1.3 生态环境政策

目前在一些地区，由旅游开发和旅游行为带来的旅游性污染与环境损害已较严重，有的甚至已经影响了旅游资源的开发与利用。要改变这种状况，还需依靠有效的环境政策对旅游区域的环境状况加以保护。政府要采取积极有效的干预措施，既要考虑旅游资源开发建设、合理布局设施和维护生态平衡等，又要紧密与区域所在地的重点发展项目、相关行业配套，减少实施中的盲目性、局限性和短期性造成的不必要损失，努力消除旅游业发展过程中的外部不经济，承担保护生态环境和旅游资源的责任。

环境保护部门要对旅游区已经存在、在建、拟建的每一个项目进行严格的环境影响评价，不符合环境标准的项目，坚决予以取缔。对于正在建设或运营的项目，应根据国家或地方的有关环境法规，征收“环境税”或颁发“无污染奖金”，将环境影响降到最低限度。对于正在建设或运营的项目，应根据国家或地方的有关环境法规，进行微观管制；严格控制人工景点的建设，以保持维护景区的自然生态和本真氛围；通过限制旅游者的自由的方法（如只允许待在加固的观光工具里），以保证野生动物保持区内野生动物在不受人为干扰的环境下生存。

通过低碳旅游政策的制定来实现旅游环境保护。低碳旅游的形成一方面依赖于旅游从业者的传播推广及游客的自觉主动行为，另一方面，有关政府部门要大力推动低碳旅游政策的制定。如进一步发展壮大绿色环保企业，制定政策支持宾馆饭店、旅游景点等旅游企业利用新能源、新材料，及时全面引进节能减排技术，减少温室气体排放，降低碳消耗，最终形成全产业链的循环经济模式。旅游政策制定中还应注重旅游业的可持续发展，扩大生态旅游、农业旅游的比重，通过积极引入低碳旅游指标考核及管理等，来达到旅游环境保护的目的。

6.4.1.4 旅游资源绿色产权制度

在资源产权界定上，产权模糊或产权代理人的现实缺位都会使自然资源和文化传统处于无人看守的状态，并最终导致“公地的悲剧”，因此，要通过绿色产权制度的建设遏制这种现象的进一步恶化。

目前我国旅游资源产权制度安排具有三大基本特征：旅游资源的所有权主体只有国家；政府代表国家支配旅游资源；旅游资源的行政管理代替旅游资源的产权管理。这种制度的弊端在于，由于行政权与资源产权的黏连，设租与寻租行为不可避免，难以确保获得开发利用旅游资源权利的公平与旅游资源的有效配置。因此，在目前的旅游资源产权制度安排下，旅游开发过程中资源浪费和破坏，资源的低效率利用成为必然。①

建立现代产权制度的要求是归属清晰、责权明确、保护严格、流转顺畅，而对绿色产权的进一步规定应是追求资源效益、生态平衡，即强调资源的有效利用，生态的维护平衡，以有利于全社会经济的持续性生存发展。绿色产权制度是适应循环持续经济发展建立的市场基础制度框架。其实质是建立生态环境政策与经济政策一体化的经济制度，把自然资源和生态环境成本纳入规范经济行为和考核经济绩效中去，从而促进经济与资源环境协调发展，从生态环境和经济绩效方面，对各种经济行为进行约束与规范，促进生态环境资源和经济资源在生产、交换、分配、消费各领域实现有效配置；从物质利益上激励经济主体对生态环境资源的保护和合理利用，促进资源向无污染或少污染、高效益的产业和项目转移，从而为旅游经济的持续发展提供动力机制和有效的制度保障。②

6.4.2 旅游经济发展方式转变路径的法制保障

从美国、日本等世界上市场化程度较高、法制较为完善的国家发展生态旅游业的经验来看，这些国家大都拥有确定旅游资源保护基本原则和基本制度的旅游基本法，在此基础上，针对不同旅游资源的特性，还制定了单项的旅游资源保护法规和条例。我国现行的旅游资源法规主要由两个部分组成：①有关旅游资源污染防治和环境保护方面的法律法规；②有关旅游资源保护和开发利用方面的法律法规。这些法律法规在旅游资源的开发利和保护实践中，提供了切实的法律保障，发挥了十分重要的作用。但是，这些法律法规缺乏专门针对旅游活动中的环境问题所进行的特别规定，加之旅游基本法的长期缺位，使得旅游资源的立法没有统一的规划和指导。在有关旅游资源的法律体系中，各部门各自为政，令出多头，难免会引起冲突和矛盾，在执法实践中无所适从。另外，对单项旅游资源和旅游环境的立法还远远不够，使很多情况无法可依。旅游开发经营者的行为由于缺乏法律法规的规范和约束而变得任意和随性，体现在生

① 刘旺、张文忠：《对构建旅游资源产权制度的探讨》，《旅游学刊》2002 年第 4 期。

② 雷保中：《推进绿色产权交易促进循环经济和节约型社会发展》，《环渤海经济瞭望》2005 年第 9 期。

态旅游方面的问题尤为突出。

旅游业是一个复合交叉型产业，需要完备的法律法规来进行规范。现行《自然保护区条例》《环境保护法》《森林法》等已不能满足其发展要求，为此，必须制定综合完善、具有层次性的各级各类法规，全面保障旅游业的可持续发展。

（1）旅游基本法。旅游基本法主要明确旅游业的功能、地位、属性和发展目标，在可持续发展战略思想的指引下，规范旅游资源的保护及合理的开发利用，保障旅游业的永续发展。

（2）与旅游资源相关的法律。鉴于旅游业的特殊功能及其在实现旅游业可持续发展战略目标中的重要地位，尤其是对于那些列入重点保护对象的、不可再生的、宝贵的、脆弱的生态旅游资源，要通过法律来实施严格的保护制度，不仅注重旅游资源的经济价值，还应对旅游资源的生态价值和社会价值引起足够重视，平衡地方政府和旅游开发经营者在旅游经济发展过程中的经济导向、生态导向和社会导向。

（3）与旅游区直接相关的法律。比如通过对生态旅游区环境的立法，加强对环境的监测评估以及环境影响评价等工作，制定生态旅游环境标准，为生态旅游环境的管理与评估工作提供具有法律意义的评价标准和技术依据。[①]通过对自然保护区旅游开发的立法，使自然保护区旅游开发从长远利益出发，立足生态环境承受力和旅游资源永续利用，在保护前提下进行适度开发与建设。把严格保护、合理开发和科学管理纳入法制化轨道，积极探寻旅游业与社会文化、生态环境协调发展的模式，促进人与自然之间和谐共进。

6.4.3　旅游经济发展方式转变路径的社会保障

6.4.3.1　生态伦理意识教育

可持续发展的生态经济伦理教育是建立良好的社会经济秩序的重要手段，在市场经济体制下，加强可持续发展的经济伦理教育，有利于在全社会的范围内树立公开、公平、公正与和谐的市场经济伦理，防止生态旅游活动过程中不良的经济秩序和个人表现的不良作风，实现生态旅游业的可持续发展。

可持续发展的生态经济伦理教育是一项具有综合性、广泛性和长期性的系统工程。①针对旅游地的政府官员、开发商、旅游管理人员和从业人员进行培训，使他们在生态旅游开发经营中自觉运用生态学原理，推出真正的生态旅游产品，满足生态旅游市场需求；②提高游客的生态意识、环境意识和可持续发展意识，

---

① 李雄华：《旅游资源立法比较分析》，《求索》2005 年第 3 期。

使他们自觉用生态学原则指导旅游活动，成为负责任的生态旅游者；③对当地居民进行生态和环保意识教育，促成他们放弃不利生态环境保护的生产方式和生活习惯，支持生态旅游业的发展，积极参与生态旅游开发和经营；④对全体社会公众进行宣传，通过标本、图片、影视、录像及宣传资料普及生态旅游知识，使生态旅游活动真正成为促成人与自然和谐统一的桥梁，起到提高公众生态意识和环保观念的作用，促进生态旅游产业的可持续发展。

6.4.3.2 可持续发展观念教育

通过宣传教育提高公众对可持续发展的认识，这是一个长期的过程。可持续发展观念的培训可以针对不同人群展开，主要内容是生态意识和环保观念。

对当地社区居民的培训不仅针对那些直接或间接从事生态旅游活动的社区居民，更要从学生开始，在当地的中小学中专门开设关于环境与资源保护的课程，或在学校中专门开设专题讲座，从而使受教育后的居民主动地、自觉地形成保护环境的观念，使学生从小就树立珍惜生态的意识。

对旅游开发经营者的培训包括对管理者和员工的培训，旅游管理者的生态素质是决定企业管理价值取向的重要因素，要采取多种形式（如讲座、在职培训、讨论等）提高管理者对生态和环境的关注。对员工进行的环境教育培训可将环境生态问题融入生态旅游产品生产经营实体的基础教育与职业教育中，提高员工旅游环境一体化观念。

通过对社区居民和旅游开发经营者的生态意识和环保观念的教育培训，还可发挥他们在旅游活动中的引导和规范作用，帮助旅游者改变不良的旅游习惯和不文明的旅游行为，自觉履行在旅游过程中的生态责任和环境义务，成长为严格意义上的有责任的旅游者。

结 论

伴随着世界旅游业的空前繁荣，各种因旅游目的地过度开发而产生的消极效应也开始出现，并逐渐显示出其巨大的潜在威胁，如对旅游资源的过度甚至掠夺性开发，旅游景区的粗放式经营，旅游设施建设的病态膨胀，环境质量急剧恶化等。所有这些都不同程度地威胁着旅游业的可持续发展。不仅是旅游者越来越关心旅游目的地的种种环境污染，而且日益增长的由环境污染所造成的旅游经济损失也给旅游经营者带来巨大压力。经历了世界旅游业的重大变革，可持续发展的观念日益为人们所接受，并在旅游业中得到广泛应用，转变旅游经济发展方式也已成为了当前旅游理论界与业界普遍关注的现实迫切问题。

本书以生态马克思主义经济学的理论主线生态内因论为研究视角和理论平台，揭示了旅游经济运行系统与旅游经济发展方式之间的关系，提出了要解决旅游生态经济社会复合系统存在的基本矛盾，必须实现从生态外生型的传统旅游经济发展方式向生态内生型的可持续旅游经济发展方式的彻底转变，在两种旅游经济发展方式深入比较的基础上，对旅游经济发展方式转变的动因及约束进行了探讨，并以生态内因论为核心理论构建了一个较为完整、系统的旅游经济发展方式转变的理论研究框架，从理论和实践层面探索了旅游经济发展方式转变的具体路径和保障措施。本书主要的结论观点如下：

（1）转变经济发展方式是在探索和把握我国经济发展规律的基础上提出的重要战略方针。旅游经济发展方式的转变也是旅游经济领域对旅游经济发展规律的重新认识与发展战略方针的重要调整。

（2）旅游经济发展方式的转变要求对旅游经济运行系统进行重新理论审视，本书以生态马克思主义经济学的理论主线生态内因论为研究视角和理论平台，将有利于把握旅游经济发展方式转变的核心和实质。

（3）旅游生态经济社会复合系统的基本矛盾是：快速增长的旅游社会经济系

统对自然生态资源需求的无限性与相对稳定的自然生态系统对自然资源供给的有限性之间的矛盾。旅游生态经济社会复合系统矛盾的解决必须依靠旅游经济发展方式转变。

（4）传统旅游经济发展方式对应的是工业文明时代的发展观和经济理论，是导致当前旅游经济发展中各种不可持续问题的重要根源。所以，将生态要素排除在发展框架之外的传统旅游经济发展方式正面临严重危机，必将被新型的旅游经济发展方式所取代。

（5）生态内生型的可持续旅游经济发展方式的理论前提：生态内因论。它克服了传统旅游经济发展方式关于生态环境外生假定的根本缺陷，转向在生态环境内生假定下考察旅游经济发展及其可持续性的源泉和决定，将生态变迁、生态创新这一长期经济可持续发展最基础的决定因素视为旅游生态经济系统发展的内在力量，突破了传统经济学、传统发展观和传统经济发展方式的理论框架和研究视野，成为具有生态文明时代特征的旅游经济发展方式。

（6）在理论层面上从时代背景、理论基础、发展理念、生态向度 4 个方面对两种旅游经济发展方式进行了深入比较分析，找出两者之间的本质差异。

（7）在旅游经济发展方式转变的动因考察和约束分析的基础上探寻旅游经济发展方式转变的理论路径、技术路径和市场路径等具体路径，并从政策、法律和社会等方面给路径转变以支持和保障措施。

本书在广泛参阅前人的研究成果及思考整理的基础上，主要有以下两方面的创新：

（1）研究视角的创新。本书以生态马克思主义经济学的理论主线生态内因论为视角，对旅游经济发展方式转变及其路径问题进行了较为完整的逻辑一致的阐释，指出了生态外生型的传统旅游经济发展方式向生态内生型的可持续旅游经济发展方式转变的客观发展规律。

（2）研究内容的创新。在理论层面上对传统旅游经济发展方式进行了深刻反思和对可持续旅游经济发展方式的全面解析，以及深入比较分析了两种旅游经济发展方式的本质差异；并以生态内因论为核心理论构建了一个较为完整、系统的旅游经济发展方式转变的理论研究框架。

总之，本书通过以生态马克思主义经济学的理论主线生态内因论为研究视角和平台对旅游经济发展方式的转变路径进行了研究，得出了一些有益的结论，但旅游经济发展方式转变研究是一个很大的课题，虽然对当前旅游经济发展方式转变问题进行了多方面的研究，但由于水平、能力有限，还缺乏在更深刻的范围内进行研究。就本书的研究对象而言，仍然有很大的研究空间，且存在不少需要进一步改善的地方。本书对旅游经济发展方式转变问题多从理论上进行了分析和探讨，以后研究中应选取适当区域在实证上进行深入探讨和研究；对旅游经济发展方式转变的评价也是一个复杂的问题，本书也未能构建有效的评价体系，这也是需要进一步研究的问题；还有本书的研究方法也有待进一步深入探讨。

参考文献

[1] 安静赜，沙咏梅. 从转变经济增长方式到转变经济发展方式. 实践（思想理论版），2007（10）.

[2] 卞显红，张光生，王苏洁. 基于社区的生态旅游管理研究. 生态经济，2005（10）.

[3] 查爱萍. 景点绿色管理的理论分析及其实现模式探讨. 思想战线，2003（4）.

[4] 陈池波. 论生态经济的持续协调发展. 长江大学学报（社会科学版），2004（1）.

[5] 陈海波，刘洁，张瑾. 基于 Panel-Data 模型的江苏省区域旅游接待人数与旅游经济增长研究. 工业技术经济，2006（7）.

[6] 陈玲. 21 世纪绿色旅游与绿色认证体系的探讨. 生态经济，2004（11）.

[7] 陈秋凤，李安福. 转变经济发展方式的重大意义及其实现机制. 合肥学院学报（社会科学版），2008（3）.

[8] 陈孝兵. 论制度创新与经济发展方式的转变. 理论学刊，2009（8）.

[9] 陈秀琼，黄金火. 略论生态旅游开发中的社区参与问题. 华侨大学学报（哲学社会科学版），2003（3）.

[10] 陈岩峰. 基于利益相关者理论的旅游景区可持续发展研究. 西南交通大学博士论文，2008.

[11] 程励. 生态旅游脆弱区利益相关者和谐发展研究. 电子科技大学博士论文，2006.

[12] 程启智，向宏桥，徐楷 . 循环经济的均衡模型与发展路径分析. 中南财经政法大学学报，2007（5）.

[13] 程占红，孔德安. 生态旅游概念的再认识. 山西大学学报（哲学社会科学版），2005（1）.

[14] 程占红. 生态旅游的理论基石. 忻州师范学院学报，2005（2）.

[15] 丁恒龙，岳汉萍. 转变经济发展方式视域下的制度创新. 兰州大学学报（社会科学版），2008（6）.

[16] 丁晓蕾. 生态旅游可持续发展思想探析. 南京农业大学学报（社会科学版），2001（2）.

[17] 董红梅. 生态旅游管理的基本要素. 资源开发与市场，2002（18）.

[18] 方栓喜. 转变经济发展方式亟待调整制度安排. 上海证券报，2007（5）.

[19] 菲利普·阿吉翁，彼得·霍依特. 内生增长理论. 陶然，等译. 北京大学出版社，2004.

[20] 冯海燕. 旅游景区环境管理初探. 乐山师范学院学报，2005（10）.

[21] 弗雷德·波塞尔曼，等. 弯路的代价：世界旅游业回眸. 中国社会科学出版社，2003.

[22] 付立荃. “生态危机”的忧与思. 科技情报开发与经济，2002（1）.

[23] 傅晓莉. 中国西部自然保护区社区经济发展研究. 未来与发展，2005（5）.

[24] 高群. 生态—经济系统恢复与重建的基础理论研究. 地理与地理信息科学，2004（5）.

[25] 高维忠. 我国生态旅游消费发展障碍及对策探讨. 南方经济，2003（11）.
[26] 顾蕾，姜春前. 生态旅游效益构成及特性分析. 浙江林学院学报，2002（19）.
[27] 郭军. 转变经济发展方式的本质新论. 中州学刊，2008（3）.
[28] 郭鲁芳. 旅游经济学. 浙江大学出版社，2005.
[29] 郭舒. 生态旅游概念泛化思考. 旅游学刊，2002（1）.
[30] 郭寻. 旅游经济运行中政府规制初探. 东南亚纵横，2006（10）.
[31] 何效祖. 基于地域系统结构研究的旅游资源评价与旅游地实证分析. 兰州大学博士论文，2007.
[32] 何艺玲. 如何发展社区生态旅游——泰国 Huay Hee 村社区生态旅游（CBET）的经验. 旅游学刊，2002（6）.
[33] 侯沛芸，李光中，王鑫. 生态旅游与世界遗产教育策略拟定策略之研究. 旅游科学，2005（5）.
[34] 侯伟丽. 可持续发展模式的兴起与经济学理论范式的转变. 经济学家，2004（2）.
[35] 侯志强. 旅游资源开发与保护的均衡选择和制度创新. 北京第二外国语学院学报，2003（1）.
[36] 胡锦涛. 抓紧做好转变经济发展方式各项工作. 中国科技投资，2008（6）.
[37] 胡军，蔡学英. “经济人”与“生态人”的统一. 湘潭大学学报（社会科学版），2002（5）.
[38] 胡敏. 风景名胜资源产权的经济分析. 浙江大学博士论文，2004.
[39] 黄向，保继刚，沃尔・杰弗里. 中国生态旅游机会图谱的构建. 地理科学，2006（5）.
[40] 黄远水. 风景名胜区旅游竞争力研究. 天津大学博士论文，2005.
[41] 黄志斌. 绿色和谐管理论. 中国社会科学出版社，2004.
[42] 姜作培. 转变经济发展方式与转变经济增长方式的区别和联系. 党政论坛，2008（2）.
[43] 金波，王如渊，等. 生态旅游概念的发展及其在中国的应用. 生态学，2001（3）.
[44] 靳文志. 加快转变经济发展方式必须解决的三个关键问题. 天津行政学院学报，2009（5）.
[45] 康蓉. 旅游卫星账户与中国旅游经济测度研究. 西北大学博士论文，2006.
[46] 喇明清. 国际标准视野中的生态旅游. 西南民族大学学报（人文社科版），2005（8）.
[47] 赖启福. 试析生态旅游中的非生态现象. 林业经济问题，2000（4）.
[48] 李炳炎，孙然. 实践引发理论创新：转变经济增长方式扩展为转变经济发展方式的理性思考. 兰州商学院学报，2009（1）.
[49] 李丰生. 旅游资源经济价值的理论探讨. 经济地理，2005（4）.
[50] 李丰生. 生态旅游环境承载力研究. 中南林学院博士论文，2005.
[51] 李宏. 我国转变经济发展方式的现实困境与路径选择. 陕西行政学院学报，2009（3）.
[52] 李江帆，李冠霖，江波. 旅游业的产业关联和产业波及分析——以广东为例. 旅游学刊，

2001（3）.
[53] 李江玲. 民族地区旅游资源法律保障研究. 中央民族大学博士论文，2005.
[54] 李萌，何春萍. 可持续旅游消费与旅游业可持续发展. 兰州商学院学报，2005（3）.
[55] 李书锋. 我国转变经济发展方式的内在要求与实现路径——基于经济和谐增长的视角. 内蒙古社会科学，2009（5）.
[56] 李淑艳，高岚，等. 对生态旅游的本质探讨. 北京林业大学学报（社会科学版），2005（3）.
[57] 李相沄. 中国绿色旅游发展研究. 中央民族大学博士论文，2007.
[58] 李雄华，何平. 可持续旅游资源与环境保护制度体系的设计. 中南林学院学报，2004（6）.
[59] 李燕琴. 基于概念、原则与产品的生态旅游内涵研究. 科技导报，2004（11）.
[60] 李源. 从劳动价值、虚拟价值到自然力价值——关于资源、环境和生态价值含义的理论探讨. 天津社会科学，2002（4）.
[61] 李志青. 旅游业产出贡献的经济分析——上海市旅游业的产出贡献和乘数效应. 上海经济研究，2001（12）.
[62] 梁慧，张立明. 国外生态旅游实践对发展我国生态旅游的启示. 北京第二外国语学院学报，2004（1）.
[63] 梁艺桦，杨新军，马晓龙. 旅游业发展影响因子灰色关联分析. 人文地理，2006（2）.
[64] 廖才茂. 经济发展方式转型难在哪里?. 求实，2008（5）.
[65] 林昊俊. 旅游企业运行研究. 天津大学博士论文，2007.
[66] 林智理. 生态旅游系统的多维临界. 台州学院学报，2002（2）.
[67] 刘楚凤. 对经济发展方式及其转变意义的思考. 湖湘论坛，2009（1）.
[68] 刘思华，方时姣. 马克思主义经济学双重价值取向理论初探——兼论建设生态文明的双重终极目的. 湖北民族学院学报（哲学社会科学版），2008（5）.
[69] 刘思华. 对建设社会主义生态文明论的若干回忆——兼述我的"马克思主义生态文明观". 中国地质大学学报（社会科学版），2008（4）.
[70] 刘思华. 21 世纪中国经济科学发展的终极目标及八大特征. 经济纵横，2009（9）.
[71] 刘思华. 发展必须是科学发展. 中国地质大学学报（社会科学版），2006（1）.
[72] 刘思华. 关于发展可持续性经济科学的若干理论思考. 经济纵横，2008（7）.
[73] 刘思华. 关于马克思生态经济思想的两个基本理论问题. 学术论坛，2006（5）.
[74] 刘思华. 可持续发展经济学. 湖北人民出版社，1997.
[75] 刘思华. 绿色经济论. 中国财政经济出版社，2001.
[76] 刘思华. 论经济思想和理论的生态革命. 西北大学学报（哲学社会科学版），2005（2）.
[77] 刘思华. 论以生态为本位的科学依据与理论框架. 中南财经政法大学学报，2002（4）.
[78] 刘思华. 生态马克思主义经济学原理. 人民出版社，2006.

[79] 刘思华. 现代经济需要一场彻底的生态革命——对SARS危机的反思兼论建立生态市场经济体制. 中南财经政法大学学报，2004（4）.
[80] 刘霞辉. 可持续发展与经济增长机制的转变. 平原大学学报，2002（2）.
[81] 刘延，张大红. 吉林省向海自然保护区生态旅游社区参与调查. 林业调查规划，2006（2）.
[82] 龙飞，王传胜. 生态经济学基础理论、研究方法和学科发展趋势探讨. 中国软科学，2003（3）.
[83] 卢小丽. 生态旅游社区居民旅游影响感知与参与行为研究. 大连理工大学博士论文，2006.
[84] 卢云亭，王建军. 生态旅游学. 旅游教育出版社，2004.
[85] 鲁小波. 自然保护区生态旅游开发与管理研究. 辽宁师范大学博士论文，2008.
[86] 陆林，余凤龙. 中国旅游经济差异的空间特征分析. 经济地理，2005（3）.
[87] 吕君. 草原旅游发展的生态安全研究. 华东师范大学博士论文，2006.
[88] 吕志祥，刘嘉尧. 生态文明与我国生态补偿制度的重构. 科技管理研究，2009（10）.
[89] 吕忠梅. 超越与保守——可持续发展视野下的环境法创新. 法律出版社，2003.
[90] 麻虹晓，甘联君. 关于生态旅游的责任性理论之思考. 江西科技师范学院学报，2005（5）.
[91] 马朝红，吴志琼，等. 建立四川生态旅游统计体系研究. 四川林业科技，2006（4）.
[92] 马健. 人类生态需求与自然资源的资本化管理. 福建教育学院学报，2002（10）.
[93] 马文银. 论生态旅游导游的素质培养. 邵阳学院学报（社会科学版），2004（1）.
[94] 马艺芳. 旅游城市桂林生态安全与可持续发展评价研究. 北京林业大学博士论文，2009.
[95] 明庆忠，李宏，武友德. 生态旅游的环境影响评价初步研究. 云南师范大学学报，2001（1）.
[96] 明庆忠，吴映梅，李庆雷. 论旅游循环经济生态系统. 旅游论坛，2008（4）.
[97] 宁泽群. 旅游经济、产业与政策. 中国旅游出版社，2005.
[98] 欧恒春. 生态旅游中的社区参与问题. 商业时代，2004（36）.
[99] 潘建民，李肇荣，等. 旅游业对广西国民经济的贡献率研究. 社会科学文献出版社，2003.
[100] 庞丽，王铮，刘清春. 我国入境旅游和经济增长关系分析. 地域研究与开发，2006（3）.
[101] 彭水军，包群. 资源约束条件下长期经济增长的动力机制——基于内生增长理论模型的研究. 财经研究，2006（6）.
[102] 任啸. 社区参与的理论与模式探讨——以九寨沟自然保护区为例. 财经科学，2006（6）.
[103] 沈长智. 生态旅游系统及其开发. 北京第二外国语学院学报，2001（1）.
[104] 沈坤荣. 经济增长理论的演进、比较与评述. 经济学动态，2006（5）.
[105] 司金銮. 国际可持续旅游消费三元复合体系原论——创立可持续旅游消费发展学说的基础理论研究. 福建论坛（经济社会版），2001（12）.
[106] 司金銮. 生态旅游消费若干问题研究. 南京化工大学学报（哲学社会科学版），2001（3）.
[107] 司金銮. 中国可持续旅游消费理论问题探讨. 社会科学，2001（10）.

[108] 宋瑞. 生态旅游：多目标多主体的共生. 中国社会科学院研究生院博士论文，2003.
[109] 宋瑞. 我国生态旅游发展：利益相关者视角分析. 杭州师范学院学报（社会科学版），2004（5）.
[110] 孙春华，何佳梅. 旅行社经营过程生态化问题研究. 北京第二外国语学院学报，2002（1）.
[111] 孙根年，张春宏. 关于深层生态旅游的思考. 陕西师范大学继续教育学报，2005（3）.
[112] 孙琦. 关于生态旅游内涵的思考. 林业经济问题，2005（3）.
[113] 汤姆・惕藤伯格. 环境经济学与政策. 朱启贵，译. 上海财经大学出版社，2003.
[114] 唐飞，陶伟. 建立旅游可持续发展的复合系统. 东北财经大学学报，2001（2）.
[115] 唐留雄. 现代旅游产业经济学. 广东旅游出版社，2001.
[116] 唐龙. 体制改革视角下转变经济发展方式经典理论述评. 重庆工商大学学报，2009（2）.
[117] 唐晓云. 中国旅游经济增长因素的理论与实证研究. 天津大学博士论文，2007.
[118] 田一丁. 生态旅游再实践中出现严重偏差的原因和对策探析. 福建师范大学学报（哲学社会科学版），2004（6）.
[119] 佟敏，王文彬，等. 浅析生态旅游中社区参与机制的构建. 林业经济，2006（12）.
[120] 佟敏. 基于社区参与的我国生态旅游研究. 东北林业大学博士论文，2005.
[121] 王波. 中国旅游景区供给的制度经济学研究. 北京交通大学博士论文，2007.
[122] 王桂明. 资源约束下的内生经济增长与可持续发展. 当代经理人，2006（21）.
[123] 王迴澜. 从"转变经济增长方式"到"转变经济发展方式"——理念的又一次提升. 济南大学学报（社会科学版），2008（3）.
[124] 王文斌. 旅游景区环境承载力研究. 西南交通大学博士论文，2007.
[125] 王喜莲，董红梅. 生态旅游区游客管理存在的问题及对策分析. 生态农业，2005（6）.
[126] 王旭科. 城市旅游发展动力机制的理论与实证研究. 天津大学博士论文，2008.
[127] 王谊，苟小东，等. 关于生态旅游概念泛化问题的思考. 西北林学院学报，2001（16）.
[128] 王玉芳. 国有林区经济生态社会系统协同发展机理研究. 东北林业大学博士论文，2006.
[129] 王云才. 旅游经济运行动力学过程与机制探讨. 旅游学刊，2002（2）.
[130] 王子坤. 生态危机的资本主义制度根源. 中共福建省委党校学报，2004（3）.
[131] 魏卫，陈雪钧. 旅游产业经济贡献综合评析. 经济地理，2006（2）.
[132] 翁钢民. 旅游环境承载力动态测评及管理研究. 天津大学博士论文，2007.
[133] 吴国新. 旅游产业发展与我国经济增长的相关性分析. 上海应用技术学院学报，2003（3）.
[134] 吴晖琴，姚洪兴. 资源约束下的一类内生经济增长模型. 佳木斯大学学报（自然科学版），2007（1）.
[135] 吴晓春. 生态旅游——旅行社发展的新思路. 北京第二外国语学院学报，2003（5）.
[136] 吴新民，潘根兴. 自然资源价值的形成与评价方法浅议. 经济地理，2003（3）.

[137] 向玉乔，胡平杰. 理性主义、人本主义和生态经济主义：论可持续发展观的价值基础. 求索，2002（3）.

[138] 肖军. 生态经济的增长形态研究. 生态经济，2001（12）.

[139] 徐辉，蔡溶. 对旅游产业生态过程的研究. 旅游学刊，2002（2）.

[140] 徐勇，孙洛平. 市场规制和企业制度不完善条件下的经济增长机制探讨. 管理世界，2004（3）.

[141] 许峰，李臣刚. 经济学视角下的政府旅游管理职能研究. 旅游科学，2005（3）.

[142] 许婕. 生态危机的社会制度原因与我国的稳态经济模式. 东北林业大学博士论文，2005.

[143] 阎友兵. 旅游景区经营权转让研究. 天津大学博士论文，2005.

[144] 杨德权. 经济增长：过程及微观机理. 经济科学出版社，2005.

[145] 杨桂华. 生态旅游可持续发展四维目标模式探析. 人文地理，2005（5）.

[146] 杨虎涛. 两种不同的生态观——马克思生态经济思想与演化经济学稳态经济理论比较. 武汉大学学报（哲学社会科学版），2006（6）.

[147] 杨开忠，许峰，等. 生态旅游概念、内涵、原则与演进. 人文地理，2001（4）.

[148] 杨秋宝. 加快转变经济发展方式：现实要求与多维视角. 中共云南省委党校学报，2008（5）.

[149] 杨秀平，翁钢民. 旅游区资源过度利用的经济学分析. 经济论坛，2005（11）.

[150] 杨絮飞. 生态旅游的理论与实证研究. 东北师范大学博士论文，2004.

[151] 于玲. 自然保护区生态旅游可持续性评价指标体系研究. 北京林业大学博士论文，2006.

[152] 俞瑶. 生态旅游的绿色消费研究. 社会科学家，2005（2）.

[153] 袁国宏. 旅游系统管理及其与旅游可持续发展的关系研究. 暨南大学博士论文，2008.

[154] 约翰・贝拉米・福斯特. 生态危机与资本主义. 耿建新，等译. 上海译文出版社，2006.

[155] 张承津. 生态旅游市场需求消费流行及商业考验. 商业经济，2004（12）.

[156] 张广瑞. 生态旅游的理论与实践. 旅游学刊，1999（1）.

[157] 张海霞，赵振斌. 基于行为与态度的生态旅游市场构成研究. 旅游学刊，2005（5）.

[158] 张辉. 旅游经济论. 旅游教育出版社，2002.

[159] 张建萍. 生态旅游与当地居民利益——肯尼亚生态旅游成功经验分析. 旅游学刊，2003（1）.

[160] 张朋，王波. 国外社区参与旅游发展对我国的启示——以英国南彭布鲁克为例. 福建地理，2003（4）.

[161] 张滢. 旅游经济效应的理论与实证研究. 新疆大学博士论文，2006.

[162] 张毓峰，胡雯，袁安贵. 论我国自然旅游资源产权制度构建的目标与框架. 生态经济，2008（5）.

[163] 赵新民. 生态旅游的基础性研究. 旅游学刊，2002（3）.

[164] 赵媛，仲伟周. 国内可持续旅游发展理论综述. 学海，2000（3）.

[165] 郑世卿. 中国旅游产业组织演化研究（1978—2008）. 上海社会科学院博士论文，2009.
[166] 钟春洋. 经济增长方式转变的利益博弈研究. 厦门大学博士论文，2008.
[167] 周文祥. 旅游产业发展研究. 天津大学博士论文，2007.
[168] 朱沁夫，江延求. 论可持续发展前提下的自然资源价值问题. 当代经济研究，2002（8）.
[169] 邹锐. 生态经济系统发展演化与控制的理论研究. 生态经济，1994（6）.
[170] 左冰. 中国旅游产出乘数及就业乘数的初步测算. 云南财贸学院学报，2002（6）.
[171] Abeyratner I R. Management of the Environmental Impact of Tourism and Air Transport on Small Island Developing States. Journal of Air Transport Management，1999（5）：31-37.
[172] Aguilm E，Alegre J，Sard M. The Persistence of the Sun and Sand Tourism Model，Tourism Management，2005（26）：219-231.
[173] Ahn B Y，Lee B K，Shafer C S. Operationalizing Sustainability in Regional Tourism Planning：an Application of the Limits of Acceptable Change Framework[J]. Tourism Management，2002（23）：1-15.
[174] Bohler S，Grischkat S，Haustein S，et al. Encouraging Environmentally Sustainable Holiday travel，Transportation Research（PartA），2006（4）：652-670.
[175] Briassouls H. Sustainable tourism and the question of the commons. Annals of Tourism Research，2002（4）：1065-1085.
[176] Budeanu A. Impacts and Responsibilities for Sustainable Tourism：a Tour Operator's Perspective. Journal of Cleaner Production，2005（13）：89-97.
[177] Chansl，Huang S L. A Systems Approach for the Ddevelopment of A Sustainable Community—the Application of the Ssensitivity Model. Journal of Environ mental Management，2004（72）：133-147.
[178] Grainger J. 'People are Living in the Park' Linking Biodiversity Conservation to Community Development in the Middle East Region：A Case Study from the Saint Katherine Protectorate，Southern Sinai. Journal of Arid Environments，2003（54）：29-38.
[179] Hunter C，Shaw J. The Ecological Footprint as A Key in Dicator of Sustainable Tourism. Tourism Management，2007（27）：46-57.
[180] Kajanus M，Kangas J，Kurttila M. The Use of Value Focused Thinking and the A'WOT hybrid Method in Tourism Management. *Tourism Management*，2004（25）：499-506.
[181] Laurance W F，Alonso A，Lee M，et al. Challenges for Forest Conservation in Gabon. Central Africa Futures，2006（38）：454-470.
[182] Lim，Wub，Cail P. Tourism Development of World Heritage Sites in China：A Geographic Pperspective. Tourism Management，2007（24）：1-12.

[183] Miller G. The Development of Indicators of Sustainable Tourism：Results of a Delphi Survey of Tourism Researchers. Tourism Management，2001（22）：351-362.

[184] Nepal S K. Tourism in protected areas：the Nepalese Himalaya. Annals of Tourism Research，2000，27（3）：661-681.

[185] Shaalanim I M. Sustainable tourism development in the Red Sea of Egypt threats and opportunities. Journal of Cleaner Production，2005（13）：83-87.

[186] Sheldon P J，Abenoj T，Resident Nttitudes in A Mature Destination：the Case of Waikiki. Tourism Management，2001（22）：435-443.

[187] Tepelus C M. Aiming for Sustainability in the Tour Operating Business. Journal of Cleaner Production，2005（13）：99-107.

[188] Tepelus C M，Cordobar C. Recognition Schemes in Tourism-from ‘eco’ to ‘sustainability’?. Journal of Cleaner Production，2005（13）：135-140.

[189] Tosun C. Challenges of Sustainable Tourism Development in the Developing World: the Case of Turkey. Tourism Management，2001（22）：289-303.

[190] Wilson C，Tisdell C. Sea Turtles as A Non-consumptive Tourism Resource Especially in Australia. Tourism Management，2001（22）：279-288.

[191] Young T，FALSE. Cheap and Degraded：When History，Economy and Environment Collided at Cades Cove，Great Smoky Mountains National Park. Journal of Historical Geography，2006（32）：169-189.

后　记

本书是在本人博士论文的基础上改写而成。在本书即将付梓之际，我首先要感谢我的博士生导师、著名生态经济学家刘思华教授！非常有幸拜在大师门下，聆听大师的教诲和指点，让我的人生充满了无上的光荣和自豪。我的博士论文从选题、修改直至最后定稿都得到了刘先生的悉心指导，凝结着他的心血和智慧。先生深厚的学术功底、严谨的治学态度、敏锐的学术眼光、坚定的学术信仰和严格的学业要求，使我的学术境界得到了升华，恩师高尚的学术风范和学者品格将惠及我的终生，感激与崇敬之情并非只言片语能够表达，愿以后加倍努力不辜负恩师的厚望。

同时特别要感谢我的硕士生导师——湖北大学旅游发展研究院院长、博士生导师马勇教授！感谢马教授近20年来对我的求学和工作所给予的倾情教诲和鼎力支持，应该说没有马教授的栽培和关怀，就没有我的今天，他是我工作学习的坚强后盾和人生前行的强大动力，像一颗闪亮的明灯始终照亮着我的人生之路。

非常感谢原湖北省委常委、中国著名节庆专家王重农先生多年来给了我很多学习的机会及对我人生道路的重要指点，他的睿智与博学使我深受启发。

衷心感谢严立冬教授、陈浩教授等对我在中南财经政法大学求学过程中的精心指导和热心帮助，他们的帮助和指导给予我很多的启发和灵感。

在学习、写作、修订博士论文的过程中，我得到了来自多方面的帮助，真心感谢高红贵教授、方时姣博士后、黄娟博士后、胡芬博士、唐静博士、刘江宜博士、苗艳青博士、魏彦杰博士、劳可夫博士、李莺莉博士、张新平博士、林新波博士、喻长兴博士、高志英博士等师兄师姐、师弟师妹、同窗同学们，与他们的交流和探讨带给我探索的力量和生活的感悟；感谢武汉工业学院的周霄、黄猛两位好友的大力支持和帮助！感谢江汉大学黄其新博士的交流和鼓励！感谢湖北大学的宋鸿副教授、郭清霞副教授等众多同事和领导对我的支持和帮助！感谢我的硕士研究生甘雪娟、黄茜、陆路、赵珺、蒋文品、曹广红等的支持！

感谢湖北大学商学院领导的大力支持与出版资助！感谢湖北大学社会发展院的大力支持与资助！感谢中国环境科学出版社陈金华女士为本书的出版付出的辛勤劳动！感谢湖北大学青年杰出人才基金项目的资助！

感谢我的父母妻儿亲朋对我的理解、关爱和全力支持！

书中也汲取和引用了国内外许多专家学者的研究成果，并尽可能在书中做了说明和注释，对相关专家学者一并表示感谢！如有疏漏，在此表示歉意！

刘名俭

2012 年 4 月于沙湖之滨